예수님은 나의 영원한 보스

예수님은 나의
영원한 보스

지 은 이 | 송일현
펴 낸 이 | 김원중

편집주간 | 김무정
기   획 | 허석기
디 자 인 | 조채숙
제   작 | 박준열
관   리 | 허선욱, 정혜진
마 케 팅 | 박혜경

초 판 인 쇄 | 2023년 01월 09일
초 판 발 행 | 2023년 01월 20일

출판등록 | 제313-2007-000172(2007.08.29)

펴 낸 곳 | 도서출판 상상나무
          상상바이오(주)
주   소 | 경기도 고양시 덕양구 고양대로 1393 상상빌딩 7층
전   화 | (031) 973-5191
팩   스 | (031) 973-5020
홈 페 이 지 | http://smbooks.com
E - m a i l | ssyc973@hanmail.net

ISBN 979-11-86172-75-9 (03230)
값 16,000원

My Eternal Boss is
Jesus Christ

| 송일현 지음 |

예수님은 나의
영원한 보스

상상나무

용기와 힘을 주고
연약한 자를 세우는 책

이종만 목사(기독교세계부흥선교협의회 대표회장)

오래 전 민족복음화운동본부 사무실에서 지금은 돌아가신 신현균 목사님을 뵈러 갔을 때 송일현 목사를 처음 만났다. 사명감과 패기의 모습을 보인 그는 과거 주먹세계에 있다 주님을 뜨겁게 만나 변화되어 주의 일을 한다기에 큰 감명을 받아 나와 더욱 가까워졌다.

송일현 목사는 어려운 가운데서도 강동에 교회개척을 위해 이모저모 힘쓰던 모습을 보며 참으로 귀한 일꾼임을 알게 되었고 나중에 상일동에 보라성 교회를 건축하여 부흥시킨 것은 누구도 할 수 없는 큰 일이라 대견했다.

그리고 한참 어지럽고 부패했던 한국기독교부흥협의회를 정리 정돈 시켜 제대로 된 단체로 안정시켰고 이제 이사장으로, 의리의 종으로 크게 사명을 다하고 있음을 기쁘게 생각한다.

그는 대장암 두 번과 전립선암으로 세 번의 대수술을 받았지만 이후에도 믿음과 성령의 힘으로 이기면서 국내외 집회를 인도하는, 그 누구도 따라 갈 수 없는 목회자이다. 선배로서 사도 바울과 같은 그의 열정이 자랑스럽다.

그의 설교는 정말 진솔하고 어려운 교회와 약자를 돌보며 용서와 사랑을 외치는 모습을 보면 내 마음이 뜨거워졌다. 이 책은 좋은 씨앗이 되어 읽는 이들이 다시 싹이 나고 꽃이 피어 열매를 맺을 것이라 믿는다.

영적인 세계로 인도하는
은혜의 통로

양명환 목사(횡성감리교회 담임, 기감 동부연회 23대 감독)

다메섹 도상에서 예수님을 만나 회심한 사울이 바울이 되어 시대 속에 복음의 역사를 만들어 가듯, 여기 송일현 목사님의 지나온 여정을 눈물로 써 내려온 그의 목회 인생, 정금같이 단련한 후 아름답게 사용하시는 주님의 모습을 봅니다.

사도바울의 고백들 "나는 날마다 죽는다"(고전 15:31), "나는 지난 모든 것을 버리고 배설물처럼 여긴다"(빌 3:8), "나는 오직 예수 십자가외에 결코 자랑할 게 없다"(갈 6:14)을 되새겨 봅니다.

그러나 송일현 목사님의 삶은 처음에는 어두움의 끝자락에 던져진 잡초 같은 인생이었습니다. 두목의 기질로 의리와 정의로 모두를 아우르는 큰 형님 같은 삶의 인생, 옛 자신의 모든 삶을 배설물처럼 여기고 영혼 구원의 목회자의 삶을 살아오며 주님께 붙잡힌 인생, 부정과 부패, 이단과 술수 거짓을 용서할 수 없는 인생으로 바뀌었습니다.

주를 위하여 목숨건 한 사람의 뜨거운 이야기를 통해 이 책을 접하는 모든 분들이 눈을 떼지 못하고 깊은 영적인 새로운 세계를 만날 것입니다.

이 책을 읽는 모든 분들은 송일현목사님의 인생 여정 속에 에벤에셀의 하나님(삼상4:1, 7:5~12), 여호와 닛시의 하나님(출17:15), 임마누엘의 하나님(마1:23)을 만나게 될 것입니다.

이 책을 접하는 모든 분들에게 성령의 강권적 역사가 함께 일어나길 기도합니다.

어떤 드라마보다
극적인 은혜로운 간증

소강석 목사(새에덴교회 담임, 예장합동 증경총회장)

한 권의 책은 한 사람의 인생이며 스토리입니다. 송일현 목사님의 간증집은 하나님이 살아계셔서 지금도 우리의 삶에 역사하고 섭리하고 계심을 증명해 주고 있습니다. 모범적인 고등학생이 부지불식간에 어둠의 세계에 발을 딛게 되고 끝모르게 추락할 것 같았던 인생이 하나님을 만나 서원 기도를 드리게 되는 과정은 그 어떤 드라마보다 극적인 감동과 은혜를 줍니다.

저 역시 주변에서 많은 목사님들을 만나고 교제하고 있지만 하나님께서는 모나고 부족한 부분을 인정하고 그 부분을 갈고 닦아 무뎌질 때야 일꾼으로 쓰시는 것을 목격하곤 합니다. 이런 점에서 송일현 목사님은 하나님께 두 손을 들고 나와 자신의 옛 것을 모두 지우개로 지우고 오직 목양일념으로 30년을 달려온 분입니다.

이제 한국교회 지도자로, 모범적인 목회자로 자리매김하셨는데 늦게나마 잠시도 눈을 떼지 못하고 읽게 만드는 은혜로운 간증집까지 출간하신 것을 축하드립니다. 독자 여러분들은 책을 한 장, 한 장, 넘길 때마다 송일현 목사님과 함께 하시고 도와주신 에벤에셀의 하나님을 만나게 될 것입니다.

지금도 우리와 함께 하시는 임마누엘의 하나님, 우리를 위해 예비해주시는 여호와 이레의 하나님을 경험하게 될 것입니다. 송일현 목사님과 함께 하신 하나님께 영광 올려 드리며 이 책을 적극 추천합니다.

한국교회를 위한
헌신과 선교에 앞장서신 분

정여균 목사(한국기독교부흥협의회 前대표회장, 원당소망교회 담임)

송일현 목사님의 간증집 출간을 진심으로 축하드리며 목사님을 만나 20여 년을 함께 할 수 있었던 것이 제겐 큰 복이었습니다. 한결같이 주님의 일이라면 물불을 가리지 않고 헌신하시는 목사님은 사람을 보지 않고 오직 하나님께 쓰임받는 것을 기뻐하며, 생명을 다하는 목사님이셨습니다.

또 동료 목사님들에 대한 예의를 지키고 어려운 후배들을 사랑하며 그들을 도우려는 목사님의 손길은 수많은 목사님들의 사역 현장에서 아름다운 열매를 맺었습니다.

어머니의 눈물기도로 회심하신 후에 한국교회를 섬기시는 일에 험한 일도 마다하지 않고, 불의와 타협하지 않고 때로는 생명의 위협을 느끼면서도 뒤로 물러서지 않으셨던 것을 기억합니다. 이로 인해 오해도 많이 받으셨지만, 지금도 한국교회와 목회자들이 바로 서기를 바라며 기도와 협력을 아끼지 않으십니다.

저는 목사님과 여러나라의 선교현장에도 동행할 기회가 있었고 가는 곳마다 섬기시는 목사님의 모습은 여전하셨으며, 인간의 힘으로는 도저히 감당할 수 없는 일들을 이루시는 기적의 현장을 보는 것도 제게는 은혜였습니다.

특별히 기억나는 것은 항암 치료 중에 비행기를 탈 수 없다는 주치의의 만류에도 불구하고 선교사들이 도와 달라는 부탁을 외면하지 않으시고 공항에 도착하자 바로 현장에서 말씀을 증거하시고 다시 공항으로 이동하여 병원으로 가시는 모습은 마치 십자가를 지시고 골고다를 오르시는 주님의 모습을 보는 것 같았습니다.

이 책을 한국교회와 목회자, 성도들에게 강력히 추천드리며 송일현 목사님에게 역사하신 그 은혜를 다 함께 나누길 기도합니다.

평범한 고등학생에서 조직의 보스로
다시 목회자로 불림을 받기까지

지극히 평범한 한 고등학생이 있었다. 학교 성적도 괜찮아 그럭저럭 공부를 하면 최소한 명문대는 아니더라도 대학은 졸업하고 평범한 직장인이 되어 결혼을 하고 평범한 삶을 살았을 것이다.

그러나 이 학생은 모태신앙으로 어려서부터 교회출석을 열심히 해왔으며 여러 자녀 중에서도 부모님의 기대에 가장 부응해 기쁨을 안겨주었던 어린 시절을 보냈다. 그리고 초등학교 5학년 때와 중학교 2학년 때 2번이나 하나님 앞에 목회자가 되겠다는 서원기도를 하기도 했다.

하나님께서는 이 서원기도를 이루시길 원하셨던 것일까. 고등학교 2학년 때부터 시작된 이 학생을 향한 엄청난 고난과 고통의 소용돌이는 '과연 하나님이 살아 계시고 지금 이 시간에도 역사하시는 것이 맞는가?'란 대명제 앞에 거듭 거듭 의문부호를 느끼게 하기에 충분한 시간이었다.

그 고등학생을 향한 고난의 첫 시동이 걸린 때가 지금부터 무려 59년 전인 1964년이었으며 그 학생이 바로 이 책의 저자인 나(송일현)다.

이 책은 사실 간증집이지만 주님과 사람들 앞에선 지극히 부끄러운 이야기이자, 한 인간이 세상에서 잘못 살아 주님께 붙들려 나온 죄의 고백서라고 할 수 있다.

사실 책의 앞 부분은 나의 이야기가 자칫 자랑처럼 읽혀질 수 있지 않을까 하는 마음에 너무나 조심스러웠다. 그러나 앞의 이야기를 하지 않고는 간증이 연결되지 않기에 적어 나가긴 했지만 여전히 창피하고 부끄러운 마음이다.

그래서 내가 조직에 몸담고 부끄럽게 지내온 이야기는 앞에서 최소한으로 줄이려 했고 하나님께 붙들려 주의 종이 되고 은사를 받고 말씀의 은혜가 임해 부족하지만 목회자로 부름받은 지난 40년 간의 이야기에 더 충실했다.

나의 지나온 시간을 사건 중심으로 차례대로 열거했는데 목회 초기부터 지금까지 이어온 수많은 일들을 돌이키면 하나님을 향한 감사부터 흘러나온다. 내가 생각해도 이 기나긴 시간을 잘 견디고 성장하며 오늘을 이룰 수 있었는지 그저 신기하기 때문이다. 그래서 내가 믿는 하나님께 고개 숙여 감사하게 된다.

요즘은 시대가 워낙 빠르게 변하고 있고 모든 것이 인터넷으로 이루어지는 시대가 되어 활자를 통해 글로 전달되는 느낌이 점점 사라지고 있다. 대신 그 자리를 요란하고 현란한 영상과 사진이 차지하고 있다. 책을 가까이 하는 이들이 점점 줄어들고 있다.

그러나 내가 하나님께 붙들려 목회자로 쓰임받고 있는 이야기를 담은 이 간증책자가 단 한 영혼에게라도 신앙의 불씨를 일으키는 역할을 하게 된다면 그 하나만으로도 이 책은 그 사명을 다 하는 것이라 여기며 책 출간에 나름대로 정성을 다했다.

원래는 간단하게 정리하려고 했으나 막상 글이 정리되니 양이 너무 많아 오히려 축소를 해야 했고 2010년대 중반 이후의 간증은 아예 담지 않았다.

이 책 내용은 누구에게 교훈을 주거나 신앙을 가르치려는 의도가 전혀 없다. 그저 한 인간이 살아온 이야기 속에 하나님이 어떻게 간섭하고 역사하셨는지를 솔직하게 적었을 뿐이다. 그래서 이 책을 읽는 독자 중 나의 생각이 공감되고, 또 신앙과 믿음에 도전받는 부분이 있다면 저자로서는 그저 감사할 뿐이다.

이 책이 나오기까지는 김무정 장로와의 인연에서 출발한다. 김 장로는 내가 주님의 은혜를 입고 목회를 열심히 하던 1990년대 중반에 처음으로 만났는데 당시 그는 국민일보 기자였다. 회심해 목회자가 된 나를 신문과 방송 등 언론에 처음으로 소개했던 그는 이후 내게 간증집 출간을 여러 차례 권면했으나 나는 그저 차일 피일 미루기만 했었다.

그러다 알고 지낸지 30년이 다 되어가는 지금에서야 간증집을 내게 되었다. 그 사이 신문사 국장으로 정년퇴직한 그지만 여전히 간증집 출간에 앞장서 도움을 주었고 이렇게 책으로 나오게 되었다.

이 책이 나온 2023년은 내가 만 77세를 맞는 해라는 점에서 더 의미가 있다. 힘들게 또 늦게 나온 만큼 특히 초신자들에게 살아계신 하나님을 알게하는 책이 되었으면 하는 바램을 가져본다.

나는 '인생은 80부터'라는 말을 좋아한다. 나이에 제한을 받지 않는 역동성이 느껴지기 때문이다. 이런 맥락에서 하나님의 일꾼도 어떤 일이 주어지더라도 망설이지 않고 거침없이 전진해 나가야 하는 것이 중요하다고 믿는다.

나 역시 여러분의 응원과 기도에 용기와 힘을 얻으며 주어지고 맡겨진 사역들을 열심히 해 나갈 것이다. 그래서 하나님이 기뻐하시고 잘 했다 칭찬받을 일을 더 많이 찾았으면 한다. 이를 위해 여러분의 중보 기도를 부탁드린다.

아울러 부족한 원고를 간증집으로 잘 만들어 준 상상나무출판사 김원중 사장님과 관계자 여러분께도 감사를 드린다.

1

복수가 불러온
엄청난 시련

1

예수쟁이 송씨 집 둘째 아들

녹차밭으로 유명한 전라남도 보성. 이곳 신흥동(信興洞) 905번지가 나의 출생지다.

보성은 원래 논답만 있는 시골이었으나 1936년 3월, 보성에 철도가 개통되면서 역 근처부터 상가지역으로 마을이 형성됐다고 한다. 1941년에 보성면이 읍으로 승격됐고 1945년 광복 후에 일본식 지명을 바꾸면서 역과 상가지역의 의미를 담아 새 신(新), 일어날 흥(興). '신흥동'이 되었다고 전해진다.

해방 이듬해인 1946년 7월 16일생인 나는 8남매의 넷째였다. 위로 누님 2분과 형님 한 분이 계셨고 아래로 남동생이 넷이나 됐다. 요즘 같으면 엄청난 대가족이라 하겠지만 당시만 해도 자녀를 10여명씩 두는 가정이 흔했다.

부친은 당시 농사도 지으면서 건어물을 파는 사업을 하셨는데 크게 유복하진 않아도 우리 가족들이 살기에는 어려움 없이 지냈던 것 같다. 그러나 무엇보다 귀한 것은 부모님이 모두 독실한 신앙인이셨다는 사실이다.

아버님(송상윤)과 어머님(윤내순)은 각자 교회서 열심히 신앙생활을 하다가 교회 어른들의 중매로 만나 보성읍교회에서 결혼식을 올리셨다. 따라서 나는 모태신앙이었고 아주 어릴 때부터 어머니 손잡고 각종 예배를 따라다녔다.

독실한 신앙을 가지셨던 어머님은 주일학교를 열심히 다니는 내게 "일현이 넌 커서 목사가 되면 좋겠다. 꼭 목사가 되어라"고 하셨다. 그리고 늘 성경을 읽도록 내게 권면했다.

보성북초등학교에 입학한 나는 2학년으로 올라가면서 전도에 재미를 붙였다. 당시 외항선을 탔던 외삼촌이 가져다 준 초코렛을 친구들에게 하나씩 주며 교회에 가자고 하면 전도성공율 100%였다.

교회에서 칭찬받는 것이 신나서 매주일 친구들을 몰고 갔는데 너무 데려 가다 보니 작은 교회가 오히려 친구들을 감당하지 못했던 것 같다.

이 무렵 기억나는 큰 사건이 하나 있다. 형님과 교회를 다녀온 어느 목요일 저녁에 동해안집이란 큰 부잣집에서 유명한 무당을 초청하여 큰 굿을 하고 있었다. 평소 이런 곳에 절대 가지 말라고 교육을 받았던 나로서는 어떻게 굿을 하는지 궁금해 꼭 가보고 싶었다.

"살짝 보면 모르겠지. 부모님께는 비밀로 하고 한번 구경가자."

난 굿이 열리는 굿판 돗자리 가장 가까운 곳에 털석 자리를 잡고 앉았다. 큰 무당이라 불리는 이가 요란한 색동복장에 고깔을 쓰고 한 손에 대나무, 한 손엔 큰 칼을 들고 모듬발로 껑충껑충 뛰기 시작했다. 요란한 꽹과리 소리에 정신이 아득할 정도로 시끄러웠지만 뭔가 좀 괴기스러우면서도 신기했다.

그런데 한창 굿이 무르익어 가는 중이었다. 모듬발로 쿵쿵 뛰면서 큰 소리로 무어라 중얼거리던 큰 무당이 갑자기 춤을 멈추고 박수 무당에게 꽹과리와 북도 멈추게 했다. 그러더니 갑자기 내게로 뒤돌아오더니 큰 목소리로 악을 썼다.

"아니 여기에 예수쟁이가 왔네. 이 예수쟁이 때문에 신이 안내려. 도대체 넌 누구야."

당시 우리 마을에 예수를 믿는 집은 딱 두 곳 뿐이었다. '송씨집'으로 불리는 우리 집과 나보다 3살이 더 많은 황씨네 복기형 집이었다. 굿하던 큰 무당은 작두까지 타고 굿을 잘 끝내야 했는데 예수쟁이 때문에 망했다며 화를 내고 가 버렸다.

그 자리에 있는 예수쟁이는 송씨 둘째 아들 일현이 밖에 없으니 고스란히 내가 '굿을 망친' 범인이 되고 말았다.

큰 돈을 들여 굿을 열었던 그 집은 다음날 아버지를 찾아와 강하게 항의를 했다. 당신 아들이 굿을 구경하는 바람에 굿을 망쳤으니 들어간 비용을 모두 물어내라는 것이었다. 이에 아버지는 그 당시론 거금이었던 쌀 3가마니 값에 해당하는 돈을 물어 주었고 나는 흠씬 야단을 맞았다.

아버님도 난 모르겠다고 외면해도 되셨을 테지만 동네에 소문이 다 난 상태에서 기독교인으로서 상대의 거센 항의를 받아들여야 한다고 판단하신 것 같다.

이런 영향도 있었는지 초등학교 5학년 때 교회부흥회에 참석했다가 큰 은혜를 받고 목사가 무엇을 하는 사람인지도 잘 모른 채 나도 목사가 되겠다고 기도하면서 서원을 했다. 어린 시절, 잠시 지나가는 이 서원을 주님은 기억하고 계셨다가 30여년이 지난 후 그것을 이루게 하셨으니 하나님 앞에서의 서원은 참으로 중요하다는 생각이 든다.

난 목사가 되겠다는 서원을 중학교 2학년 때에도 또 한번 했다. 그 때 우리 교회와 20리(8km)정도 떨어진 곳에서 목회하는 한 목사님이 부흥회차 우리 교회에 오셨는데 간증자로 76세 할머니 한 분을 모시고 왔다. 난 목사님 설교 보다 이 할머니의 간증에 큰 감동을 받았다.

"여러분 무식한 할미지만 하나님의 은혜로 이 자리에 섰습니다. 저는 4남매를 두었는데 막내가 임신 중에 남편이 돌아가셨습니다. 막

내를 유복자로 키우며 어렵게 살아왔고 얼마 전에는 백내장으로 눈이 안보여 실명 직전이었습니다. 그런데 제가 예수 믿으면서 생활이 어려워 교회에 제대로 헌금을 하지 못한 것이 가장 안타까웠습니다. 그러던 중 신년축복성회를 통해 은혜를 받다가 내가 하나님 앞에 가면 헌금을 못했으니 은혜도 모르는 성도라 여기실 것 같아 마음이 아팠습니다. 그래서 1년 내내 산에 올라 약초를 캐기 시작했고 이것을 장에서 팔아 헌금을 하겠다고 생각했습니다. 그런데 1년 모은 약초를 팔면 3000원 정도(당시 한달 하숙비가 1000원)는 받을 것이라 여겼는데 막상 장에 나가니 눈이 어두운 탓에 반 이상이 약초가 아니어서 결국 1000원만 받고 1년 내 모은 약초를 팔게 되었습니다. 눈이 잘 안보여 약초가 아닌 풀이 많았던 것입니다. 그런데 이 귀한 돈 1000원을 돌아오는 버스 안에서 소매치기를 당해 그나마 잃어버리고 말았습니다. 이것이 전 너무나도 원통스럽고 나 자신이 미웠습니다. 그래서 저는 새벽예배에 와서 빈봉투를 강대상에 올려 놓고 눈물로 기도를 했습니다. 목사님도 기도를 해주시려고 봉투를 집었는데 빈통투의 사연을 들으시고 더 간절하게 기도해 주셨습니다. 그런데 이렇게 기도한지 한 달 만에 저의 백내장 눈이 깨끗해지면서 시야가 잘 보이는 놀라운 기적이 일어났습니다. 이 기적에 저희 자녀 4남매가 모두 예수 믿고 주님께 돌아왔습니다. 하나님은 오늘도 살아계셔서 우리의 생사화복을 주장해 주고 계십니다. 할렐루야!."

이 할머니의 생생한 간증은 부흥회에 참석한 성도 모두를 눈물바다로 만들었다. 나도 감동을 받아 눈물을 흘리며 "주님. 저도 목사가 되어 하나님의 일꾼으로 일하겠습니다. 도와주세요."라고 기도했다. 초등학교 5학년 때 이은 두 번째 '주의 종' 서원이었다.

이런 영향도 있었겠지만 나의 교회출석과 신앙생활은 주변 어른들이 보기엔 아주 기특할 정도였다. 매년 연말에 주일학교에서 한 해 동안 신앙생활을 열심히 한 친구들에게 상을 주는데 나는 모든 부분에서 상을 휩쓸었다.

출석상과 요절암기상, 헌금상, 전도상 등 상장과 선물을 한아름 받으면 부모님은 언제나 흐뭇한 얼굴로 나를 바라보셨다.

그러나 나의 이런 모범적인 학교생활과 신앙생활은 계속 잘 진행되지 못했다. 나를 향한 거친 세속의 파도가 거침없이 밀려오기 시작했던 것이다.

나는 가끔 내가 온실의 화초처럼 그 때 그 상황 그대로 자라 신학교에 들어가고 목사가 되었다면 어땠을까 생각해 본다.

그러나 하나님의 나를 향한 뜻은 다른 곳에 계셨다. 그래서 비록 엄청난 고통과 질고의 시간을 통과하며 이 자리까지 왔지만 결국 하나님 앞에서는 모든 것이 시간이 지나봐야 은혜를 깨닫게 된다. 그리고 모든 과정과 결과 역시 하나님의 뜻 가운데 이뤄지는 것이라 여겨져 결국 깊은 감사만이 정답이라는 생각이다.

2

복수를 다짐하며 시작한 유도와 권투

모범생에 공부도 상위권이었던 나는 보성중학교를 졸업할 때 군수상을 받았다. 최고상이 도지사 상이었는데 내가 전교에서 2등을 한 것이다.

당시 고교입시는 입학시험을 치르는 제도였기에 난 전남 지역 명문고인 순천 매산고등학교를 목표로 나름 열심히 공부했다. 그러나 시골과 도시의 공부 격차가 아주 컸다. 시골학교와 도시학교의 실력 차이가 아주 심했던 것이다.

나는 매산고 대신 조선대학교 부속고등학교에 입학하는 것으로 만족해야 했다. 대신 이 때 조대부고가 막 신설되는 시점이라 장학생으로 선발돼 첫 1학년 학비 혜택을 받을 수 있었다.

어머님은 미션스쿨인 순천 매산고등학교에 들어가 신앙적인 분위기에서 공부하다 신학교에 들어가길 원하셨다. 우리 집안에 목사가 하나 나오길 늘 원하고 기도하셨는데 그 후보로 가족 중 모범생이었 던 나를 은근히 기대하신 것이다. 어머니가 나를 임신했을 때 아들이 면 목사가 되게 해 주시라고 소원을 하셨단다.

그러나 난 내가 초등학교와 중학교 시절, 주의 종이 되겠다고 서 원했던 것 조차 까마득히 잊고 있었다.

보성에서만 있다가 고등학교가 있는 광주로 나와서 지내다 보니 이곳은 전혀 다른 신세계였다. 집과는 거리가 있어 하숙을 해야 했고 부모님의 간섭과 잔소리를 피할 수 있어서도 너무나 신이 났다.

사춘기 예민한 시절, 부모의 통제를 벗어나자 모범생이었던 나는 친구들과 조금씩 노는 재미를 붙여 나갔다. 그래도 주일은 반드시 교 회에 나갔고 어느 범주 이상의 일탈은 벗어나지 않았다.

고등학교에 진학해 나름대로 열심히 공부하며 새로운 생활에 적 응하던 내게 전혀 예상치 못했던 사건이 일어났다.

이 사건은 시골에서 도시로 나와 한창 새로운 것에 재미와 흥미를 느끼며 인생을 배워가는 청소년인 내겐 매우 충격적인 일이었다.

개학 후 한 달 정도가 지나 중간고사를 앞두고 시험공부를 할 무 렵이었다. 학교가 끝나고 하숙집으로 돌아오는 중에 20대 중반쯤 되 어 보이는 청년과 내 또래의 아이들 4명이 먼 골목어귀에 서 있다가 나 에게 손짓을 하며 오라고 했다.

무슨 일인가 하고 다가간 내게 그는 능글맞은 웃음을 지으며 내

교복에 붙은 이름표와 학년 뺏지를 본 것 같았다.

"야 새끼야 이리와 봐라. 1학년인가 보네. 학교 생활 재미있어. 근데 이 형이 빵 좀 사먹어야 겠다. 그러니 주머니에 있는 돈 좀 내 놔. 빨리 안 꺼내 놓으면 이제 계속 한 대씩 맞는다. 꺼내 놓는다. 실시."

너무나 놀랐다. 그 형 주변엔 같이 싱글거리며 웃는 이들이 서너명이 있고 한적한 곳이어서 누구에게 도움을 청할 만한 상황도 아니었다. 이날 나는 내가 갖고 있던 용돈을 모두 뺏기고 말았다. 요즘말로 '삥 뜯기는'일을 당한 것이다.

고스란히 용돈을 빼앗기고 집에 돌아온 나는 무섭기도 하고 창피하기도 하고 분하기도 해서 공부가 되지 않았다. 다음날 학교에 가서 친구들과 이야기 해보니 몇몇 친구들도 나와 같이 이미 당했던 경험을 털어 놓았다. 그들은 학교 근처 으슥한 곳에 숨어 있다 상습적으로 용돈을 갈취하는 불량배였던 것이다.

그런데 며칠 후 다시 그들과 만난 나는 이번엔 용돈을 뺏긴 것에 끝나지 않고 며칠에 한번씩 이 장소로 와서 돈을 바치라는 주문까지 했다. 그리고 만약 이 사실을 부모님이나 학교, 경찰에 신고하면 죽을 줄 알라고 으름장을 놓았다.

너무나 겁이 난 나는 이 약속을 지키느라 액수가 작아도 꼬박꼬박 그를 찾아가야 했고 돈이 없다고 하면 뺨도 맞는 수모를 겪어야 했다. 늘 이렇게 용돈을 뺏기다 보니 주말마다 보성 집에 찾아가 어머니에게 이런 저런 이유를 대며 돈을 타야 했다. 책도 사고 교재도 필요하다고 해 얻은 돈이 수시로 이 불량배들에게 바쳐지니 나도 속이 상해 미칠 지경이었다.

나는 주일에 교회에 가서 하나님께 기도했다. 이 불량배들이 내 앞에 나타나지 않고 피할 수 있는 길을 열어 달라고 기도했다. 하나님이 나를 도와주시길 간구했지만 아무런 소용이 없었다.

돈을 뜯어내는 대장은 임유끼란 이름을 가진 동네 깡패로 조직폭력배 두목이었다. 이들은 인근 광주의 산수동 지산동 서석동 동명동을 관할하는 조직이었는데 우리 학교가 있던 지산동으로 내려와 고교생들의 잔돈을 뜯는 비열한 짓을 하고 있었던 것이다.

학교로 가는 길에 자그마한 냇가가 있었다. 이 길을 반드시 통과해야 학교를 갈 수 있었고 돌아가려면 엄청 많은 시간이 걸렸다. 임유끼는 이곳에 자그마한 의자를 하나 갖다 놓고 앉아서 등하교하는 학생들을 불러 갈취를 일삼았다.

이렇게 돈을 뜯기고 돈이 없으면 맞는 일을 자꾸만 겪다 못해 어머니에게 이 사실을 그대로 털어 놓았다. 그런데 어머니는 오히려 나를 나무라셨다.

"일현이 네가 품행이 방정치 않아 그런 것 아니냐. 기도생활과 신앙생활 열심히 하면 하나님이 지켜주신다. 그런 애들 만나면 비켜가고 돌아 가려므나. 상종을 하지 마라."

　상황을 모르는 어머니로서는 당연한 말이었겠지만 나로서는 답이 나오지 않았다. 그렇다고 신고를 하거나 학교에 알리면 더 큰 후환이 있을까 두려웠다.

　이런 일이 반복되면서 가슴 속에서 화가 부글부글 끓어 올랐다. 언제까지 이런 일을 당해야 하는지 고등학교 졸업할 때까지 2년6개월이나 남았는데 계속 이래야 한다면 학교도 자퇴해 버리고 싶었다.

　"그래 지금 이 고통을 벗어나는 것은 두 가지다. 경찰에 신고하는 것과 내가 힘을 키워 저들이 내게 폭력을 행사하지 못하게 하는 것이다. 그러나 경찰에 신고해도 단순한 사안이니 금방 풀려나와 나를 더 괴롭힐 것이다. 결국 내가 힘을 키우는 것이 필요하다."

　이런 결론을 얻은 나는 운동을 본격적으로 시작했다. 우선 싸움에 가장 도움이 된다는 권투를 배우기 위해 호남체육관이란 곳에 등록을 했고 학교에서도 특별활동으로 유도반에 들어갔다. 그것도 양이 안차 새벽시간을 이용해 검도를 배우러 다녔다.

　내가 운동을 하는 이유는 나도 힘을 키워 더 이상 괴롭힘을 당하지 않고 괴롭힘을 당하는 친구들도 도와야 한다는 생각에서 돈도 뜯기지 않겠다는 생각 뿐이었다. 세 가지 운동을 하면서 나는 내가 운동

신경이 아주 발달돼 있고 힘도 좋다는 것을 알게 되었다.

내 권투 스파링 상대가 되어 준 선배가 있었다. 선배는 나보다 권투를 훨씬 오래 전에 시작했는데 내 펀치를 맞고 나가 떨어지는 일이 일어났다. 체육관에서 테크닉은 떨어져도 펀치력 하나는 대단하다고 인정을 해 주었다. 원장도 내게 권투를 취미가 아니라 아예 선수로 한 번 나서보면 어떻겠느냐고 권유를 했을 정도였다.

이렇게 나를 지키겠다는 일념 속에 코피를 쏟으며 시작한 운동들이 고등학교 2학년이 끝날 무렵이 되자 내 몸은 아주 날렵하고 탄탄하게 변해 누구와 상대해도 이길 것 같은 자신감이 생겼다.

나는 드디어 가슴 속에 오랫동안 비수처럼 숨겨두었던 복수의 시간이 왔다고 판단했다. 그리고 괴롭히던 임유끼에게 도전장을 보냈다. 메모를 써서 보냈는데 거기에 이렇게 적었다.

"임유끼. 나도 이제 더 이상 못 참겠다. 남자답게 정정 당당하게 1:1로 한 판 붙자. 토요일 오후 5시 전남대학교 수의대 다리 앞으로 와라."

3

수의대 다리 위의 결투

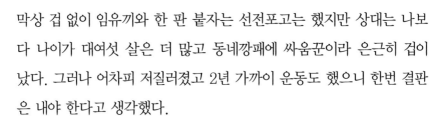

막상 겁 없이 임유끼와 한 판 붙자는 선전포고는 했지만 상대는 나보다 나이가 대여섯 살은 더 많고 동네깡패에 싸움꾼이라 은근히 겁이 났다. 그러나 어차피 저질러졌고 2년 가까이 운동도 했으니 한번 결판은 내야 한다고 생각했다.

요즘은 이상하게 보이겠지만 당시는 이렇게 결투를 신청하는 일이 많았다. 옛 조폭영화를 보면 이런 장면이 자주 나오는데 학교에서도 짱이 되려면 이렇게 싸움을 신청했다. 아마 임유끼는 나의 신청을 받고 무척이나 가소로웠을 것이다.

"작전을 잘 짜야 할 것이다. 1대1로 붙으면 배운 권투로 빠르게 한방 펀치를 먹이거나 또 유도로 들어 넘겨 버리면 충분히 승산이 있다.”

　난 나 자신을 다독거라며 친구들에게 임유끼와 한 판 붙기로 했으니 같이 가자고 했다. 당시 나는 운동을 하면서 공부에 집중하지 않아 반 등수도 뒤로 훌쩍 밀렸고 자연히 껄렁거리는 친구들과 어울리며 조금씩 학교 어깨노릇을 하고 있었다. 그런데 내가 동네에서 유명한 깡패를 상대로 결투신청을 했다니 모두 흥미있어 하고 도와주겠다고 하면서 구경삼아 따라 오겠다고 했다.

　드디어 결전의 날이 밝았다. 친구 10여명과 전남대 수의대 다리로 갔는데 저 반대 쪽에서도 깡패들이 우리의 배가 되는 20여명 정도가 따라오고 있었다. 여차하면 패싸움도 붙을 수 있는 상황을 대비한 것 같았다.

　친구들은 학교에선 기세가 등등하더니 상대 인원과 복장들을 보곤 하얗게 질렸다. 떠는 친구도 있었다. 우리는 고교생이지만 저들은 훨씬 나이 많은 폭력배들이 아닌가.

　“야. 일현아. 이건 아닌 것 같다 저기 쪽수 좀 봐라. 그냥 튀자. 잘못하면 우리 뼈도 못추릴 것 같아.”

　그러나 내가 결투신청을 하고 도망을 간다면 얼마나 웃음거리가 될 것인가. 그리고 이것은 무엇보다 내 자존심이 걸린 문제였다.

"아니야. 난 오늘 어쨌든 싸운다. 겁나면 너희들은 가도 좋아."

정말 친구들은 슬슬 뒷걸음을 치더니 모두 사라지고 말았다. 저쪽에서도 친구들 사라지는 모습에 웃는 것 같았다. 나는 호기롭게 한번 더 상대를 향해 큰소리를 쳤다.

"임유끼 혼자만 다리 위로 와라. 일대일로 한 판 붙자."

자신의 부하들이 있는 곳에서 애송이 같은 나의 큰소리에 임유끼는 자신이 타고 온 자전거(싸이클)를 천천히 몰면서 나를 향해 다가오고 있었다. 나는 순간 상황판단을 빠르게 했다.

"그동안 습관을 보면 분명 싸이클을 타고 내 앞까지 와서 자전거 앞바퀴를 내 다리 사이에 끼워 놓고 내 뺨을 때릴 것이다. 그 직전에 내가 먼저 선방을 날려야 한다."

내 예감은 정확했다. 능글능글한 웃음을 지으며 다가온 그는 자전거를 내 다리 사이에 끼워 넣으려고 했고 나는 순간 옆으로 살짝 비켜나면서 자전거와 임유끼를 한꺼번에 발로 차 다리 밑 개천으로 떨어뜨려 버렸다. 다리 높이가 2미터 정도이고 물이 완충작용을 해서 크게 다치진 않았겠지만 갑작스런 내 반응에 그는 엄청 당황하는 것 같았다.

　나는 동시에 몸을 날려 개천으로 뛰어 내려갔다. 그리고 개천에서 자전거와 함께 떨어져 아직 정신 못 차리던 임유끼를 향해 주먹과 발을 사용해 아주 떡이 될 만큼 밟아버렸다. 떨어진 충격에다 자전거와 함께 있어 움직임을 제한 받았던 그는 속절없이 내게 당해야 했고 나중엔 기절을 하고 말았다.

　저쪽에서 그의 부하들이 우르르 개천쪽으로 몰려오는 것을 느낄 수 있었다. 나는 즉시 옆에 있던 큰 돌 하나를 집어 들었다.

　"어떤 놈이든 내려오기만 해라. 내가 머리통을 부술테니. 지금 1:1 싸움이니 비겁하게 끼어들지 마라."

　내게 어디서 이런 용기가 나왔는지 나도 놀랄 지경이었다. 그동안 쌓였던 분노가 한꺼번에 분출된 것이 아닌지 나의 서슬에 아무도 내게 가까이 내려오지 못했다.

　난 돌을 든 채 뒷걸음쳐 개천을 빠져 나왔고 빠른 속도로 자취집으로 돌아왔다. 집에 와서도 한참이나 가쁜 숨을 쉬어야 했다. 나는 도대체 내가 무슨 짓을 한 것인지 한동안 정신이 멍하고 얼얼했다.

　다음날 임유끼가 나이 어린 조대부고 송일현이에게 맞아서 떡이 됐다는 이야기가 학교와 주변에 쫙 퍼졌다. 난 순식간에 학교에서 영웅이 됐다. 학교 학생이라면 거의 임유끼와 그 일당에 돈을 뺏겨본 경험들이 있었기 때문이었다.

어느 세계든 급수라는 것이 있다. 태권도를 해도 급수에서 단으로 점차 올라가고 겨루기를 해도 같은 급수끼리 겨루어 승패를 나눈다. 누구든 그 정상까지 단번에 올라갈 수는 없다.

그런데 나는 용기를 내어 나와 격이 다른 깡패두목에 결투신청을 했고 머리를 써서 이기는 바람에 단번에 그 급수로 올라가 버린 것이다. 임유끼는 나의 결투신청을 가소롭게 여기고 무시했어야 했는데 무슨 일인지 알아보러 왔다가 큰 망신을 당하는 일을 겪은 것이다.

부하들 앞에서 또 개인적으로 엄청난 창피와 모멸감을 느낀 임유끼는 나를 찾아 죽여 버리겠다고 공언하며 다녔다. 그리고 그 때만 해도 옛날이어서 자신이 전남매일신문에 복수하겠다는 혈서를 쓴 광고까지 냈다. 언제 시간이 되면 신문사를 찾아가 1964년도 신문을 찾아 그 광고를 다시 한번 찾아보고 싶은 생각이 든다.

이 일이 워낙 큰 사건이었던지 내가 다니던 고등학교에 백차(경찰차)가 오고 난리가 나는 통에 나는 더 이상 학교에 다닐 수가 없었다. 누군가 어떤 사건으로 인해 하루 아침에 유명인사가 된다고도 하는데 난 임유끼와의 싸움으로 하루 아침에 주먹세계 스타가 되어 버린 것이다.

이 이야기는 우리 학교 뿐 아니라 인근 고교에까지 퍼지면서 각 고등학교에서 내로라는 주먹들이 내게로 모여들었다. 이로 인해 조대부고 학생은 송일현이 때문에 건드리면 안된다는 이야기까지 나돌 정도였다.

이 사건으로 인해 나는 내 뜻이나 의지가 아니라 주변에 의해 저절로 학생 사이에서 주먹 보스가 되고 또 우두머리 노릇도 해야 하는 이상한 상황이 연출되고 있었다.

이 때 에피소드가 하나 더 있다. 우리 조직에 있던 박수찬이란 후배가 한 아이를 데려와 나를 선배로 삼고 싶다며 인사를 시켰다. 수찬이는 일찍 세상을 뜬 나의 후배로 그 누구보다 나를 따르며 의리를 지켰었다. 나와 함께 교도소 생활을 시작했는데 처음엔 소년수로 들어와 일반수로 먼저 출소했다. 나가서 형님 자리를 잘 마련하겠다며 싸우고 다니다 목숨을 잃었다. 수찬이 생각만 하면 마음이 아픈데 이 수찬이가 그 무렵 내게 데려와 인사시킨 이가 바로 많은 사람들이 알고 있는 '조양은'이었다. 알고 보니 조양은이가 내가 임유끼를 수의대 다리 위에서 KO 시켜버릴 때 현장에서 내가 싸우는 모습을 보았다고 한다.

예민한 사춘기 시절, 누구나 한번쯤 동경해 보는 것이 주먹세계다. 그런데 자의보다 타의로 내가 소위 노는 아이들 위에 군림하게 된 것이다. 주위에서 친구와 후배들이 나를 형님으로 떠받들어 주는데 그 맛이 묘한 매력으로 나를 이 세계로 끌여 들였다.

당시 광주 주먹세계는 충장로를 장악한 충장로파와 대한극장 주변을 관리하는 OB파, 계림극장을 중심으로 계림파가 있었다. 나는 여기 어느 곳도 속하지 않았는데 그 규모를 점점 키우면서 서로 자기

파로 들어오라는 요청이 있었다.

그러나 나는 학교 후배들을 관리하며 싸움도 가르치고 담력을 키우는 일도 하며 시간을 보냈다. 참 겁이 없던 시절이었다. 줄톱을 갈아 칼을 만들고 손잡이를 테이프로 감아 호박을 찌르며 남에게 상해를 입히는 연습도 했으니 지금 생각하면 참 어리석고 부끄럽게 느껴진다. 상처는 입히지만 치명상은 주지 않아야 한다는 최소한의 법도는 있었다.

그래서 칼을 쓰더라도 칼끝 1cm 이상은 테이프로 감아 더 이상 칼이 피부에 파고들어 가지 않게 함으로 치명상을 입지 않도록 했다.

고교 졸업을 못한 채 곧장 주먹세계에 진입해 버린 나는 친구와 후배들에겐 영웅이 됐지만 학교를 중단하고 폭력을 일삼는 나를 보는 부모님에겐 큰 죄인이었다.

나 스스로 생각해도 내 인생이 전혀 예기치 않은 방향으로 꼬인 것에 은근히 화가 나고 또 괴로웠다. 하나님이 살아 계시다면 평범하게 잘 지내던 나에게 왜 임유끼란 놈이 나타나 나를 이런 모습이 되게 하신 것인지 내면에 큰 갈등이 왔다.

소위 모범생으로 불리던 내가 복수를 하려다 주먹 보스가 되어버린 현실이 잘 받아 들여지지 않았다. 그러다 보니 후배들을 거느리고 싸움을 할 때 두려운 마음이 들고 아주 악하게 행동을 하진 못했다.

하루는 이런 내 모습이 마음에 안 들어 이것을 하나님께 따지고 싶었다. 그래서 소주 2병을 들고 조대 뒷산에 올라가 마시면서 큰 소리로 외쳐 보았다.

"하나님. 제 인생이 왜 이 모양입니까. 하나님 살아계시면 이 자리에서 그냥 저를 죽여 주세요. 못 죽이시면 하나님 안 계신 것이니 계신 것을 인정하지 않겠습니다."

술기운에 고래 고래 악을 쓰며 밤새 발악을 하던 나는 새벽 교회 종소리를 들으면서 마음의 안정을 찾고 산을 내려왔다. 그렇게 괴롭던 마음이 찬송가 소리에 안정을 찾은 것이다. 내 안에서는 잘못된 길을 가고 있다는 자책과 주먹세계를 군림하며 계속 우쭐거리고 싶은 두 마음이 항상 교차하고 있었다.

내 안에 이 두 개의 세계가 충돌했지만 주먹세계에서 발을 뺄 수 있는 여건이나 상황이 아니었다. 난 이미 이 세계에 발을 깊숙이 들여놓아 버린 것이다. 그리고 이런 나의 마음은 시간이 흐르면서 조직폭력의 세계로 점점 더 무게추가 기울어졌다. 이것은 내 의지로 바꿀 수 있는 부분이 아니었다. 돌이키기엔 내가 너무 멀리 와 버렸던 것이다.

그러나 지금 생각하면 이것도 하나님께서 목회자가 되기 전에 나를 다듬어 내는 한 부분의 조각이었음을 인정하게 된다.

4

살인사건의 주범으로 몰리다

고교 시절 지역을 떠들썩하게 만든 큰 싸움으로 일약 유명하게 됐지
만 학교에서 퇴학을 당한 나는 마땅히 할 일도 없었고 아예 이참에
주먹세계에 몸담아 버렸다.

1966년 말 광주관광호텔이 막 생기면서 이곳에 오락실이 들어섰
다. 처음보는 파칭코 기계가 들어왔다. 어느 지역이든 큰 술집과 나이
트클럽, 오락실은 그곳 폭력조직이 관리하는 것이 불문율이다.

그런데 다른 조직들에서 광주관광호텔 관리를 하려고 넘보다가
집단 패싸움이나 큰 문제가 생기곤 했다. 광주관광호텔의 사장은 지
역유지이자 지역일간신문 회장인 K씨였는데 하루는 이 분이 나를 보
자고 했다.

"어. 송군인가. 반갑네. 내 자네 이야기 들었네. 자네도 알겠지만 우리 호텔에 들어온 파칭코 관리를 자네가 좀 맡아 주었으면 하네. 소란 일으키지 말고 잘 만 관리하면 충분히 먹고 살 만큼 월급을 주겠네."

나에겐 희소식이 아닐 수 없었다. 나도 어느 정도 조직을 가지고 있었지만 재정기반이 없었는데 이런 좋은 자리를 마련해 준다니 귀가 번쩍 뜨였다. 아마 광주의 여러 조직 중에 어느 한쪽에 호텔을 맡기자니 다른 편에 부담을 느낀 K회장이 젊은 신생 조직인 내게 이 일을 해 보라고 시킨 것이 아닌가 싶었다.

나는 K회장의 지시를 받으며 바로 이 파칭코 관리에 들어갔고 월급으로 5만원을 받았다. 당시 경찰 월급이 5300원이었던 것으로 기억하는데 그 10배 정도를 받은 것이다.

어떤 조직이든 이끌려면 결국 돈이 필요했다. 후배들에게 최소한의 의식주는 해결해 주어야 하는데 그것을 마련하지 못하면 보스로서 자격이 없는 것이기 때문이다.

이 때 내 나이 불과 21세였다. 참 이른 나이에 이 주먹세계에 들어온 나는 눈치 빠르고 힘 좋은 친구들을 하나 둘 영입하면서 점차 세력을 불려나갔다. 내가 이곳 폭력조직에 몸담아 절실히 느낀 것은 조직끼리 알력이 생겨 싸우면 결국 두 조직 모두가 큰 피해를 입는다는 사실이었다. 승자와 패자가 따로 없었다.

즉 한 쪽이 다른 쪽을 쳐서 상해를 입히고 이겼다고 해도 이는 형사사건으로 연결돼 교도소에 가야 했다. 또 상처를 입고 싸움에서 진 편도 조직원이 이로 인해 불구가 되거나 한동안 조직이 후유증을 앓고 고통을 받아야 했다.

결국 따지면 승자도 패자도 없는, 고통만 남는 이런 싸움은 하면 안 된다고 난 생각했다. 그래서 각 조직이 서로의 지역을 침범하지 않고 지내는 것을 원했고 후배들에게도 가능한 충돌을 하지 말 것을 늘 주문했다.

그러나 주먹세계는 동물의 세계처럼 양육강식의 논리가 항상 존재한다. 상대가 약해 보이는데 먹을 것이 많은 것 같으면 그것을 반드시 빼앗아 내 것으로 만들어 버리려고 하는 것이다.

내가 파칭코를 무대로 세력을 키워가는 것을 바라보던 J파가 호시탐탐 우리 오락실을 접수하려고 노렸던 것 같다. 어느날 갑자기 불문율처럼 지켜지면 지역관리를 깨고 우리 오락실에 상대 조직원 6명이 찾아왔다.

마침 나는 현장에 없었고 후배들이 있었는데 상대조직원 중 하나가 "일현이 어디 있느냐?"고 했다. 내가 나이가 어리니 하대를 할 수 있었으리라 본다.

그러나 내 후배들의 입장은 그렇지 않았다. "우리 형님 이름을 함부로 부르느냐"며 시비가 붙게 되었다고 한다. 그들은 내가 나이가 어리니 얕잡아 이름을 부른 것이고 후배들은 그것이 못마땅해 대든 것으로 여겨진다.

그러다가 결국 양쪽은 싸움으로 이어지면서 우리쪽 한 후배가 여럿이 덤비는 상대의 칼을 맞아 병원에 실려가게 되었다.

J파 조직들이 파칭코를 찾아와 시비가 붙었고 후배가 칼 맞고 병원에서 무려 158바늘을 꿰매었다는 이야기를 듣는 순간 나는 피가 거꾸로 솟는 것 같았다.

"아무리 주먹세계지만 이렇게 경우없는 짓을 하는가. 대화를 잘하다가 이견이 안 맞아 폭력을 쓸 수는 있어도 이렇게 처음부터 칼을 사용해 자칫 생명까지 잃을 수 있도록 하는 것은 저급한 양아치들이나 하는 짓이 아닌가. 결코 묵과할 수 없다."

나는 이제부터 J파와 전쟁임을 선포하고 칼침을 놓은 상대 조직원이 누군지 체크해 당장 찾아내어 복수를 하기로 했다. 애들을 데리고 광주 시내를 누비며 상대가 있을 만한 곳을 찾아다녔다.

그러다가 나와 일부 후배들과 두 팀으로 나누어 상대를 찾기로 했다. 그런데 내가 없는 다른 팀에서 엄청난 일이 벌어지고 말았다. 후배 몇몇이 결국 후배를 해친 상대를 만나 우리가 칼을 맞은 대로 칼을 쓰다가 그만 상대를 죽이는 살인사건이 일어나고 만 것이다.

내가 만약 현장에 있었다면 위해는 가했더라도 죽이는 일은 결코 없었을텐데 분기탱천한 후배가 반항하는 상대를 제압하는 과정에서 예기치 않은 상황이 생긴 것 같았다.

이날이 1967년 3월 31일이었다. 봄은 왔지만 꽃샘추위가 아직 남아있던 이 때 난 살인현장에 없었어도 이 조직의 보스이니 살인사건을 주도한 배후인물로 지목받게 되었고 형사들이 내 숙소와 고향집에 찾아와 진을 치고 있었다.

당시 이 살인사건은 지역과 일간 신문에서도 대서특필 될만큼 폭력조직간 알력으로 사람들에게 크게 알려졌다.

후배들을 소집해 당분간 피해 있으라고 하며 타지로 피신을 시켰는데 정작 나는 수배된지 3일만인 4월2일에 체포됐다. 내 경우 후배들을 데리고 싸움을 하러 돌아다닌 것은 인정하지만 살인현장에 없었고 가담하진 않았기에 중형은 받지 않는다고 생각했다.

그런데 조서를 꾸미는 과정에서 원고 측이 내가 현장에 있었다고 거짓진술을 한 것을 알게 되었다. 그런데 내가 현장에 없었다고 아무리 말해도 내 말을 믿어주는 사람이 없었다. 나는 피고이자 깡패일 뿐 내 목소리를 귀담아 들어주는 사람이 없었다.

더구나 재판과정에서 검사는 지역 내에서 우리 조직에 의해 직간접으로 피해를 입은 사람들만 용하게 찾아내 내가 그동안 얼마나 나쁜 짓을 했는지를 조목조목 조서에 첨가해 넣었다. 살인사건과 전혀 관련이 없는 부분들까지 넣은 것에 내가 항의를 해도 소용이 없었다. 이 참에 골치아픈 폭력배들을 완전히 소탕하겠다는 검사의 의지가 매우 강했다.

나는 이런 부분들에 대해 재판정에서 판사를 향해 부당함을 호소했지만 전혀 받아들여지지 않았고 살인교사죄로 무려 15년 구형이 떨어졌다. 재판이 진행되는 어머니가 동분서주하며 아들의 형기를 낮추려 노력했지만 허사였다.

난 앞서 큰 형량을 받은 전과도 없고 현장에도 없는 것이 인정되면 길어야 2~3년 정도 받거나 잘하면 집행유예로 나올 것을 기대했는데 예상밖 구형에 너무나 깜짝 놀랐다.

나는 즉시 항소를 했고 내 재판은 대법원까지 무려 1년 8개월 동안 이어졌다. 검찰 구형은 15년이었지만 법원은 최종적으로 10년을 판결했다. 대법원 판결도 달라지지 않았다.

"피고 송일현을 징역 10년에 처한다."

조직의 보스로 살인을 교사한 것으로 되었고 현장에 없었던 것을 결국 입증해 내지 못한 나는 상대를 칼로 직접 숨지게 한 내 후배와 같은 형량인 10년을 받은 것이다. 칼을 써 죽음에 이르게 한 후배도 10년, 보스도 10년이었다.

5

광주구치소에서 전주교도소로

10년형을 받은 나는 억울해서 미칠 지경이었지만 현실은 엄정하고 냉혹했다. 형이 최종 확정되기 전 대법원까지 재판을 받는 1년8개월간 미결수로 광주구치소에서 생활했다.

내가 죄를 짓고 그 죗값을 받기 위해 광주구치소에 수감됐지만 아이러니 하게도 교도소에서의 생활도 사회에서의 주먹조직과 별반 다름 없다는 사실을 알게 되었다.

이미 사회에서 알고 있던 선후배 조직폭력배들이 문제를 일으키고 이곳에 들어와 자리 잡고 있어 여기서도 폭력계 족보가 그대로 통했다.

나는 이미 구치소에 들어와 있던 후배도 있고 또 알던 선배들도 있어서 교도소에 오자마자 신참이 아니라 바로 고참 대우를 받았다.

나이도 어린 편인데 아마 고깝게 생각하는 재소자도 많았을 것이다.

마침 교도관 중에서 고교 동창도 있었기에 구치소 내에서 아주 힘들거나 스트레스를 받는 일이 처음부터 없었다. 보통 신참 재소자는 오자마자 변기청소와 식사당번, 침구정리 등 허드렛일을 도맡아야 했다. 그러나 나는 바로 이런 일에서 제외됐다.

그러나 앞으로 내가 이곳에서 10년간 썩을 생각을 하니 차라리 죽어 버리는 것이 낫지 않을까 싶었다. 그래서 갑자기 심한 분노가 차오르면 교도소 내에서 크게 한 번씩 난동을 부리곤 했다.

내 몸에 자해를 하거나 날 이렇게 만든 검사 데려 오라고 고래고래 소리를 지르면 교도관도 감히 내게 접근하지 못했다. 내가 정말 목숨이라도 끊으면 교도소 내 사고로 분류돼 교도소장이 문책을 받기 때문이었다. 이렇게 난동을 피우면 교도관은 어머니에게 급히 전화를 걸어 오시게 한 뒤 마이크로 어머니 목소리를 내게 들려주곤 했다.

"일현아. 그래 네 맘 안다. 진정해라. 엄마가 네가 원하는 것 다 들어 줄테니 그만 소리 지르고 난동을 그쳐라. 엄마가 부탁한다."

울음어린 어머니의 애절한 목소리에 난 그만 기가 꺾이고 순순히 두 손을 내밀어 교도관이 채우는 수갑을 받아들였다. 이 경우 난 난동을 부린 벌로 보통 1달간 독방신세를 져야 했다. 식사도 마치 개밥처럼 따로 담겨져 투입구로 들어왔다.

아무런 말상대가 없이 혼자 독방에 있게 하는 것은 정말 고통 중의 고통이었다. 난 이렇게 구치소 생활 초기엔 문제형 재소자로 낙인이 찍히며 아주 거칠게 행동했다. 이미 내 인생은 끝났으니 될대로 되라는 자포자기 심정도 강했던 것 같다.

광주구치소서 1년8개월을 지내던 나는 드디어 형이 확정되자 구치소에서는 기다렸다는 듯이 말썽꾸러기인 나를 곧장 전주교도소로 이감시켰다. 앞으로 남은 8년4개월을 교도소에서만 보낼 생각을 하니 정신이 아득했다. 내가 억울하게 10년형을 받았다는 생각은 여전히 변함이 없었다.

전주교도소는 당시 전주출신 깡패들이 교도소를 장악하고 있었다. 지역텃세가 있는 것은 당연했다. 광주에서 꼴통부리던 주먹쟁이가 온다는 소문은 금방 교도소에 퍼졌다. 나는 이제 되도록이면 조용히 지내야겠다고 생각하고 교도소 수칙을 지키며 말썽 일으킬 일을 만들지 않았다. 교도관들은 처음에는 나를 예의주시 하다가 안심을 했고 전주교도소를 주름잡는 소위 두목들도 나를 일부러 건드리지는 않았다.

그런데 드디어 일은 한번 터지고 말았다. 형이 확정되면 교도소에서도 각자 일이 주어지게 된다. 나는 목공소를 배정받아 목수가 하는 일을 배우면서 지냈다.

겨울이었다. 목공소로 일하러 나왔다가 점심을 먹는데 신참인 20세 남짓 어린 막내가 난로 위에 밥을 올려 놓았다. 따뜻하게 먹으려고 한 것인데 난로 위에 밥을 올리는 것은 작업반에서 제일 싸움 잘한다는 폭력배출신 K에게 허락을 받아야 하는 모양이었다.

"아니. 어떤 새끼가 내 허락도 없이 밥을 난로에 올렸나. 싸가지 없게. 이런 놈은 굶어야 해"

K는 밥 위에 작업하면서 쌓아 놓은 톱밥을 한 가득 부어 버렸다. 이제 이 밥은 못먹게 되어 버렸다. 이것을 본 나는 갑자기 열이 확 올랐다. 막내가 몰라서 한 행동을 이렇게 만드는 그 심보가 괘씸했다.

"아무리 그래도 애 밥을 못먹게 하면 안되지. 너무 한 것 아니야. 이런 짓은 양아치나 하는 짓이지."

"이 새끼. 넌 뭐야. 어디서 굴러먹던 놈이 여기서 훈수 두는 거야. 너 맛좀 볼래."

담번에 그는 내게 달려들며 주먹을 내질렀고 나는 재빨리 피하며 공격태세를 갖추었다. 드디어 광주에서 온 내가 전주 텃세 오야붕과 맞붙게 된 것이다. 작업도구인 부삽까지 들고 설치는 그에게 우리 애들 보는데 창피하게 이러지 말고 작업실에서 애들 다 내보내고 둘이서 남자답게 1:1로 붙자고 했다. 체면도 있고 후배들 눈이 많으니 거절을 못한 K는 '그래 한번 붙자. 작살을 내주겠다'고 했다.

이어 점심시간과 연결되면서 일단 작업실에 있던 재소자를 모두 밖으로 내보냈다. 교도관들도 웅성거림이 있어 이곳의 동태를 알았지만 눈을 감아주는 것 같았다. 어차피 내부에 교통정리가 되어야 하는데 큰 사고만 안 나면 된다는 생각이었을 것이다.

나보다 서너살은 많아 보였지만 K는 싸움의 기술에는 나 보다 한참이나 뒤쳐지는 하수였다. 싸움은 잘하고 못하고 힘으로 승패가 결정되기 보다는 누가 더 담력이 크고 또 머리를 잘 쓰느냐에서 이기고 지느냐가 결정된다.

나는 K에게 내가 잘 쓰는 방법 중의 하나를 택해서 싸움을 시작했다. 그를 재소자들이 우리를 못보는 사각지대로 이끌었다. 그리고 주변에 있던 작업도구로 쓰는 돌덩이를 탁자 위에 딱 올려 놓으며 이렇게 말했다.

"우리가 애들처럼 치고 받는 것은 창피하고 하나 둘 셋에 이 돌덩이를 먼저 들어 상대방 머리팍을 내리 치는 놈이 이기는 것으로 하자. 동작이 빠른 사람이 이기는 것이니 이의가 없을 거다."

K의 눈빛이 흔들렸다. 이것은 그가 이미 자신이 없어 한다는 것을 내게 비친 것이다. K가 생각하길 먼저 내가 잽싸서 자신이 머리를 돌로 맞으면 병원에 실려가거나 죽을 수도 있다는 생각이 들어 두려웠

을 것이고 자신이 먼저 나를 돌로 쳐 상해를 입히면 형기가 더 늘거나 피해를 입어야 하는 상황이었다. 만약 하지 말자고 하면 배짱이 없는 것으로 보이니 그야말로 진퇴양난이었을 것이다.

멈칫거리며 선택을 못하는 K를 향해 나는 2번째 공격에 들어갔다.

"돌로 먼저 치기 안할 거야. 그래 좋아. 그럼 네가 먼저 나를 쳐라. 그 다음에 내가 너를 칠께. 그럼 공평하잖아. 자 빨리 돌을 들고 나를 내리쳐. 빨리. 안 그러면 내가 먼저 칠까."

어쩔줄 몰라하는 모습이 역력했다. 그동안 재소자 후배들 앞에서 온갖 폼을 다 잡으며 두목으로 군림하던 K가 내 앞에선 이 2번의 강한 말과 기세에 눌려 떨고 있었다.

"그래. 좋아. 그럼 넌 내게 싸움에 진거다. 그대신 오늘 이 일은 누구에게도 발설하지 않고 내가 무덤까지 갖고 가주마. 대신 이 자리 내 앞에서 무릎 꿇어."

순순히 무릎을 꿇었다. 나는 그를 세워 밖으로 나왔다. 후배들이 이제 목공작업실로 다 들어오도록 했다. 말은 안해도 분위기로 내가 K를 제압해 이겼다는 것을 눈치로 알 수 있었을 것이다. 금방 교도소 내에 소문이 싹 돌았다.

광주깡패가 전주깡패를 제압했다는 소식은 내가 이곳에서 형님으로 대우받게 만들어 주었다. 이곳에서는 나이가 소용이 없었다.

　나이도 어린 내가 어디서 그런 배짱이 나왔는지 모르겠다. 입소 초기엔 내가 골통짓을 했지만 점차 교도소 내에서 소란을 피우거나 문제를 삼는 재소자를 잠잠하게 만드는 군기반장 역할을 하게 되었다. 자연히 나는 교도관들에게 인정을 받았다. 자신들이 처리 못하는 골치덩어리들을 내가 대신 해결해 주었기 때문이다.

6

전주교도소에서 다시
목포교도소로 이감되다

앞에서도 밝혔지만 전주교도소에서 자리를 잡고 목공일을 하면서 광주 출신이 전주 텃새를 이기고 속칭 오야 노릇을 했다.

평소에는 교도소 생활을 잘 하다가도 한번씩 울화가 터지면 아무도 나를 말리지 못했다. 내가 사람을 죽인 것도 아니고 사건 현장에도 없었는데 오직 조직 두목이라는 이유만으로 10년이란 긴 시간을 교도소에서 지내야 한다는 사실을 나 스스로 인정하고 수용하기 힘들었다.

열이 오를 때마다 한번씩 난동을 피우면 교도관들조차 쩔쩔매며 더 큰 사고가 나지 않도록 내 눈치를 살폈다. 따지고 보면 나나 교도관이나 교도소 안에서 생활한다는 것은 마찬가지이고 결국 그들은 가정에 돌아가 쉬었다 오는 것이고 우리는 교도소에 계속 머무르는 차이가 있을 뿐이었다.

그래서 나는 철장 안에서 밖에 앉아 있는 교도관을 보며 "당신이나 나나 같은 신세요"하곤 했는데 그러다 보니 교도관도 불쌍하게 보여 그들에게 잘 대해주려고 노력했다.

교도소 생활이 익숙해지면서 교도소 내에서도 잘못되고 불합리한 요소들이 많다는 것을 깨닫게 되었다.

내가 목포교도소에 있을 때였다. 당시는 1년에 한 두 번 서울 법무부 소속 중앙감사반이 전국 교도소를 돌며 재소자들이 잘 관리되고 있는지, 교도행정에 비리나 미비점이 없는지 체크를 했다. 그리고 전 재소자를 한 곳에 모아놓고 이곳에 있으며 불이익을 당하거나 구타를 당하거나 피해를 입은 적이 있는지 조사를 했다.

이 때 교도소장은 재소자들이 불만을 터뜨리면 안되니 감사반이 오기 전부터 재소자들에게 잘 대해주며 특별한 항의가 없도록 단돌이를 했다. 문제가 있으면 미리 자신에게 이야기 하면 할 수 있는 선에서 다 해결해 주겠다며 감사가 그냥 무사히 지나갈 수 있도록 신경을 썼다.

이렇게 중앙감사반이 목포에 왔을 때 교도소에서는 누구도 이곳 생활에 불이익을 당한다고 말 할 사람이 없을 것으로 안심하고 있었다. 그런데 정작 당일날 조사반장이 제소자들을 모두 모아 놓고 불만이 있거나 문제가 있는 사람은 손을 들라고 하는데 내가 손을 번쩍 들었다.

　순간 목포교도소장과 교도관들의 인상이 확 바뀌었다. '저 녀석이 또 무슨 말을 해 우리를 골탕을 먹이려 하는가'란 표정이 역력했다.

　내가 손을 든 것은 교도소내 불만이 아니라 재소자들의 전체적인 복지문제를 들고 나온 것이다.

　당시 재소자들이 휴식시간에 가장 많이 할 수 있는 것이 바둑이나 장기를 두는 것이었다.

　재소자들은 바둑판을 종이 위에 그리고 바둑돌은 흰색과 검은색 고무신을 아주 작게 오려 바둑알을 만들었다. 장기판과 장기알도 종이로 판을 만들고 알도 종위 위에 한문을 써서 사용하고 있었다. 모두가 수공으로 조잡하게 만든 것이었다.

　그나마 이것도 몰래 만든 것이었다. 공식적으론 교도관들이 바둑이나 장기를 두지 못하게 했다. 제대로 된 바둑판이나 장기판은 이것으로 상대에 위해를 가할 수 있기에 위험한 물건으로 간주되어 반입이 안 된다는 것이 법무부의 방침이었다.

　"저는 재소자 송일현입니다. 교도소가 제소자들이 휴식 시간에 가장 잘 즐길 수 있는 것이 바둑이고 장기인데 이것이 위험한 물건이라고 지급이 안되는게 말이 됩니까. 마음만 먹으면 유리창을 깨어 흉기를 만들 수 있고 우리가 식기로 사용하는 밥그릇이나 숟가락 젓가락도 얼마든지 흉기로 사용될 수 있습니다. 장기판 바둑판이 흉기라면 숟가락 젓가락도 안주고 손으로 먹게 해야 하는 것이 맞지요."

　내 목소리에 갑자기 장내가 조용해졌다. 중앙감사반 교도관도 무슨 이야길 하려나 하다가 내 말을 신경써서 듣는 것이 느껴졌다. 나는 잠시 쉬어 숨을 고른 뒤 다시 말을 이어 나갔다.

　"재소자들에게 부여된 유일한 낙은 그나마 장기나 바둑을 두는 것입니다. 이것마저 못하게 하는 것은 참으로 잘못된 교도행정입니다. 저희가 아무 것도 하지 않고 결국 앉아서 이야기만 하면 도둑질 한 이야기, 사기친 이야기, 남 때린 이야기만 하게 됩니다. 이 때 서로 몰랐던 범죄 방법도 자세히 터득하게 되는 것입니다. 장기와 바둑이 최소한 이런 범죄 이야기 보다는 낫다고 생각합니다. 나무와 돌로 만든 바둑과 장기가 정 위험하다면 고무로 만든 제품을 주시면 되지 않겠습니까."

　내 말을 주의깊게 듣던 중앙행정관은 열심히 메모를 하는 것 같았다. 내 제언이 위에까지 최종적으로 전달됐는지 그 해 연말부터 장기와 바둑이 교도소 안에서 전격적으로 허용됐다. 내 말이 그 역할을 한 것인지 난 정확히 모른다. 그러나 어쨌든 영향을 미친 것이라 믿고 싶다. 재소자들도 이 희소식에 환호성을 질렀다.
　나는 이밖에도 교도소 내 문제점이나 개선됐으면 하는 내용을 법무부에 직접 편지를 써서 이렇게 고쳤으면 좋겠다고 자주 건의했다. 내 편지가 문제를 만드는 것이 아니라 나름 일리가 있고 합리적인 생각이라 여겼으니 편지검열을 통과해 상부까지 올라갈 수 있었을 것이다.

목포교도소 내에서도 전주교도소 처럼 악질적인 행동을 하며 동료들을 괴롭히거나 담배장사를 하고 교도관의 환심을 사서 편하게 지내는 맘에 안드는 재소자들도 여러명 있었다.

나는 조용히 참다가 점점 심해지면 나중엔 그 꼴을 보지 못했다. 특히 같은 동료 재소자를 괴롭히거나 이곳에서도 주먹질을 일삼는 친구를 조용히 불렀다. 그리고 앞서 소개한 나만의 싸움방법으로 조용히 제압하곤 했다. 이 방법에는 그 누구도 내 예상을 벗나가지 않았다.

7

또 한번의 위기, 순천교도소

목포교도소에서의 생활은 오래 가지 못했다. 마침 법무부가 순천에 교도소를 새로 지으면서 전국 교도소에서 말썽을 자주 부리는 전과 4범 이상들만 이곳에 모으기로 했다는 것이다.

전과가 높을수록 교도소에서는 대우를 받는다. 그런데 전과가 많으면 오래 교도소 생활한 경험 만큼 텃세를 부리며 고참 행세를 해 교도소의 물을 흐리니 교도관들이 싫어했다. 순천교도소는 아예 범죄 경력자들만 모아 놓는게 낫다고 판단해 만들어진 곳이었다.

그런데 나는 초범인데도 이곳으로 이감 명령을 받았다. 초범이지만 강력범으로 분류됐고 말썽부린 기록이 한 몫을 했을 것이다. 나는 이 무렵 목포교도소에 있으며 어머니가 열심히 면회 오시며 신앙을 권면하셔서 교도소 내 교회에 나가고 있었다. 그리고 모범수가 되려고 아주 노력하는 중이었는데 왜 이곳으로 날 보냈는지 사실 은근히 화가 났다.

그런데 목포교도소에서 적응된 나를 순천교도소로 보낸 이유가 있었다. 어딜가든 내가 재소자들을 통솔하고 군림하니 이곳에서도 내게 지도반장을 해달라고 보낸 것 같았다. 그 대신 재소자번호 100번을 주었고 가자마자 바로 지도반장이란 직책을 주었다.

목포교도소에서 모범수로 적응했는데 이곳에서도 잘 지내기로 마음을 먹고 긍정적으로 생각하기로 했다.

그런데 나이도 어린 내가 반장이라고 통솔을 하려 하니 나이도 많고 각 교도소에서 이른바 대장 노릇을 하던 두목들이 고까워 하는 것은 당연했다. 이렇게 되면 어차피 한번은 재소자 보는 데서 기싸움이나 진짜 혈투가 한 번 있어야 순위 매김이 정해졌다.

순천교도소에서는 재소자들이 내부에 있는 마스카라 제작공장에서 일을 했다. 여기서도 150명 정도가 분업을 해서 일을 했던 것 같다. 잡역이라 불리는 불리는 반장으로 이들을 통솔하기 위해서는 재소자 150명 앞에 서서 협조를 부탁하려고 모이라고 했다. 그런데 벌써부터 나를 무시하려고 했다.

재소자들은 "어디서 굴러온 반장인지 몰라도 난 협조할 생각없다"는 뜻으로 나를 외면한채 몸을 뒤돌아 앉아 있거나 벽에 기대어 딴 짓을 하는 이들이 적지 않았다. 나는 조용한 목소리로 나를 소개하며 도움을 요청했다.

"자. 나를 소개한다. 잡역온 송일현이다. 교도소가 나를 지도반장으로 세웠으니 싫든 좋든 내가 여기를 통솔해야 하니 내 말에 따라주면 좋겠다. 지금 뒤돌아서 있거나 딴 행동하는 사람들 바로 서고 여기 앉으면 좋겠다."

그러자 나를 가소롭게 쳐다보며 서 있던 서울 김삿갓파 보스가 대뜸 "×팔 ×까라"고 하는 것이었다. 그리고 나를 향해 돌아서 앉아 있던 이들도 우우 거리며 돌아앉지 않았다. 나는 다시 한번 경고했다.

"좋아. 나도 좋아서 이 반장 하는 것 아니다. 지금부터 내 말 안들어 생기는 불상사는 전부 너희 책임이다. 이 사실 명심하고 다시 한번 더 기회를 준다. 10까지 셀 동안 다 여기 와서 똑바로 앉아."

나의 강한 어조에 기세가 눌렸는지 일부가 슬금슬금 돌아 앉았다. 그러나 온 몸에 용과 호랑이 문신을 새겨놓은 김삿갓파 보스는 혼자말로 계속 욕지거리를 하며 뒤돌아서 나를 쳐다 보지도 않았다. 나는 그에게 3번 돌아서 여기 앞에 앉으라고 했으나 여전히 내 말을 듣지 않았다.

나는 여전히 욕을 하는 그를 향해 몸을 날렸다. 내 주특기인 돌려차기로 머리와 목 사이를 사정없이 찍어 버리니 2미터 이상은 나가 떨어지며 기절을 하고 말았다. 전광석화 같은 내 모습에 모두들 놀랐고 멀리서 나를 지켜보던 교도관도 이 싸움에 눈을 감아 주었다. 내가 반장으로 순천교도소를 접수하고 또 평정하는 순간이었다.

이후 또 눈에 거슬리며 행동하거나 내게 대드는 수감자들은 내가 잘 쓰는 '상대방의 머리를 둔기로 먼저 내리치자는' 담력 싸움으로 모두들 무릎꿇게 만들었다.

이곳 순천교도소에서 내가 결코 잊지 못하며 꼭 찾아 감사를 표하고 싶은 한 간호사가 있다.

순천교도소에서 소화도 안되고 몸에 힘이 없어 힘들어 하던 어느 날, 나는 작업장에서 빈혈과 통증으로 쓰러지고 말았다. 급하게 의무실로 나를 데려갔으나 맥이 안 잡힌다며 큰 병원으로 나를 이송시켰다.

병명은 심한 위궤양으로 이미 창자가 터져 감염이 번진 상태였다. 교도소에서 이상이 있을 때 빨리 사회병원으로 와야 하는데 늦어버린 것이다.

나는 입원후 얼마 지나지 않아 의식불명 상태가 되었다. 비상이 걸린 병원에서는 코에 얼음물을 넣어 피를 응고시켜 지혈한 뒤 수술을 했고 나는 무려 8일 만에 깨어났다.

소식을 들은 어머니가 달려와 옆에서 간호를 해 주었는데 눈을 떠 의식을 회복했지만 정상인 상태가 되려면 몸을 잘 추슬러야 한다고 했다. 그런데 머리맡 탁자에 백합그림과 함께 사랑이라고 쓰여진 전도지가 한 장 놓여져 있었다. 어머니 말씀으로 내가 혼수상태일 때 근

무시간이 끝났는데도 내게 와서 정성스레 간호를 해주던 간호사가 두고 갔다고 했다.

안OO라는 이 간호사는 당시 간호학교 3학년으로 실습생이었다. 그녀는 이후 내가 정신이 돌아온 것을 너무나 기뻐하며 20일 정도 입원해 있는 동안 매일 병실을 찾아 도움을 주었다. 그리고 이것이 인연이 되어 교도소로 면회를 가끔씩 와주어 교도소생활에 힘든 나에게 용기를 주고 힘이 되었으며 신앙도 자라게 해준 천사였다.

이후 그녀가 독일 파송간호사로 가서 편지를 한 번 받고 연락이 끊어졌다. 내가 출소하는 시기와 그녀가 독일로 떠나는 시기가 맞물려 볼 수 없었던 것도 아쉬운 부분이었다. 지금은 시간이 많이 흘러 손자 손녀를 둔 상태겠지만 혹시라도 만나면 그 때 도움 준 것을 감사하며 꼭 인사를 하고 싶다.

8

어머니의 눈물겨운 사랑과 기도

1975년 8월15일 광복절 특사로 출소하기까지 교도소에서 정확히 8년을 보냈다. 원래 10년형을 받았지만 나중에 신앙인이 되어 예수를 만난 후 모범수가 되었고 이로 인해 2년이 감형된 것이다.

처음에 대법원까지 재판을 받느라 1년8개월을 광주구치소에서 보냈고 형이 확정된 후 전주교도소로 가서 7개월 28일을 지냈다. 전주교도소에서 다시 목포교도소로 이감됐는데 2달 15일 만에 새로 문을 연 순천교도소로 이감됐고 이곳에서 모든 형을 마치게 된다.

내가 이렇게 날수까지 정확히 기억하는 것은 교도소 생활이 얼마나 힘들고 고통스러운지, 하루하루 달력에 엑스표를 하며 지냈기 때문이다.

그런데 이 시기를 견디도록 도와준 또 다른 힘이 있었다. 어머니의 기도와 사랑, 헌신이었다. 만약 이 도움이 없었더라면 완악했던 내가 오늘의 나로 변하지 못했을 것이라는 생각이 든다.

지금도 난 벌써 돌아가신 어머니 생각을 하면 눈가에 눈물이 핑 돈다. 난 어머니의 기도로 변화된 돌아온 탕자였다.

학교 잘 다니던 아들이 어느 날 갑자기 폭력배가 되어 학교에서 퇴학 당하고 주먹세계에 발을 들인 아들을 바라보는 어머니는 아마 너무나 마음이 아프고 고통스러웠을 것이다.

나중에 들은 이야기지만 교회에서 날밤을 새며 나를 위해 기도하셨다고 한다. 우리 집안에 목사가 한사람 나왔으면 하고 늘 기도했고 그나마 내가 신앙생활을 잘해 큰 기대를 걸었는데 정 반대로 가는 내 모습에 얼마나 실망을 하셨을까 생각하면 지금도 내 가슴이 먹먹하다.

더구나 22살에 살인사건에 연루돼 재판을 받았으니 어머니는 얼마나 큰 충격이었을까 다시금 생각해 본다. 더구나 상대를 찔러 숨지게 한 용철(가명)이와 함께 재판을 받았는데 재판정에서 용철이 엄마는 우리 어머니를 향해 고래고래 고함을 질렀다.

"당시 아들이 내 아들 인생 망쳐 놓았소. 착한 용철이를 꼬드겨 깡패 만들고 이 지경까지 만들었으니 책임지시오."

어머니는 재명 어머니의 큰소리에 단 한마디 항변도 변명도 안하시고 묵묵히 이 소리를 다 들으셨다. 조용히 눈을 감고 계셨는데 아마 마음 속으로 기도하셨을 것이다.

내가 면회온 어머니에게 "왜 그 수모를 다 겪고 계시기만 하느냐. 아들은 현장에도 없었는데 10년형을 받았으니 내 아들이 더 억울하다"고 좀 이야기 하지 그랬느냐고 했다. 이 때 어머니는 "이야기하면 뭐하냐 그렇다고 다시 돌이켜지냐"고 잠잠히 말씀하셨다.

내가 재소자로 있을 때 처음엔 한 달에 한번만 면회가 가능했다. 매달 어김없이 면회를 온 어머니는 단 한번도 나를 나무라거나 왜 이런 몹쓸짓을 저질렀느냐고 나를 비난하지 않으셨다.

"난 우리 아들을 믿는다. 우리 아들처럼 착한 아들이 없다고 난 생각한다. 요셉도 죄가 있어 감옥에 갔느냐. 하나님의 연단의 시간이니 넌 이곳에서 기도하면서 성경 열심히 읽고 다시 신앙을 찾아야 한다."

난 이런 어머니에게 오히려 대들었다.

"어머니. 그런말 마세요. 하나님이 계시지 않아요. 계시면 이렇게 억울하게 10년형을 받게 하지 않지요. 전 하나님 안 믿습니다."

난 쌓인 불만 때문인지 찾아온 어머니를 늘 퉁명스럽게 대했다. 어머니가 제일 편했기에 내가 하고 싶은 말을 다하다 보면 자칫 논쟁이 되어 아까운 면회시간을 다 까먹기도 했다.

단 15분만 허용되는 면회시간에 어머니는 나를 위해 찬송을 부르셨다. 어김없는 찬송가 141장이었다.남에게 폐가 될까 큰 소리가 아닌 콧소리로 나지막히 부르셨는데 이 소리가 내겐 더 구슬프게 들렸다.

"왠말인가 날 위하여 주 돌아 가셨나. 이 벌레 같은 날 위해 큰 해 받으셨나. 내 지은 죄 다 지시고 못박히셨으니 웬일인가 웬 은헨가 그 사랑 크셔라."

그리고 언제나 갖고 다니시는 성경책을 펴 한구절씩 읽어주셨다. 헤어질 시간이 되면 늘 같은 말씀을 하셨다.

"아들. 누가 널 건드려도 참아라. 교도관에 대들지 말고 성경을 꼭 읽어라. 하나님은 널 사랑하시고 지켜 보신다. 에미가 다음달에 올 테니 이제 마무리 기도하자."

그리고 15분간의 면회가 끝나면 교도관들 앞에 공손하게 크게 절하면서 "감사합니다. 미안합니다."라고 어김없이 인사를 했다. 이렇게 어머니는 못난 아들을 위해 간절하고 눈물나는 기도를 해 주신 후 본

인도 눈물을 훔치면서 면회실을 나가셨다.

그리고 어머니는 올 때 마다 사입품과 사입금을 넣어 주셨다. 런닝과 팬티 2벌씩 그리고 칫솔과 치약 5개, 엽서 10장을 항상 사주고 가셨다. 사입품을 넉넉하게 넣으신 것은 동료 재소자들과 나눠 쓰라는 뜻이었다.

그런데 나는 이 런닝과 팬티 1벌 세트를 교도소 내에서 담배 두 개 치와 바꾸어 피웠다. 숨어서 피는 담배는 머리를 몽롱하게 하며 잠시나마 시름을 잊게 해주는 마약과 같았다. 당시 교도소 내에서 몰래 밀매되는 담배값은 밖에서의 100배였다.

그리고 어머니는 내가 교도소내에 있는 재소자교회에 잘 나가지 않자 특이한 방법으로 내가 교회에 나가게끔 만드셨다. 참 지혜로우셨다는 생각이 든다. 면회 오셨다가 교도소 교회에 들려 피아노가 없는 것을 아시고 당시에 제법 비쌌던 피아노를 바로 사서 기증하신 것이다.

그리고 신앙적인 책과 간식을 사서 교회에 늘 건네 주시곤 해 교회 목사님과 교회 나가는 재소자들이 어머니를 여간 고마워하지 않았다. 당연히 그들이 내게 관심을 보이며 교회출석을 계속 권유했다. 또 어머니의 신앙과 또 고마움을 이야기 하는데 도무지 안 나갈 도리가 없었다.

결국 나는 중학교까지 열심히 나갔던 교회를 한동안 잊고 외면하다 이곳 교도소에서 교회를 다시 찾아가게 되었다.

정말 오랜만에 강대상 십자가를 바라보고 찬송가를 들으니 마음 깊은 곳에서 울컥 하고 무엇이 치밀어 올라왔다. 눈물이 절로 흘러내렸다.나의 완악함이 느껴지며 인생을 내멋대로 살아온 것이 비로서 후회스럽게 느껴지기도 했다.

사실 나는 이 때까지 내 생활을 후회하지 않았다. 오히려 이 사건으로 연류되어 징역을 살고 있는 것이 분해서 복수의 칼날을 갈고 있는 편이었다. 그런데 신앙은 이런 나를 점점 변하게 했다.

빠짐없이 주일을 성수하면서 나는 점점 더 변해갈 수 있었다. 간간히 눈을 감고 기도도 했다. 그러나 독실한 신앙생활을 하는 모습은 그동안 내가 가졌던 주먹세계의 이미지와는 상반되는 것이어서 재소자들에게 이런 모습을 보여주지 않으려 의식적으로 노력했던 것 같다.

나중에 알았지만 어머니는 밖에서 나의 감형을 위해 나름대로 노력을 많이 하셨다. 보성읍 지역 국회의원이었던 황성수 박사와 함께 교도소로 특별면회를 와 주시기도 했다.

이렇게 어머니의 애절한 기도와 사랑에 나는 조금씩 변해갔고 모범수로 인정을 받으며 재소자 중 최고 위치인 지도반장이 되었던 것이다. 지도반장은 재소자를 통솔하는 자리로 그 역할과 책임이 아주 컸다. 재소자들의 의견을 모아 교도관에 전달하고 또 상부의 지시를 재소자에게 잘 전달해 지키게 하는 다리 역할이었다.

이후 내가 지도반장으로 있던 순천교도소는 단 한번의 사고나 불미스러운 일이 일어나지 않았다. 이 곳 교도소 부장이셨던 이인수 장로님은 나의 신앙과 삶에 큰 영향을 준 분이었다. 독실한 신앙으로 나를 잘 이끌어 주셨을 뿐 아니라 크리스천이 어떠한 삶을 살아야 하는지를 몸으로 보여주신 분이셨다.

후일 교도소 소장님으로 진급하셨지만 늘 재소자를 따뜻하게 대해주시고 사랑이 느껴졌던 이 소장님을 통해 그리스도인의 장성된 인격이 어떤 것인지를 직접 보고 깨달아 배울 수 있었다.

이분의 헌신적인 사랑과 신뢰 속에서 내 기독교신앙은 이곳에서 알알히 열매를 맺을 수 있었던 것이다.

1975년 8월15일, 수형생활 만 8년을 마친 나는 드디어 출소했다. 늘 마음속으로 그리던 파란 하늘이 보이는 밝은 세상으로 첫 발을 내디딘 것이다. 크게 심호흡을 했다. 두 번 다시 이곳에 오는 일은 없을 것이라 다짐하고 또 다짐했다.

그리고 내가 만약 다시 이곳에 오게 된다면 차라리 자살을 해버리겠다고 마음을 먹었다.

2

하나님의 부르심에
무릎꿇다

9

서울 상경과 유혹의 손길

형기를 마치고 교도소 담장을 나와 사회의 공기를 마시니 지난 시간
들을 어떻게 보냈는지 아득하기만 했다. 출소 후 곧장 집으로 가서
부모님께 인사를 드리고 사회에서의 첫 밤을 지냈다. 오히려 잠이 오
지 않았다. 교도소에서 8년이란 시간이 훌쩍 지나가 버려 내 나이가
벌써 30세가 되어 있었다.

어머니는 내가 조용히 쉬다 이제 신학교에 들어가길 원하셨다. 그
렇지만 난 그럴 생각이 조금도 없었다. 교도소에서 교회는 열심히 다
녔지만 그것은 내가 무료했고 어머니의 정성과 교도소 목사님의 권면
에 의한 종교활동일 뿐이었다.

10년이면 강산도 변한다고 했지만 나와 보니 지난 8년간 광주의
주먹세계 판도도 완전히 달라져 있었다. 나와 같이 활동했던 선후배

주먹들이 모두 서울로 올라가 서울 중심부에서 활동을 하고 있었고 광주는 전혀 모르는 애들이 자리를 잡고 있었다.

내가 출소했다는 소식에 후배들이 이곳 저곳에서 연락이 왔고 서울에서도 후배 정현이가 나를 만나기 위해 일부러 내려 왔다. 형님 그동안 고생하셨으니 서울서 출소축하파티를 하자고 나를 데리러 온 것이었다.

난 이틀밤만 집에서 자고 정현이와 부모님 몰래 서울로 올라왔다. 아버님이 신던 고무신에 런닝구를 입고 촌스러운 큰 바지를 입은 상태였다.

경제발전이 한창 이뤄지고 있던 서울은 별세계였다. 친구 준이가 마중을 나와 나를 조선호텔 앞 외백이란 중국음식점에서 거창하게 출소축하상을 차려주었다. 멋지게 식사를 하고 역시 후배가 영업부장으로 있던 회현동 팔레스호텔에서 출소기념파티를 열었다.

밴드가 연주하는 요란한 생음악을 들으며 술을 마음껏 마셨다. 모두들 고생하셨다고 했다. 그리고 이제 편히 쉬시면서 후배들을 차근차근 불러 예전 계보를 살리자고 했다.

당시 서울은 회현동과 명동 중심의 O파와 무교동 중심의 J파가 중심축을 이루고 있었다. 이 두 파는 서로 공존하면서도 은근히 알력이 있고 서로를 견제하고 있었다. 그런데 내가 출소해 서울로 올라왔다는 이야기를 듣고 양측이 모두 자신들을 도와달라고 요청이 왔다. 나를 영입하겠다고 서로 손을 내민 것이다.

현재는 양쪽 힘의 균형이 이뤄지고 있는데 나와 아직 나를 따르는 몇몇 후배들이 자신들과 합류해 주면 그 균형을 깨어 통일을 할 수 있다고 본 것이다.

난 양 쪽을 다 알고 있고 한쪽은 친구이고 한쪽은 후배인데 어느 한편을 밀어주기가 아주 애매했다.

이렇게 내가 어정쩡하게 있는 과정에서 양측이 서로 싸움이 붙게 되었다. 이 때도 난 중립에 서는 것이 좋을 것 같아 양측에서 계속 찾아오는 것을 안 만나거나 거절 의사를 분명히 밝혔다.

사실 출소 직후인 나는 몸조심을 해야 했다. 10년 형기 중 2년을 감형 받았기에 혹시 작은 폭력이라도 연류돼 다시 재판을 받으면 이 2년이 다시 추가되는 상황이었다. 내가 폭력으로 1년형을 받으면 감형 받은 2년까지 3년을 교도소에서 지내야 하는 것이다. 이것이 집행유예 제도였다.

"그래. 몸조심하고 더 이상 이 세계와 발을 끊자. 이것은 네가 교도소 안에서 숱하게 다짐하고 다짐한 것 아니냐. 이 잠시의 달콤한 유혹이 네 인생을 8년간 정지시켰는데 이제 남은 시간을 인간답게 살아야 하지 않겠나?"

나는 스스로에게 질문을 던지며 나를 다독거렸다. 그러나 후배들이 나를 떠받들며 내가 살아 있다는 존재감을 느끼게 만드는 이 주먹세계는 마치 끊지 못하는 마약처럼, 치명적인 매력으로 나의 삶을 옥죄고 있었다. 그리고 막상 내가 새생활을 시작한다고 해도 무엇을 해야 할지 답이 없었다.

10

1976년 신민당 각목 사건

한국 정치사에 있어 1976년 일어난 신민당 각목사건(新民黨 角木事件)은 역사의 한 페이지로 남아 있을 만큼 유명하다. 이 사건은 그 해 5월, 대한민국의 제1야당인 신민당 전당대회에서 일어난 폭력사건이다.

이제 이 사건이 일어난지 46년이 넘었다. 이제 이 숨겨진 이야기를 제대로 털어 놓아도 될 때가 되었다고 생각된다.

왜냐하면 내가 바로 이 부끄러운 역사의 현장에서 이를 주도한 인물이기 때문이다. 사실 오늘까지 모든 언론은 이 사건을 주도한 인물이 서방파 김태촌으로 알고 있고 또 그 증거로 각목을 휘두르는 김태촌 사진을 증거로 내세우고 있다. 그러나 실상 그 사진도 김태촌이 아니라 바로 나였다.

김태촌과 나와의 관계를 거슬러 올라간다면 1972년 가을에 그를 처음 보았다. 이 때 나는 순천교도소에 있을 때였는데 당시 광주교도소에 있던 김태촌이 내게 편지를 보내온 것이다. 아마 김태촌이 이 때 19세에서 20세로 넘어가는 시기라 당시 소년수에서 장년수가 된 것으로 안다.

편지 내용은 자신이 곧 출소하는데 평소 형님을 광주서 존경해 왔기에 나가면 면회를 오고 나의 수발을 들겠다는 내용이었다. 내가 고교시절 학교서 퇴학을 당하고 광주에서 후배들과 어울릴 때 중학생이었던 그는 나를 먼 발치서 보며 존경해왔다는 것이다. 그리고 정말 김태촌은 출소후 내가 있던 순천교도소로 6번 정도 면회를 왔다. 나 보다 5살이 어린 김태촌은 나를 형님이라 부르며 잘 따랐다.

이제 1976년 신민당 각목사건으로 다시 돌아가 보자.

물론 김태촌도 이 신민당 각목사건 현장에 있었고 사진도 있지만 사실 김태촌은 나의 요청을 받고 광주에서 후배들을 데리고 올라온 상태였다. 당시만 해도 김태촌은 이 큰 사건을 지휘할 정도의 위치에 있지 못했고 나이도 어린데다 계보도 낮았다.

물론 이 일은 자랑도 아니고 주먹들이 정치세력과 손잡고 자신들의 정치목적을 달성한 부끄러운 이야기이다. 그렇지만 언젠간 이 역사를 바로 기록해야 한다는 생각이 들어 내가 아는 내용을 소상히 밝히고자 하는 것이다.

우선 신민당 각목사건의 배경부터 이해하는 것이 순서일 것 같다.

1974년 야당인 신민당 당수 유진산 씨가 사망하고 같은 해 8월에 열린 전당대회에서 김영삼 씨가 총재로 선출되었다. 그러나 1975년을 거치면서 반유신 선명노선이 크게 약화되면서 김영삼의 지도력에 대한 반대가 매우 커졌다.

이어 1976년 5월 새 지도부 선출을 위한 신민당 전당대회가 열렸다. 이때 이철승 씨가 최고위원회를 도입하고 지도체제를 집단지도체제로 전환하겠다고 공약을 내세웠다.

그러나 김영삼, 김대중을 위시한 반독재 강경파는 이철승 씨의 행동이 불순한 정치공작으로 판단했다. 박정희와 차지철은 이철승이 새 총재로 선출되어 집단지도체제가 되면 야당이 약화될 것을 예상하고 이철승을 지원하는 야비한 공작을 펼쳤다.

그리하여 이철승과 차지철의 사주를 받은 폭력조직이 종로구 관훈동의 신민당사를 공격했다. 김영삼계 의원들은 김영삼을 모시고 총재실로 대피, 바리케이드를 치고 버티다가 조직원들이 도끼로 문을 부수고 들어오자 창문으로 뛰어내렸다. 김영삼은 다리가 부러져 병원에 실려갔고, 조직원들은 신민당 대의원 명단을 불태우고 신민당 직인을 강탈했다.

며칠 뒤 서울시민회관(현 세종문화회관)에서 다시 열린 전당대회에 또 조직원들이 난입했다. 이때 김영삼도 따로 조직원들을 고용하여 양측 폭력배들이 전당대회 자리에서 각목 패싸움을 벌였는데, 이 때의 싸움 때문에 이 사건을 소위 '신민당 각목난동사건'이라 부르게 된다.

패싸움 끝에 김영삼이 동원한 조직들은 김태촌파 및 경찰들에게 제압되었고, 김태촌 조직들이 김영삼측 대의원들을 전당대회장에 들어오지도 못하게 막는 와중에 이철승이 총재로 당선된다.

김영삼계는 반발하여 신민당사에서 세 번째 전당대회를 개최, 김영삼을 다시 총재로 선출한다. 두 명의 총재 선출로 분당 위기에 처하자 중재 움직임이 나타나 두 차례의 총재 선거를 무효화하고 이충환을 임시 총재로 삼아 재선거를 실시했다. 1차 투표에서 김영삼이 45% 득표로 1위를 했으나 과반을 넘기지 못해 2차 투표를 했고, 결국 이철승이 당선된다. 여기까지가 신민당각목사건 요지다.

내가 이 파란의 정치 역사에 관여하게 된 것은 우연한 기회였다. 당시 출소 직후로 서울에 머물며 이 주먹세계에서 점차 발을 떼어야 한다고 생각하고 있던 차였다.

당시 이미 이야기 한대로 내게 서울의 중심 두 계파가 서로 자신들과 함께 일하자며 요청을 하고 있었다. 나는 내 입장을 정리하지 못했고 조용히 지내고 있는 중이었다. 두 곳 다 나와 안면이 있고 친해 어느 한쪽 편을 들기가 애매했던 것이다.

그런 때 이 중에서 친구격인 O파 보스를 통해 신민당 이철승계를 도울 주먹들을 좀 모아 달라는 부탁을 받았다. 이는 조용하게 또 정부(박정희 정권)와도 관련된 일이니 안심해도 된다는 이야기가 덧붙여졌다.

"그래 이번 한 번만 딱 일을 하고 더 이상 이 무대에 연연하지 말고 떠나자."

난 내 본거지인 광주 후배에게 아이들이 필요하다고 연락했고 그 결과 구성된 조직원 81명이 버스 2대에 나눠타고 서울로 올라왔다. 이 팀을 이끄는 인원 중에 당시 서서히 두각을 나타내던 김태촌이 포함돼 있었다.

난 후배들을 덕수궁 뒤에 있던 금남여관을 통째로 빌려 합숙을 하도록 했다. 여차하면 국회의사당(현 광화문 서울시의회 건물)에 진입하지 좋은 가까운 거리였다.

드디어 신민당 전당대회가 열리던 날, 작전명령이 떨어졌다. 난 서울에서 합류한 인원까지 120명 중 일단 40명만 뽑아 관훈동 신민당 당사 안으로 보내 국회의원 23명을 인질로 잡게 한 뒤 바리케이트를 치고 경찰도 접근을 못하게 한 뒤 이철승을 배신한 의원명단(비주류)을 찾기 위해 무릎까지 꿇게 하고 다그치게 된다.

협박이 안 통해 나중엔 칼까지 들어 위협하다 결국 그 명단이 캐비넷 천장에 붙여놓은 것을 찾아낸 뒤 인질극을 끝내게 된다. 경찰과 대치 상황이었지만 정부의 비호를 받는 우리는 우리측 어린 후배 조직원 3명만 검거하는 것으로 이미 약속이 되어 있었다. 이들도 일주일 후 소리없이 풀어준다는 약속이었다. 이런 과정을 거쳐 정권의 지원을 받는 이철승이 당대표가 되게 된다.

당시 우리는 전원이 일당 15000원씩을 받았다. 여관비와 식대는 따로 챙겼다. 당시 유류파동으로 물가가 많이 오른 상태인데 짜장면 한그릇 값이 200원하던 시절이었으니 정치싸움에 동원된 주먹들의 수입이 무척 컸던 셈이다.

워낙 오래 전이지만 한국 정치사에 참으로 부끄러운 일이고 나 역시 그 사건에 중심에 있었던 자로서 더더욱 부끄럽기 한량이 없다. 요즘 같으면 어림도 없을 일이 그 때 그 시절엔 아무렇지 않게 이뤄졌던 것이다.

난 이 때 많은 조직원들을 통솔하며 각목사건을 벌였지만 이를 계기로 주먹세계에 대해 많은 것을 느끼고 또 회의감을 갖게 되었다. 더구나 일이 다 잘 끝나고 수고비가 저 밑의 조직원까지 균등하게 분배되지 않고 윗선에서 다 삼켜버리는 모습을 보며 자기 이속만 채우고 의리도 쉽게 저버리는 이 세계를 더 이상 미련갖지 않고 떠나는 것이 좋겠다고 생각했다.

이것이 지금와서 돌이키면 참으로 창피하다. 그러나 이 역시 하나님이 섭리하셨다는 생각을 가지지 않을 수 없다. 종국적으로 내가 폭력조직에서 떠나도록 마음이 굳어진 사건이었기 때문이다.

11

서서히 시작된 하나님의 손길

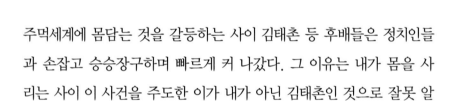

주먹세계에 몸담는 것을 갈등하는 사이 김태촌 등 후배들은 정치인들과 손잡고 승승장구하며 빠르게 커 나갔다. 그 이유는 내가 몸을 사리는 사이 이 사건을 주도한 이가 내가 아닌 김태촌인 것으로 잘못 알려지면서 세력형성에 큰 도움이 되었을 것이라고 본다.

그래서 이미 세력이 점령된 도심을 피해 용산 쪽으로 조직을 조금씩 편성해 나가면서 이런 생활을 계속하는 것에 대한 한계 같은 것을 느끼고 있었다. 그래서 조직을 키우는 것에 적극성을 보이지 않았다.

1979년 가을, 박정희 대통령이 김재규에 의해 저격되는 10·26 사태를 맞는다. 이 사건에 의해 바로 계엄령이 선포되고 1980년이 되면서 전두환을 중심으로 한 신군부가 권력을 쥐게 된다.

이 때 신군부는 자신들의 이미지를 위해 사회적으로 문제가 된다고 여기는 사람들은 사회정화라는 목적으로 삼청교육대에 무조건 잡아 넣는 일을 시작한다.

여기엔 폭력배부터 행려자, 사기꾼 등 불법적인 요소가 조금이라도 있는 사람이라면 무조건 즉석에서 체포해 끌고 갔다. 나이 고하(高下)나 사회 형편을 고려하지 않은 채 끌려간 이들은 혹독한 훈련과 구타로 큰 고통을 겪었다.

이 때 삼청교육대에서 훈련받다 부상을 입거나 죽은 사람도 적지 않았던 것으로 안다. 당시 삼청교육대에 온 사람들의 인권은 아예 없었다. 그 누구도 이 부분에 항의하는 사람이 없었고 항의 할 수 있는 상황도 아니었다.

나도 몸조심을 한다고 잔뜩 움츠려 지냈는데 어느날 용산시장에서 술을 마시다 불쑥 임시검문에 걸려 잡혀 들어가고 말았다. 굵직한 폭력전과에 현재 뚜렷한 직업도 없고 난 여지없이 군부대에 설립된 삼청교육대에 바로 끌려갈 판이었다.

그런데 경찰서에서 대기하고 있던 중 불현 듯 정부 주요 부처의 한 정보부 고급 간부가 생각났다. 내가 관리하던 나이트클럽에 오면 가장 좋은 방으로 모시고 접대를 하거나 신경을 써드렸던 분이었다.

나는 전화를 빌려 통화를 하고 도움을 요청했는데 역시 '빽'이 통하던 시절이라 그날로 바로 방면이 되었다. 긴 한숨을 내쉬었다. 만약 내가 분류가 끝나 삼청교육대로 떠나 버렸다면 그 때부턴 군이 관리해 그 분이 도움을 주기 힘들었을 것이다.

"당분간. 잠수를 타자. 여기서 만약 또 한번 붙들린다면 여지없이 난 삼청교육대로 끌려가야 할 것이다."

당시만 해도 경기도 파주는 시골이었다. 현재 가구공단이 있는 곳이 당시도 가구를 만드는 공장들이 즐비하게 있는 곳이었다. 난 교도소에서 목공 2급 자격증까지 땄던 터라 시골인 이곳의 가구공장에 취업해 일하면서 조용히 때를 기다리기로 했다. 가구공장에 숨어 들어가 쥐죽은 듯 일하면서 나를 다시 한번 돌아보기로 했다.

공장 몇 곳을 둘러 보다 한 맘씨 좋아 보이는 사장을 만나 즉석에서 취업이 결정됐다. 그곳에서 숙식을 하며 열심히 일했다. 일은 금방 손에 익숙해졌고 답답하지만 시내는 아예 안 나가려고 노력했다.

그런데 참 신기한 것은 가구공장 사장이 크리스천으로 교회 안수 집사였다는 사실이다. 입사 후 오래지 않아 말을 걸어 왔다.

"미스터 송. 요즘 아주 일을 잘하시네. 감사해요. 그런데 미스터 송은 예수님에 대해 들어본 적이 있나요. 하나님 예수님 성령님은 삼위일체 한 분으로 우리 인간에게 구원을 베풀어 주신 좋으신 분이랍니다."

사장은 아주 편하고 즐거운 목소리로 내게 교회출석을 권하며 전도했다. 어머니가 권사였고 신앙생활도 했었다고 하자 여간 반가워

하지 않았다. 그러나 내게 신앙은 이제 나완 상관이 없었다. 내가 관심을 보이지 않자 사장은 매우 안타까워 하며 갑자기 귀가 솔깃한 제안을 해왔다.

"쉬는 주일날 나랑 교회에 갑시다. 쉬는데 왜 귀찮게 하느냐고 할까봐 교회에 같이 가면 당분간 하루 일당을 드릴께요. 와서 설교를 들으시고 교회출석을 결정해도 늦지 않아요."

일해서 봉급을 받는 것 보다 쉬는 날도 예배를 드리면 돈을 준다는데 내가 마다할 이유가 없었다.

드디어 돌아오는 주일날, 사장의 차를 함께 타고 교회로 향했다. 그러나 마음 문이 닫혀진 상태에선 그 어떤 말도 어떤 설교도 내 귀에 잘 들어오지 않았다. 그것은 내가 주님을 만나러 간 것이 아니라 사장의 권유와 일당욕심에 따라가 준 것 뿐이었다. 욕심과 탐욕에 차 있으면 영성은 눈 뜨기 힘들다는 것을 나는 후일 깨닫게 된다.

이렇게 2년 가까이 가구공장에 숨어 지내다 보니 돈이 조금 모였다. 먹고 자는 것이 공장에서 다 해결되기에 봉급은 고스란히 저금할 수 있었다.

난 이 참에 주먹세계를 완전히 벗어나 버리기로 했다. 난 2년간 파주가구공장에서 내가 알았던 주위 선후배들과 모두 연락을 끊고 지내자 내가 죽었다는 소문이 났다.

조금 모아진 돈으로 우선 서울 경희대 앞에 생맥주집을 하나 열었다. 대학가이고 인테리어를 현대적으로 한데다 OB베어 체인 생맥주집을 하다보니 장사가 제법 잘 되었다.

난 다시 이 가게를 정리하고 면목동으로 옮겨 당시 장사가 잘된다는 오락실을 시작했다. 당시 막 오락실 붐이 일기 시작한 때라 타이밍이 절묘하게 맞았다. 난 여기서 번 돈으로 주변에 다방을 하나 인수, 다방도 운영하기 시작했다.

마담을 두고 여종업원(레지) 셋을 두어 일을 시켰는데 배달도 많고 장사가 잘 됐다. 내가 손대는 것마다 돈을 버니 재미가 있었다.

1982년 말, 아버님이 아프시다는 연락을 받고 전남 보성집으로 내려갔는데 그동안 내게 일절 말을 안 하시던 아버님이 처음으로 입을 여셨다. 내게 유언을 하시겠다고 하는 것이었다. 난 무슨 말씀이시냐고 건강하게 오래 사셔야 한다고 대답했다.

"일현아 이제 내가 마지막으로 소원이 있다. 너 예수 믿자. 하나님이 너를 기다리신다. 이게 네게 주는 유언이니 명심해라."

"아버님만 먼저 잘 믿으세요. 전 조금 있다가 잘 믿을께요."

"안 믿으면 너와 나는 천국에서 못 만난다. 아들아. 꼭 예수 믿어라"

아버지의 이 말씀은 유언이 되어 버렸다. 그럼에도 난 신앙에 대해 관심 깊게 여기지 않았다. 이미 난 곁길로 빠져버린 놈이라 이제 예수민을 자격도 없다고 생각했다. 어떻게 보면 내가 불행한 시절을 보내온 것에 대한 원망을, 신의 존재를 부정하는 것으로 나타내고 있었는지도 모른다.

이런 나를 하나님은 오래 참으셨고 1년 여가 지난 후 다시금 전혀 예상치 못했던 사람을 보내 믿음의 세계에 다시 진입하게 하셨다.

12

고향 형을 통한 하나님의 콜링

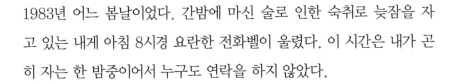

1983년 어느 봄날이었다. 간밤에 마신 술로 인한 숙취로 늦잠을 자고 있는 내게 아침 8시경 요란한 전화벨이 울렸다. 이 시간은 내가 곤히 자는 한 밤중이어서 누구도 연락을 하지 않았다.

"사장님 웬 목사님이 찾아 오셨어요. 사장님 만나고 싶다고 하시네요."

전화를 건 사람은 내가 면목동서 운영하는 다방의 마담이었다. 난 졸린 눈을 비비며 나를 이 시간에 찾아 올 사람이 없고, 더구나 목사는 아는 사람이 전혀 없는데 도대체 누가 왔다는 것인지 이해가 되지 않았다.

당시 다방들은 새벽 6시면 문을 열었다. 모닝커피라고 출근 전에 다방에 들려 커피 한잔씩을 마시기도 했고 사무실에 아침 일찍 커피 배달을 시키기도 했던 시절이었다. 모닝커피에 달걀 노른자위를 하나씩 띄워 주기도 했다.

잠이 덜깬 목소리로 "송일현입니다"라고 전화를 받았더니 대뜸 "나야"하는 굵직한 목소리가 들려왔다. 내가 누군지 몰라 머뭇거리자 다시 "일현아. 나 복기 형이야. 잘 지냈니"라고 했다.

그제서야 누군지 그림이 그려졌다. 내가 고향 보성에 살 때 우리 동네에서 유일하게 예수 믿는 두 집이 있었다고 말했던 것 같다. 우리 집과 또 나보다 3살이 더 많았던 복기형네 집이었다.

복기형은 동네에서 알아주는 수재였고 모범생이었다. 나도 중학교를 졸업할 때까지 예수 잘 믿고 부모 말씀 잘 듣는 모범생 축에 들어갔지만 형에 비하면 아무 것도 아니었다. 모두들 동네에서 큰 인물이 될 것이라고 기대가 대단했던 복기형이었다.

나와는 고교 때까지 동네에서 가끔 스쳐 만난 이후 20여년이 다 되도록 소식이 끊겨져 있었는데 이렇게 뜬금없이 나를 찾아온 것이다.

오래 전 고향에 갔을 때 어머니로부터 복기형이 서울의 명문대학을 졸업하고 미국에 유학을 가서 박사학위를 땄다는 이야기까지 들었던 것 같았다.

"형. 정말 오랜만이네.반가워요. 근데 미국서 박사됐다더니 목사한 거예요. 조금만 기다려요. 나 금방 갈테니."

　　바로 다방으로 달려가 복기형을 만났다. 허름한 양복차림의 형과 반갑게 악수는 했지만 이 시간에 어떻게 나를 알고 찾아왔는지 이해가 되지 않았다.

　　"형 집이 어딘데 어떻게 여길 알고 이 아침에 찾아왔어."

　　"내가 지내는 곳은 경기도 파주야. 오늘 아침 새벽기도를 드리는데 갑자기 네가 떠오르는거야. 그런데 하나님이 널 찾아가라고 하시더라구. 그래서 바로 버스타고 왔지. 2시간 넘게 걸렸다."

　　"다방 주소는 어떻게 알았구"

　　"하나님이 알려 주셨어."

　　"형 농담해. 도대체 어떻게 된 일이야."

　　"하나님이 널 찾아가라고 하니 너희 어머니 권사님에게 연락드려 주소와 전화번호 받았지, 그런데 다방주소와 번호를 주셨구만."

복기형은 자신은 군선교의 사명을 받아 파주에 있는 군부대 교회를 돌며 장병들과 예배를 드리고 말씀 전하는 사역을 하고 있다고 했다. 군여단에 친구가 있어 도움을 받아 군부대를 다니는데 특별히 교회를 담임하는 목회는 하지 않는 것 같았다.

형은 진지한 표정으로 "하나님이 일현이 너를 부르셨다."라고 했다. 나는 이 말뜻을 처음엔 알아듣지 못했다. 그리고 재차 물어 그것이 "하나님이 종, 일꾼이 되는 것이고 신학교에 들어가 목사가 되는 것"이라는 것을 알았다.

나는 펄쩍 뛰었다. 지금 교회도 안 나가고 있는 내게 목사가 돼야 한다니 무슨 정신나간 소리를 하는 것인가 싶었다. 그것도 20여년만에 불쑥 나타나서.

"일현아. 하나님은 너를 택하시고 부르셨어. 그것은 순종하는 것이 최고로 빠른 길이야. 내게 음성으로 분명이 말씀하셨어."

"형 이상한 소리 말고 아침식사나 하러 가자. 하나님이 계시면 내게 직접 나타나 목사되라고 하면 되지. 왜 형에게 대신 이야기 해? 내게도 직접 나타나 말씀하시면 나 목사될게."

나는 형의 말에 빈정거리는 투로 대답했다. 그러자 형은 이렇게 말했다.

"일현아. 넌 지금 영적인 세계를 모르니 귀가 막혀 있어. 그러니 하나님이 아무리 말씀하셔도 넌 지금 못 들어. 그러니 내가 대신 전달해 주는 거라고. 그나마 권사님이 늘 너를 위해 눈물뿌려 기도하시니 하나님이 나를 통해 하나님의 뜻을 알게 하는 거야. 이것을 감사해야 해."

난 도무지 말이 이해가 되지 않았다. 나도 어린 시절 교회를 열심히 다녔고 교도소에서도 신앙생활을 했지만 하나님과의 뜨거운 만남이 없어 형식적인 신앙의 범주를 넘어서지 못했다.

이제 사회에 나와서 신앙은 나와 전혀 다른 세계가 되어 버렸다. 내가 언제 교회를 다녔는가 싶을 정도로 담을 쌓아버린 상태였다.

그래서 복기형의 진지한 말을 한쪽 귀로 듣고 한쪽 귀로 흘려 버리려는데 반면 형의 표정은 너무나 진지하고 엄숙했다.

당시 다방의 하루 매상이 6만원 정도였다. 난 3만원을 봉투에 넣어 형에게 드렸다. 이런 것 받으러 온 것 아니라고 사양했지만 행색에서 어렵게 사역하고 있음이 느껴져 작지만 도움을 주고 싶었다.

식사 후 헤어지면서도 형은 다시 한번 내게 쐐기를 박았다.

"너 당장 교회 나가야 한다. 꼭 나가고 기도하면서 하나님의 뜻을 따라야 한다."

난 형이 가고 난 뒤 모든 것을 싹 잊고 말았다. 그만큼 바빴던 것이다. 당시 나는 오락실과 다방을 운영하며 일수놀이도 했다. 돈버는 재미에 푹 빠져 시간 가는 줄 모르게 일만 했다.

그런데 2달 후 형은 또 연락도 없이 불쑥 나를 찾아 왔다. 또 같은 시간 8시였고 이번에도 "하나님이 가라고 하셨다"고 했다. 그러면서 이번엔 교회도 안 나가고 있는 나를 향해 화를 막 내셨다. 하나님의 명령을 어기면 매를 맞는다고도 했다.

"일현아. 내 말 잘 들어라. 지난번에 하나님이 널 부르셨다고 했잖아. 그럼 최소한 교회는 나가야지. 하나님의 매가 얼마나 아픈지 너 아니. 다시 말하지만 맞기 전에 교회 가야 한다. 하나님 뜻에 순종해야 매맞지 않는다. 명심해라. 널 위해 충고하는 거다."

"아니 하나님이 손이 있고 발이 있어. 아무 것도 안 보이고 없는데 매를 든다니 말이 안되잖아. 하나님이 때리면 난 그냥 맞을께. 아직 맞아본 적은 없지만 말이야."

형은 빈정거리는 나를 향해 긴 한숨을 내쉬었다. 그리고 이번엔 아침도 안 드시고 총총걸음으로 사라지셨다.

이후 형은 내가 잊을만 하면 불쑥 불쑥 나를 찾아와 나를 향해 교회출석과 신학공부를 권했다. 더 이상 머뭇거리지 말라며 이제 권면을 넘어 경고 단계라고 했다.

　그러나 형의 말은 내게 그저 우이독경(牛耳讀經)이었다. 오히려 서서히 귀찮다고 느껴질 정도였다. 형이 말했던 '하나님의 치심'은 전혀 우려하지 않았다. 내 생각, 내 뜻, 내 의지가 우선일 뿐이었다.

　그런데 정말 형의 말은 거짓이 아니었다. 하나님은 정말 살아계시고 개개인에게 역사하시는 전능하신 분이셨다.

13

세 번에 걸친 하나님의 경고

보성 고향 복기형의 계속된 방문과 경고를 무시해 버렸던 나는 드디어 전혀 예상치 못했던 일들을 연이어 겪는다.

당시 난 3살과 6살의 두 딸을 두고 있었다. 그런데 당시 큰 딸이 유일하게 교회를 다니고 있었다. 난 교회를 나가진 않지만 6살인 딸이 교회에 나가는 것은 반대하지 않았다. 나도 어린 시절 주일학교에서 열심히 예배드렸기에 정서발달에 유익하다고 본 것이다.

1983년 11월로 기억한다. 작은 누님이 우리집에 놀러왔다가 가실 때가 되어 택시를 잡아드리느라 거리로 나왔다. 밤 11시가 넘은 늦은 시간인데 큰 딸 지혜가 뒤늦게 따라 우리 일행이 있는 곳으로 뛰어오다 반대편서 오는 과속 자동차를 보지 못해 그대로 부딪치고 말았다.

자그마한 몸이 큰 충격을 받으니 지혜는 무려 12m를 날아 아스

팔트 바닥에 나가 떨어졌다. 뛰어가 보니 외상은 크게 없는 것 같은데 의식이 전혀 없고 안으니 몸이 그대로 축 처져 버렸다.

급히 경찰차가 달려와 경희의료원 응급실로 아이를 데려갔다. 문제는 지혜가 숨을 쉬지 않는다는 것이었다. 의사도 연신 고개를 가우뚱거렸다. 죽은 것 같지는 않은데 숨을 안 쉬던 아이가 3시간 정도 지나 눈을 뜨고 의식을 차렸다.

긴 숨을 쉬던 아이가 가족들을 바라보더니 "쉿! 기도하고"라고 검지 손가락을 입술에다 가져다 댔다. 그리고 다시 푹 쓰러져 버렸다. 또 지혜는 숨을 쉬지 않았다.

지혜는 이렇게 불가사의한 행동을 세번이나 반복했다. 그사이 지혜는 CT를 활영하고 각종 검사를 했는데 의사는 몸은 이상이 없는데 숨을 안 쉬니 전전긍긍하지 않을 수 없었다. 새벽 5시경 네 번째 같은 일이 반복됐다.

그런데 4번째는 벌떡 일어나 무릎을 꿇어 기도하는 자세를 취했다. 가족들이 다가가 말을 걸자 또 한번 "쉿! 기도하고요"라고 하더니 이번엔 쓰러지지 않고 정말 기도를 했다. 그리고 크게 심호흡을 하더니 벌떡 일어났다. 멀쩡했다. 주위를 두리번 거리며 자신이 어떤 행동을 했는지조차 기억을 하지 못했다.

아스팔트로 떨어질 때 이마에 박힌 녹두알 크기의 돌을 핀셋으로 빼고 반창고를 붙여준 것이 치료의 전부였다. 반창고를 붙이던 의사의 말이 걸작이었다.

"지혜야. 너는 차에 막 부딪친 순간 하나님이 너를 공중에 집어 던져 주셨고 다시 하나님이 너를 받으려다 떨어뜨려 이마에 이것이 박힌 거란다. 그리고 보호자분들 그동안 걱정하셨는데 지혜는 괜찮습니다. 집으로 데리고 가세요."

난 6시간 넘게 숨을 안 쉬었던 아이가 어떻게 괜찮냐며 억지로 이틀을 더 입원시켰다. 계속 상태를 지켜본 뒤 이상이 없자 퇴원을 하도록 했다.

이 사건이 하나님께로 돌아올 것을 이야기 한 복기형의 권면을 무시한 첫 경고임을 당시만 해도 난 전혀 깨닫지 못했다. 그만큼 내가 아둔했고 죄성에 쌓여 있었던 것이다. 그런데 지혜를 집으로 데려오면서 복기형이 한 말이 갑자기 생각났다.

"일현아 너 하나님 명령 않 듣고 무시하다 하나님이 손대시면 큰일난다. 내가 할 일이 없어 계속 먼 이곳을 찾아와 네게 이 이야기를 하겠느냐?"

그러나 난 이것이 지혜가 차를 못보고 일어난 교통사고일 뿐이라고 여겼다. 그러나 지혜가 보인 특별한 행동은 나도 풀어내지 못했다. 나중에서야 그것이 하나님이 지혜를 통해 주신 메시지였음을 알 수 있었지만 이 때는 전혀 감을 잡지 못했다. 복기형은 내게 이런 말을 했었다.

"일현아. 하나님이 함께 하지 않는 삶은 살았다 하나 숨을 쉬지 않는 죽은 것과 다름이 없단다. 하나님과 기도로 교통하며 성령이 나와 함께 할 때 내 삶은 비로소 깨어나고 보람과 가치가 있는 것이란다. 인간의 진정한 삶은 육으로 사는 것이 아니라 영으로 사는 것이란다."

1차 경고를 깨닫지 못한 내게 다시 다가온 2차 경고는 그동안 열심히 번 재산을 순식간에 가져가 버리시는 것으로 이어졌다.

당시 나는 동네에서 알부자로 통했다. 오락실과 다방을 운영하고 여기서 나온 현금으로 이른바 일수놀이를 했다. 주로 노점 상인들에게 목돈을 빌려주고 매일 푼돈을 받는데 따지면 이것도 높은 이자를 받는 고리대금업이었다.

원래 정통 건달들은 불문율처럼 춤과 노름을 하지 않았다. 이것에 빠지면 헤어 나오지 못해 건달로서 모양이 빠져 버린다고 본 것이다.

그런데 돈은 있고 무료했던 나는 동네 상인들과 화투놀이를 하다 점점 판이 커졌고 전문도박꾼들과 어울리게 되면서 본격적인 노름의 세계에 빠져버렸다.

도박은 이성을 마비시킨다. 지금 돈을 잃어도 다시 하면 만회될 것 같고 딸 것 같아 어떻게 하든 돈을 마련해 노름판으로 돌아오게 만드는 속성을 가진다.

이렇게 6개월 여 노름에 미쳤던 나의 결과는 뻔했다. 현금으로만 7000여만원을 잃은 것 같았다. 80년대 중반 당시로선 아주 큰 돈이었다.

얼마나 급했는지 다방을 1000만원에 넘겨 버렸고 집도 처분했다. 주변 재산을 야금야금 처분하다보니 결국 오락실 하나만 남게 되었다. 성경에 등장하는 욥이 재산을 다 탕진 한 것처럼 내 재산도 순식간에 사라지게 하셨다.

그때서야 갑자기 정신이 번쩍 들었다. 처자식이 있는 내가 자칫 길거리로 나앉을 수도 있다는 위기감을 느낀 것이다.

오락실 안쪽에 방 한칸을 만들어 식구들과 생활하면서도 이것이 하나님의 새로운 경고임을 깨닫지 못했다. 내가 가진 재산이 신앙을 돌이키는데 방해가 되어 허물어뜨리신 것을 알지 못했다. 오히려 돈 잃은 것을 분해하며 매일 술을 마시며 위안을 삼았다.

딸의 교통사고와 재산을 거두어 간 하나님의 경고싸인을 읽지 못하고 여전히 버텼던 내게 하나님은 내 건강을 치는 세 번째 경고를 보내셨다.

당시 난 낚시를 큰 취미로 삼아 즐겼다. 주일이면 유명 낚시터를 순례하며 손맛을 느끼는데 시간이 가는 줄 몰랐다. 그런데 어느날 부터 낚시를 다녀오면 노곤해지고 식은땀이 자주 흘렀다. 피로도 쉽게 왔다.

이상이 있는 것을 아내가 더 느끼고 병원을 찾았는데 여러 가지 검사 후 의사가 더 놀라워 했다.

"아니 송일현 씨. 어떻게 이 정도 상태가 되어 병원에 올 수 있나요. 자각증세가 벌써 심했을텐데요. 폐병이 상당히 진전돼 상태가 중합니다. 여기 엑스레이 사진 보세요. 이렇게 구멍이 뻥 뚫어져 있지 않습니까?"

의사는 지금까지 잘 몰랐다는 것이 도저히 이해가 안 된다며 약을 7가지나 조제해 주었다. 보통 폐병은 서서히 진행되는데 난 그 과정이 생략된 채 바로 폐병 3기 정도가 되어버린 것이다. 병원을 찾지 않아 계속 병을 키운 셈이었다.

병원에서 약을 한아름 탄 뒤 울고 있는 아내가 참으로 불쌍했다. 또 미안했다. 그러면서 왜 내게 이런 불행이 계속되는지 원망스러웠다. 이번에는 자칫 목숨이 위태로울 수 있는 중병이다 보니 겁이 덜컥 났다. 죽음의 문제가 대두되어서야 하나님이 생각났다.

그러나 내가 하나님께 기도해 이병을 고쳐달라고 하는 것 자체가 너무 뻔뻔스럽다는 생각이 들었다. 그리고 하나님이 정말 살아 계신지 아직 확신이 서지 않았다.

그날 밤이었다. 착잡한 마음으로 집에서 누워있는데 출소 후 내가 한창 활동하던 시절의 한 사건이 생생하게 기억나 벌떡 일어나 앉았다.

14

1985년 송구영신예배

중증의 폐병이란 진단에 약을 한 아름 받아 돌아온 날 밤, 한 가지 기억이 마치 영상처럼 확 떠올랐다.

그것은 1979년 한창 주먹세계에서 놀다 위절제 수술을 받은 기억이었다. 그리고 이 때 입원 중인 내게 병문안을 와 기도해 주셨던 최복규 목사님(한국중앙교회 원로)의 말씀이 생각났기 때문이다.

1979년 당시, 서울에서 조직폭력배들과 어울리며 하루가 멀다하고 독한 양주를 물마시듯 마셔댔던 나는 결국 의식을 잃고 쓰러져 병원에 입원했다. 의식이 없는 상태에서 의사는 이렇게 말했다고 한다.

"평소 위궤양이 있는데 독한 술을 계속 마셔대니 위가 견딜 수 있나요. 내시경을 해보니 위 13곳이 구멍이 났습니다. 이런 상태로 견딘 것이 신기합니다. 이대로 두면 안 되고 일단 수술을 해서 가장 심한 부위 30% 정도는 잘라내야 합니다."

난 수술을 위해 의식을 잃었다가 위절제 수술을 다 마친 뒤인 7일 만에 깨어났다고 한다. 깨어난 나에게 의사가 이렇게 말했다.

"당신 어머님이 의식불명인 7일 내내 금식하며 당신을 위해 기도하셨어요. 내가 수술은 했지만 어머니의 기도가 당신을 살렸어요."

하나님이 정말 살아계셔서 나를 섭리하고 계신 것이 맞을 수도 있다는 생각이 들었다. 이 때 입원한 나를 큰 누님이 돌봐주셨다. 독실한 크리스천이셨던 누님은 내가 곁길로 돌며 교도소생활을 한 것과 또 여전히 방황하고 있는 모습을 안타깝게 여기고 틈만 나면 눈물의 기도를 하셨다. 동생이 하루 빨리 주님께 돌아와 옛 신앙을 회복시켜 달라는 기도였다. 이는 어머니도 마찬가지셨다. 고향 보성에서 어머니의 가장 큰 기도제목은 바로 '아들의 회심'이었다.

수술 후 며칠이 지났는데 큰 누님이 출석하시는 한국중앙교회 담임이신 최복규 목사님이 병원심방을 직접 와 주셨다. 최 목사님은 수술한 내 배 위로 손을 얹으시더니 간절하고 뜨겁게 기도를 해 주셨다. 그리고 내게 짧은 메시지를 주시고 가셨다.

"형제님. 하나님이 주신 새로운 생명이 이번이 벌써 세 번째입니다. 첫 번째가 어머니의 모태로부터 울며 태어난 생명이고 두 번째가 교도소에서 위출혈로 죽을 뻔 한 것을 하나님이 살려 주셨습니다. 이번에 또 살려 주신 것이 세 번째입니다. 그런데 하나님은 언제까지나 형제님을 기다리지 않습니다. 4번째도 또 참으신다고 생각하지 마십시오. 술과 세상을 벗삼지 말고 빨리 좋으신 하나님께 돌아오시기 바랍니다."

신기했다. 순천교도소에 재소자로 있으며 위궤양 과다출혈로 18일간 외부 병원에 옮겨져 치료 받았던 적이 실제로 있었던 것이다. 삶과 죽음을 오갔던 그 일은 누님이 이야기 한 것인지 목사님이 다 알고 계셨다.

다시 현재로 돌아와 지금 진단받은 이 폐병은 결국 4번째 생명인 셈이었다. 살지 죽을지 기로에 서 있는 나였다.

"4번째는 죽는다"는 최복규 목사님의 말씀을 들은지 8년이 훌쩍 지난 지금, 마치 영화의 한 장면처럼 그 때가 오버랩 되는 것은 왜일까. 갑자기 내가 폐병으로 죽을 수도 있다는 생각에 겁이 덜컥 났다. 죽음을 생각하니 정말 두려웠다.

이 나이에 아내와 자녀를 두고 먼저 간다고 생각하면 마음이 너무나 아팠다. 난 할 일도 많고 해야 할 일도 많고 하고 싶은 일도 많은데 이대로 갈 수는 없었다.

살고 싶다는 욕구가 솟구쳤다. 바로 하나님 앞에 무릎을 꿇고 잘 못했다고 빌고 싶었다. 더 살고 싶었다. 그러려면 하나님 앞에 두 손을 들고 항복을 해야 했다. 그러나 이제야 교회를 다시 찾는다는 것이 창피하고 부끄러웠다. 그동안 믿음의 사람들을 괴롭힌 것까지 생각나면서 차마 교회에 나갈 엄두가 나지 않았다.

일단 병원에서 돌아와 먼지가 잔뜩 낀 성경책을 찾았다. 먼지를 털어냈는데 이것을 들고 교회엔 가지 못하고 아내에게 먼저 교회를 나가라고 권했다.

아내는 평생 교회를 다녀본 적이 없었다. 그런데 나의 권유로 교회에서 첫 예배를 드리고 왔다. 그리고 눈이 왕방울만 해진 채로 이렇게 말하는 것이었다.

"여보. 목사님 말씀이 신기하게 모두 당신에게 하는 말 같았어요. 하나님의 은혜로 그 누구도 구원의 은혜를 입고 새 삶을 살 수 있다고 하세요."

아내는 예배를 드리고 올 때마다 설교 내용이 내 이야기라고 하는 통에 "이젠 내 이야기 듣지 말고 당신 이야기 들으라"고 핀잔을 주었을 정도였다.

교회에 등록까지 한 아내는 연일 설교에 감동을 받고 내게도 함께 나가자고 했다. 아내가 너무 몰입하는 것 같아 주보를 보니 교단이름이 나사렛성결회였다. 난생 처음 들어보는 교단이라 이단일 수도 있다고 여겨 교회를 나가지 말라고 했다.

아내가 교회 구역장에 내 말을 전했는지 담임목사님이 내게 '현대종교' 잡지 한 권을 우편으로 보내왔다. 이 잡지에 '나사렛성결교회' 교단에 대한 자세한 소개와 이단이 아님을 알리는 특집이 40여 페이지에 걸쳐 잘 소개돼 있었다.

난 이 기독교 잡지책을 정독했고 수시로 나오는 성경구절을 읽고 또 읽었다. 기독교의 교리와 말씀의 능력이 새롭게 기억되며 가슴 깊은 곳에서 무엇인가 뭉클하며 차오르는 것이 있었다. 그리고 어린 시절 교회 열심히 다니며 귀염받던 그 시절이 떠오르며 그동안 내가 너무 돌아왔다는 생각이 들었다. 이제 다시 그 시절로 갈 수 있을지 아련한 생각이 들었다.

"아. 내가 중학교 때까지 얼마나 교회를 열심히 다니고 전도도 많이 했는가. 그런데 주님을 멀리 떠나 방황을 했고 오히려 주님을 욕하지 않았는가. 이제 폐병에 걸려 죽을 지도 모르는 이제서야 주님이 기억나게 되는 것은 무슨 이유인가. 이 때 주님을 찾는 것은 너무 뻔뻔하고 면목없는 짓이 아닌가. 이대로 있으면 난 지옥에 가는 것일까. 최복규 목사님의 말씀이 왜 이렇게 내 폐부를 찌르는가."

또 그동안 복기 형님이 멀리서 찾아와 다시 교회에 나올 것을 그렇게 권유했는데 귀담아 듣지 않았던 것이 후회가 되었다. 그런데 이렇게 폐병에 걸려 비참한 상태가 되어 주님을 기억하고 있는 내 모습이 무척이나 부끄러웠다. 복기형이 나를 보면 '꼴 좋다'고 할 것 같았다.

아내가 다니는 교회가 이단이 아니니 계속 교회에 나가게는 했지만 나도 이젠 나가야 한다는, 한계에 온 것을 느끼고 있었다. 막다른 골목까지 온 것이다.

"그래 이 상황에서도 교회에 나가지 않으면 하나님이 살아 계시다면 더 이상 봐주지 않으실 것이다."

그러나 인간은 참으로 약하고 갈등하는 존재였다. 이런 상황에서도 막상 스스로 교회에 나가려니 용기가 나지 않았다. 아니 용기 보다 하나님 앞에 그저 부끄러웠다.

1985년 12월 31일. 그 해 마지막 날이었다.

이날도 나는 오락실협회 회원들과 시장상인, 후배 등 3곳의 망년회가 약속돼 있었다. 그래서 일찍 시작된 2곳의 망년회 장소에 한번씩 들러 술한잔씩을 먹고 약간 얼큰해진 상태였다. 의사는 폐병에 절대 술을 마시면 안된다고 했지만 유혹을 뿌리치기 쉽지 않았다.

하나 남은 오락실협회 망년회는 밤 12시 청량리 맘모스호텔 나이트클럽에서 열렸다. 시계를 보니 아직 시간이 1시간 이상 정도 남아 아내가 일하고 있는 오락실로 향했다. 그런데 아내에게 나도 전혀 예상치 않았던 말이 내 입에서 툭 튀어 나왔다.

"여보 우리 교회나 갈까."

아내 눈이 휘둥그레졌다. 내 입에서 교회 가자는 말이 나온 것이 처음이었기 때문이다. 남아 있던 오락실 손님 몇명을 그냥 내보내고 아내와 함께 교회로 향했다.

이상하게 마음이 떨렸다. 20년이 훌쩍 넘게 교회를 등졌다가 뒤늦게 병을 안고 제 발로 찾아가는 교회였다. 술로 얼굴이 붉어진 것을 모자를 푹 눌러서 가리고 교회 맨 뒷좌석에 살포시 앉았다. 술기운에 용기를 낸 것인지도 몰랐다.

송구영신예배 시작 전이었고 잔잔한 찬송이 교회에 울려 퍼지고 있었다. 내가 어린 시절 부르고 들었던 친숙한 멜로디였다.

"천부여 의지 없어서 손들고 옵니다. 주 나를 외면하시면 나 어디 가리까. 내 죄를 씻기 위하여 피흘려 주시니 곧 회개하는 맘으로 주 앞에 옵니다."

그 자리서 눈물이 두 볼을 타고 주르르 흘러 내렸다. 이것은 내 의지와 상관이 없는 일이었다. 하염없이 흐르는 눈물은 내가 가진 손수건으로 닦기에 역부족이었다. 나는 아예 눈을 감아 버렸다. 눈을 뜨면 눈물이 더 나올 것 같았기 때문이다.

그러면서도 창피했다. 그나마 맨 뒷자리 앉은 것이 다행이라고 여겼다. 또 마음 한편으론 맘모스호텔 나이트클럽 망년회엔 가야 한다는 생각도 하고 있었다. 내 안에서 두 개의 영이 충돌하고 있었던 것이다.

15

어둠에서 빛으로

자석에 이끌리듯 자의로 찾아 간 송구영신예배에서 터진 내 눈물샘은 목사님의 설교가 이어지면서도 그칠 줄 몰랐다.

이날 설교 내용도 하필이면 '탕자의 비유'였다. 교도소 안에서 무수히 들었고 "또 저 이야기네!"하며 코웃음을 쳤던 이 메시지가 오늘은 내 마음속을 사정없이 헤집어 놓고 있었다.

구구절절 맞았다. 나는 탕자였는데 탕자인 것을 깨닫지 못하고 어디서나 내가 최고인양 거들먹거렸던 것이 창피했다. 성경의 말씀이 살아 움직이며 내 가슴을 때리는데 뜨거운 눈물이 계속 솟아 나왔다.

교도소 안에서 그렇게 들었어도 감동이 없었던 이 메시지가 스스로 찾아온 바로 오늘, 이 송구영신예배에서 이처럼 나를 눈물짓게 하는 것은 왜 그런 것일까?

나도 내가 왜 이렇게 눈물을 흘리고 목사님의 설교에 깊은 공감과 부끄러움을 느끼는지 그 이유가 궁금할 정도였다.

　시계는 1시가 훌쩍 넘었지만 목사님의 설교는 계속 이어졌다. 난 시계를 보며 2시까지 망년회가 열리는 나이트클럽에 가더라도 5시까지는 놀겠다는 생각을 한편으로 하고 있었다.

　드디어 설교가 끝나고 광고를 하는 시간이었다. 교회가 세를 든 건물주인인 K씨가 손을 번쩍 들었다. 그리고 술을 어디서 한잔 했는지 혀가 휘어진 목소리로 "목사님 할 말 있습니다."라고 했다.

　"목사님 저 지금 기분 좋은데 노래 한자락 하면 안될까요. 꼭 노래 부르고 싶어요. 지금."

　나는 속으로 화가 울컥 치밀었다. 아무리 그래도 이 교회당에 술을 먹고 와서 말도 안되는 이야기를 하고 있다니. K는 나와 동네서도 잘 알고 술도 가끔 같이 마시는 사이지만 이건 아니다 싶었다. 나도 술을 좀 먹고 왔지만 K의 이런 행동에 화가 났다.

　이런 행패 같은 말에도 목사님은 목사님이셨다. 차분한 목소리로 K를 타이르셨다.

　"성도님. 지금은 예배 시간입니다. 예배가 끝난 후 다시 척사대회도 있고 친교모임이 있으니 그 때 부르시죠. 시간 드리겠습니다."

그러나 K는 술기운을 받아서인지 양보를 하지 않고 엉뚱한 제안까지 했다.

"목사님. 제가 목사님 돈 필요하다고 해서 300만원 빌려드리고 20만원 갚으셔서 280만원 남았죠. 그리고 이자로 매달 6만원씩 주시는데 노래 부르게 해주시면 이제 이자를 안 받을께요. 에잇 기분이다. 원금 280만원도 안 받을테니 노래 부르게 해주세요."

목사님은 갈등을 느끼셨을 것이다. 당시 280만원은 제법 큰 돈인데 노래만 하면 그 돈을 안받는다니. K는 교회생활에 열심인 부인 때문에 가끔씩 교회에 나오곤 했는데 이렇게 뜬금없는 제안을 하니 목사님은 당황하셔서 K부인인 여집사님의 눈치를 살피셨다.

그런 K부인은 이번 기회에 280만원이 탕감되면 교회에 도움을 줄 수 있겠다 싶었는지 K의 요구에 큰 목소리로 "할렐루야 아멘!"하고 화답했다.

목사님은 부인 집사님이 이렇게 나오자 어이없어 하는 헛웃음을 보이며 "그래요. 그렇게 하고 싶으시면 해보세요"라고 하셨다. 그러자 성도들에게서 웃음과 박수가 터져 나왔다.

신이 나서 앞으로 나온 K는 세상 유행가를 한 곡조 멋들어지게 뽑을 것이라 생각했던 내 예상을 완전히 뒤엎었다. K는 복음성가를 부르기 시작했던 것이다. 복음성가 제목은 '주여 이 죄인이'였다.

세상에서 방황 할 때 나 주님을 몰랐네
내 맘대로 고집하며 온갖 죄를 저질렀네
예수여 이 죄인도 용서 받을 수 있나요
벌레만도 못한 내가 용서 받을 수 있나요

많은 사람 찾아와서 나의 친구가 되어도
병든 몸과 상한 마음 위로 받지 못했다오
예수여 이 죄인을 불쌍히 여겨주소서
의지 할 것 없는 이 몸 위로 받기 원합니다

이 죄인의 애통함을 예수께서 들으셨네
못자욱 난 사랑의 손 나를 어루만지셨네
내 주여 이 죄인이 다시 눈물 흘립니다
오 내주여 나 이제는 아무 걱정 없습니다

내 모든 죄 무거운 짐 이젠 모두 다 벗었네
우리 주님 예수께서 나와 함께 계신다오
내 주여 이 죄인이 무한 감사 드립니다
나의 몸과 영혼까지 주를 위해 바칩니다

노래방을 자주 드나드는 K의 노래실력은 상당했다. 이 복음성가

를 얼만 감칠나게 부르는지 몰랐다. 그런데 1절이 채 끝나기도 전에 잠시 멈추었던 내 눈물샘이 또 한번 폭발했다.

아니 무슨 노래 가사가 구구절절 내 이야기인지, 나를 모델로 만든 가사 같았고 또 무어라 말할 수 없는 포근하고 따뜻함이 곡조에 배여 있었다. 나는 이제 눈물을 훔치는 것이 아닌 아예 엉엉 울고 있었다.

3절을 부를 때는 너무 창피해 좌석 밑으로 고개를 파묻고 울었고 4절을 부르면서는 의자에서 일어나 아예 바닥에 무릎을 꿇고 울었다.

나의 지나온 시간과 죄들이 마치 영화필름처럼 스치고 지나가고 있었다. 그 하나하나를 느끼면서 내가 이렇게 나쁜 놈이었는지 진저리가 쳐졌다. 나는 주님을 크게 부르며 울면서 기도를 했고 얼마를 기도했을까 결국 혼절하고 말았다.

나는 이 때 분명히 체험했다. 내 몸에서 영이 분리돼 영적인 세계로 진입하는 것을.

그리고 거룩하고 영화로운 하나님이 인간을 창조하시고 만물을 다스리도록 권한을 주셨으나 타락한 인간이 죄의 문제를 해결하지 못했다는 사실. 결국 독생자 예수님을 보내 인류를 구원해 주시고 또 보혜사 성령을 보내 주셔서 하나님을 체험하고 믿음을 유지할 수 있도록 지금 이 시간에도 역사하신다는 사실.

나는 비몽사몽 간에 주님을 찬양하며 하나님께 영광을 돌리다 아내가 나를 흔드는 바람에 깨어날 수 있었다.

"여보 6시야 6시."

성도들은 이미 다 돌아갔고 울며 기도하는 나를 기다리던 아내가 나를 이제야 깨운 것이다. 나는 4시간 이상 무릎을 꿇고 기도하며 울며 부르짖었다고 한다. 그런데 내 몸은 너무나 상쾌하고 날아갈 것 같았다.만물이 새롭게 보였다. 아내가 이렇게 예쁜지 몰랐다.

"오 하나님. 감사합니다. 저를 만나주시고 주님이 살아 계심을 체험으로 알게 해 주신 것을 감사드립니다."

지금 생각하면 완악한 나를 향해 주님은 3번의 은혜를 허락하셨다. 송구영신예배에 참석하고픈 마음을 주셔서 성령의 감동으로 교회에 들어서자 마자 눈물을 흘리게 되었던 것이 그 첫번째 은혜였다.

그러나 나는 눈물을 흘리면서도 마음 한 구석은 나이트클럽에서 놀 생각을 했고 이런 나를 향해 주님은 목사님의 설교 '탕자의 비유'를 통해 두 번째 은혜를 허락하셨다. 살아 운동력 있는 하나님의 말씀은 내 마음을 관통해 부끄러움과 회개의 마음을 가졌으나 여전히 내 마음은 세상을 향해 미련을 버리지 못하고 있었다.

이런 나를 향해 주님은 갑자기 히든카드 K를 투입시키신 것이 아닌가 싶다. 술 취한 상태로 구성지게 불렀던 K의 '주여 이 죄인이'란 복음성가는 나를 KO시키기에 충분한 파괴력을 가졌다.

K가 왜 그 자리에 술을 먹고 와서 말도 안되는 엉뚱한 제안까지 하며 이 복음성가를 불렀는지 그 이유를 이제야 나는 잘 안다.

참 불쌍하고 버림받아도 마땅한 이 영혼을 부르시고 또 쓰시기 위한 주님의 깊은 섭리였던 것을 말이다.

어머니의 오랜 기도와 고향형 목사님의 계속된 전도, 나를 향한 하나님의 강한 섭리에도 전혀 요동치지 않던 나는 이 날 비로소 주님을 진정 뜨겁게 만났다.

16

영하 *18*도 망우리 산기도

송구영신예배에서의 놀라운 은혜체험은 내게 무척이나 충격적이었다. 나 스스로 생각해도 밤새 울며 내가 죄인인 것을 깨닫고 주님의 자녀로 거듭난 것은 놀라운 변화였다. 하나님의 살아계시며 역사하신다는 것을 이제야 선명하게 믿을 수 있었다.

손대지도 않아 먼지 쌓인 성경책을 읽기 시작했고 교회에 열심히 나갈 것을 나 스스로 다짐했다.

그런데 이 놀라운 사건이 있고 3일 후였다. 갑자기 송구영신 예배를 간 교회 담임목사님에게서 밤 9시경 전화가 걸려왔다. TV에서는 뉴스가 계속되고 있었다.

"송사장님. 송구영신예배 오셔서 감사했습니다. 그동안 사모님만 나오셔서 사장님도 함께 나오시도록 기도 많이 했습니다. 사업은 잘되시죠. 오늘밤 특별한 일 없으시면 우리 성도들과 산기도 한번 가시면 어때요. 10시까지 교회로 오시면 됩니다."

그날 은혜받은 여운이 남아 있던 나는 목사님 말에 무조건 순종하며 "네"라고 대답했다. 그런데 '산기도'란 말은 나로선 처음 듣는 말이었다.

난 아내에게 대뜸 "목사님이 산기도 가자고 하시네. 당신 산기도가 뭔지 알아."하고 물었다.

그러나 이제 신앙생활 초짜인 아내도 "그걸 내가 어떻게 알아. 모르지. 목사님이 특별히 가자시니 가보세요"하는 대답이 돌아왔다.

며칠 전 눈이 크게 내린 뒤 이날 날씨가 영하 18도였는데 체감온도는 25도 정도되는 추운 날씨였다. 그러나 추위를 많이 타지 않는나는 낚시할 때 입는 점퍼에 골덴바지를 입고 성경책을 들고 교회로향했다. 신발은 가게서 신던 슬립퍼를 그대로 신은 채였다. 내복도 입지 않은 상태였다.

교회에 도착하니 성도들이 모여 있는데 하나같이 중무장을 하고있었다. 오리털 파커에 털모자 귀마게 마스크에 방한화까지 신었다. 나같은 복장은 아무도 없었다. 다 모이니 나까지 10명이었다.

역시 파커로 중무장한 목사님이 나오셔서 나를 반갑게 맞아 주셨고 "자 갑시다"라고 하시며 앞장을 서셨다. 나도 엉겁결에 따라 나왔는데 일행은 교회를 벗어나 망우리 산꼭대기로 소리없이 올라가기 시작했다.

금방 칼바람같은 추위가 내 얼굴을 강타했다. 슬립퍼만 신은 내 발은 금방 시렸고 강한 추위에 온 몸이 사시나무 떨 듯 떨어야 했다.

일행이 도착한 곳은 망우리 무덤이 이곳 저곳에 보이는 곳이었다. 며칠 전 온 눈이 녹지 않아 소복히 쌓여 있었고 이날따라 달도 밝아 눈덮힌 무덤들이 담력이 있는 나조차도 으스스하게 만들었다.

"아니. 이 밤 중에 이 추위에 교회를 놔두고 뭐하러 이곳 산 꼭대기 같이 올라와 기도를 한단 말인가. 이 교회 정말 이단이 아닌가"

난 도대체 이해 할 수 없었다. 그런데 당장은 너무나 추웠다. 도착한 일행은 큰 무덤 앞에 비닐 돗자리를 펴고 남포불 2개를 켠 뒤 모여 앉았다. 찬송을 부르고 간단히 예배를 드렸다. 나는 너무 추워서 미칠 지경인데 다른 사람들은 워낙 많이 껴입어서인지 내가 느끼는 추위를 못느끼는 것 같았다.

예배 후 미리 타 온 뜨거운 커피를 한 잔 씩 나눠 주는데 얼마나 맛있는지 몰랐다. 뜨거운 컵에 손을 좀 녹이니 조금 나은 것 같은데 도대체 왜 이곳에 와서 찬송하고 예배를 드리는지 난 여전히 이해를 할 수 없었다.

예배를 드렸으니 이제 내려 가는가 싶었는데 그것이 아니었다. 예배 후 일행들은 비닐을 한 장씩 받아 무덤 뒤로 사라지기 시작했다. 온 몸이 오싹했다. 그리고 그 비닐을 각 자 바닥에 깔고 자리를 잡더니 본격적인 기도를 시작했다.

나는 이들이 이단이 아닌지 의심이 들었지만 혼자 자리를 박차고 나오지 못하는 그 무엇의 힘이 나를 지배하고 있었다.

"송사장님. 처음 오셔서 생소하시겠지만 여기서 뜨겁게 기도해 하나님을 만나 보세요. 사장님도 자리를 잡고 큰 목소리로 통성기도를 하시면 됩니다."

목사님이 내게 말했지만 난 추위와 무서움에 정신이 하나도 없었다. 이미 자리를 잡은 성도들이 기도를 시작하는데 갑자기 큰 목소리로 "죽여! 죽여! 죽여!"하는 것이 아닌가.

나는 더 황당하고 놀랐다. 뭘 죽이라는 것인지, 이 한밤중 공동묘지에 와서 이렇게 큰 목소리로 '죽여'라고 외치는 무리들을 도저히 정상적으로 볼 수 없었다.

그런데 다시 다른 곳에선 성도들이 "주여! 주여! 주여!"라고 외치고 있었다. 추위와 바람소리 때문에 내 귀엔 "주여!"가 "죽여!"로 잘못 들렸던 것이다.

난 이제 혼자라도 내려가고 싶었지만 용기가 나지 않았다. 이젠 추위 보다 무서움이 더 컸다.

"그래. 이판 사판 나도 '주여'를 외쳐보자. 지난번 송구영신예배에서 하나님이 살아계신 것을 확고히 체험했으니 이번엔 기도로 하나님을 만나보자."

나도 일행들처럼 온 힘을 다해 "주여!"를 외쳤다. 산이 떠나갈 듯 큰 목소리로 불렀다. 추위와 무서움을 떨치려는 마음이 강했기에 내 목소리는 망우리 공동묘지를 쩌렁쩌렁 울리게 했다.

이렇게 4번째 "주여!"를 크게 외치는 순간이었다. 바로 송구영신예배 때 느꼈던 그 신비한 체험의 느낌이 내 몸에 다시 임하고 있었다.

내 몸은 이제 내가 제어할 수 있는 내 몸이 아니었다. 무엇인가 강한 힘(나중에 알았지만 이것은 성령의 힘이었다)에 이끌려 또 한번 회개와 눈물의 기도를 쏟아내고 있었다.

이것은 내 의지로 하는 기도가 아니었고 내 생각으로 하는 회개가 아니었고 내가 슬퍼해 흘러나오는 눈물이 아니었다.

송구영신 예배 때도 4시간 만에 아내가 깨워 정신을 차렸지만 이번에도 목사님이 날 흔들어서야 정신을 차렸다. 기도를 마친 후 눈을 뜨고 보니 내 주위에 기도를 마친 성도들이 원형으로 쭉 둘러서서 나를 신기하게 구경하고 있었다.

이 때서야 성도들은 내 복장을 보고 놀라고 있는 중이었다. 슬리퍼에 내복도 안 입고 두껍지 않은 낚시 점퍼와 골덴바지로 밤새 기도한 나를 보고 "도대체 이게 뭔 일이야"하는 표정으로 놀라고 있었던 것이다.

　그런데 또 신기한 것은 내가 앉아 기도한 주위로 반경 1미터 정도의 눈이 다 녹아 있었다는 사실이다. 내가 기도하며 뿜어낸 열기가 주위의 눈을 다 녹여 버린 것이다. 무릎을 꿇은 바지는 눈녹은 물이 흥건했다.

　난 이 때 또 한번 영적 세계 속에서 기도하는 '아름다운 여행'을 다녀온 것이다. 산기도를 마치고 집으로 돌아온 시간이 새벽 3시반 정도였으니 이번에도 내가 3시간 정도 영적으로 깊이 들어가 기도를 한 것이다.

　난 집에 왔으나 전혀 피곤하지 않았다. 지난번처럼 힘이 나고 몸이 날아갈 것처럼 가벼웠다. 난 이 때부터 성경을 본격적으로 읽기 시작했고 그 어렵던 말씀이 귀에 쏙쏙 들어오는 것을 체험할 수 있었다.

　그리고 이날 목사님은 내게 성경 출애굽기를 읽어 보라고 권면하셨는데 나는 집에서 출애굽기를 읽으면서 망우리 산기도에서 풀리지 않던 의문을 풀어낼 수 있었다.

　하나님께서 영하 18도의 환경이었던 나를 불쌍히 여기셔서 출애굽기에 나오는 내용, 즉 이스라엘 민족에게 낮에는 구름기둥으로 더위를 막아주시고 밤에는 불기둥으로 추위를 막아주신 것처럼 내게도 몸에서 열이 나도록 불기둥을 보내주셨던 것이 분명했다.

　난 출애굽기를 통해 슬립퍼에 내복도 안입고 3시간이나 기도했던 내가 동상에 걸리기는 커녕 주변의 눈까지 녹여버릴 수 있었던 이유를 알 수 있었다.

　영하 18도에서 영문도 모르고 따라갔던 산기도, 이날의 체험은 신앙생활을 막 시작한 내게 또 하나의 새로운 영적세계를 열어준 계기가 되었다.

17

결핵약을 던져 버리다

송구영신예배와 산기도를 통해 성령이 임재하는 강한 은혜를 체험한 뒤 내 신앙은 완전히 달라졌다.

주일성수는 물론 틈만 나면 성경을 읽고 기도했다. 하나님의 은혜가 감사해서 수시로 눈물이 흘러나왔다.

성경 에베소서 2장 8절 말씀 "너희가 그 은혜를 인하여 믿음으로 말미암아 구원을 얻었나니 이것이 너희에게서 난 것이 아니요 하나님의 선물이라"는 말씀에 감격해 얼마나 울었는지 모른다. 성경 말씀 한 절 한 절이 모두 나를 향한 주님의 음성처럼 들렸다.

이렇게 산기도를 다녀온 뒤 모든 것이 달라져 신앙생활을 한 2주 정도 지났을 무렵이었다. 앞에서 이야기 했지만 난 당시 중증의 폐병 선고를 받고 매일 한 웅큼의 약을 먹고 있었다.

한번에 8알을 먹는 폐병약을 입에 물고 삼키려는 순간이었다. 갑자기 강한 기침이 나오며 약을 다 입밖으로 튀어 나왔다. 난 다시 새 약을 챙겨 입에 넣고 물을 마시려는데 또 똑같이 기침이 나오며 약이 튀어나와 먹지 못했다. 몸에서 약을 받지 않는다는 느낌이 강하게 왔다.

그리고 하나님이 나를 치료햐 주셨다는 믿음이 왔다. 그러고 보니 요 며칠 폐병 증세가 내게서 사라진 것 같았다. 난 아내에게 큰 소리로 외쳤다.

"여보. 나 폐병 하나님이 고쳐 주신 것 같아. 약도 받지를 않아."

아내는 반신반의 했지만 믿음의 선포를 한 나는 그 자리에서 먹던 약을 모두 비닐봉지에 싸서 쓰레기통에 버려 버렸다. 당시 한 달 약값이 27만원이나 해서 매우 비쌌지만 마음의 확신을 가지니 약을 갖고 있는 것은 하나님의 치료를 의심하는 것이라 여겨졌다.

이후 난 폐병이 나은 것을 확신하며 병원도 가지 않았다. 구태어 병원에서 가서 확인하는 것도 하나님을 믿지 못하는 것이라 여겨진 것이다. 이날을 결코 잊을 수 없어 정확하게 기억하고 있다. 바로 1985년 1월1일로 주일이었다.

하나님은 중증이었던 폐병을 완전히 고쳐 주셨다. 물론 기도도 했지만 일방적인 은혜이자 치유였다. 난 말라기 4장2절의 말씀이 내게 임했다는 확신이 들었다.

"내 이름을 경외하는 너희에게는 의로운 해가 떠올라서 치료하는 광선을 발하리니 너희가 나가서 외양간에서 나온 송아지 같이 뛰리라"

후일 다른 질병으로 수술을 받았는데 이 때 폐에서 흰 횟가루 같은 것이 나왔다. 내가 폐병 3기까지 갔었던 환자였다고 이야기 하자 의사는 "강한 전류같은 것이 폐병균에 유입, 균이 굳어져 있다가 이제 흰색 부스러기로 나온 것 같다"고 말했다.

병도 고치고 독실한 크리스천이 된 나를 주변 시장통 사람들이 의아해 했다. 술 담배 좋아하고 주변 사람들과 잘 어울리며 잘 놀던 사람이 성경책을 옆에 끼고 교회를 다니면서 완전히 달라져 버렸다고 수근거렸다.

내가 다방도 운영하고 일수놀이도 하고 있고 오락실을 운영하는 등 지극히 세속적인 삶을 살았기 때문이기도 했다.

그래서 사람들은 내 앞에서 바로 "정말 교회 다니는게 맞냐?"고 묻거나 "해가 서쪽에서 뜨겠다"는 등 나와 교회를 잘 연결시키지 못하며 신기해 하는 것 같았다.나의 변화에 아내 역시 놀라워 했다.

어느 주일날, 교회에서 저녁예배를 드리고 아내와 함께 집으로 돌아오는 길이었다.

길에서 동네 시장통에서 거들먹거리며 몰려 다니는 후배 3명을 만났다. 이곳 깡패들도 나의 전력을 알아 형님으로 깍듯이 모셨다.

"형님 형수님 교회 다녀오시는 것 갑네요. 와따, 형님이 교회 다니시는 거 세상이 진짜 놀랄 일입니다요. 근데 형님. 포천 쌀막걸리 들어왔다는데 저희와 시원하게 딱 한잔 하시고 들어가세요."

당시 쌀이 귀해 쌀로 막걸리 만드는 것은 금지되어 있었다. 그러나 몰래 만들어진 쌀 막걸리가 일주일에 한 번씩 들어와 단골에게만 팔리고 있었다. 순간 막걸리의 시원하고 달작한 맛이 기억나며 딱 한잔만 하고 싶었다.

"여보 먼저 들어가. 나 애들과 딱 한잔만 하고 갈게."

오늘이 주일이고 예배를 드리고 오는 중이라 아내가 당연히 말릴 줄 알았는데 시원하게 허락해 주었다.

"네. 그러세요. 근데 조금만 마시고 절대 많이 마시지 마세요."

막걸리집에 후배들과 자리를 잡고 앉았다. 이미 막걸리가 들어오는 날인 것을 알아 사람들이 가득했는데 난 식탁 위에 성경책을 올려놓았다.

이미 소문을 들었는지 막걸리집 주인인 아줌마도 막걸리 주전자를 갖다주며 "송사장 교회 다닌다면서요? 이제 막걸리 팔아먹기 다 글렀네"라고 말했다. 주변에 있던 사람들이 모두 와 하고 웃었다.

　　난 뚝사발에 담긴 막걸리를 한 잔 들이키다 스스로도 겸연쩍어 신문지로 성경책을 살짝 가렸다. 그 순간 성경말씀대로 육체의 소욕을 거스르지 못하고 막걸리를 마시고 있는 내 모습이 너무나 부끄러웠다.

　　"하나님의 은혜를 체험하고 변화된 내가 아닌가. 주님을 믿고 있고 더구나 거룩한 주일날 예배를 드리고 오면서 술 한잔 하자는 후배들의 꼬드김조차 못이겨 낸다면 네가 무슨 신앙인이고 하나님을 믿는다고 하겠느냐?"

　　벌떡 일어섰다. 부끄러움 속에 후배들에게 미안하지만 먼저 간다며 술값을 치르고 나왔다. 성경책을 든 손이 너무나 부끄럽고 하나님께 죄송했다. 순간 아내에 대한 원망이 솟구쳤다.

　　"나보다 먼저 신앙생활을 한 여편네가 이럴 때 남편이 술집을 가지 말라고 붙잡아야지. 전혀 도움이 안되는구만."

　　나중에 안 사실이지만 자기가 하나님 앞에 잘못하고 그 원인을 남에게 뒤짚어 씌워 원망하게 만드는 것은 마귀가 하는 전형적인 수법이었다. 난 집에 들어서자마자 부끄러운 행동을 한 것의 책임을 아내에게 돌리며 화를 내기 시작했다. 손에 들었던 성경책을 팽개치기까지 하며 역정을 냈다.

"아니. 무슨 마누라가 오늘 같은 주일날 남편이 술먹으러 간다면 말려야지. 도대체 도움이 안되네. 어이 정말 짜증난다."

바로 그 때였다. 창자가 찢어질 듯 아팠다. 너무나 갑작스럽게 느껴지는 고통이었다. 얼마나 아픈지 쓰러져 뒹굴었을 정도였다. 땀이 비오듯 오고 구역질도 나왔다. 2시간여를 기다려 보는데 차도가 없었다.

계속되는 고통에 놀란 아내는 병원에 가자며 구급차를 부르려는데 갑자기 병원 보다 교회에 먼저 가서 기도를 해야 할 것 같았다. 난 아내와 아픈 몸을 질질 끌며 간신히 교회에 도착해 입구 문고리를 잡는 순간이었다. 그렇게 아팠던 통증이 순간 싹 사라져 버리는 신비한 체험을 했다. 너무나 신기했다.

교회 안으로 들어가 무릎을 꿇고 강대상을 쳐다 보니 눈물부터 나왔다. 회개의 기도를 드리기 시작했다. 기도하는 가운데 마음 속으로 깨달아지는 음성이 있었다. 이것도 후일 성령의 역사인 것을 알았다.

"송일현. 너는 아직 세상의 때가 많이 남아 있어 하나님을 뜨겁게 만나고 체험하기가 어렵단다. 오늘 네가 문고리를 잡자마자 고통이 씻은 듯이 치료된 것도 하나님의 살아계시고 지금도 역사하심을 다시 한번 분명하게 알려주는 것이란다. 하나님은 너를 사랑하시며 바른 길로 가길 원하신단다."

뒤를 돌아 보니 밤 12시였다. 하나님이 나를 치료하셨다는 확신을 가지며 감사가 터져 나왔다. 순간 난 하나님께 너무나 감사해 내가 신앙생활을 하는 한 밤 12시에는 강단에 나와 무릎꿇고 기도할 것을 서원하고 다짐했다.

그리고 정말 이튿날부터 밤 12시면 교회에 나와 기도의 제단을 쌓기 시작했다. 늘 얼마나 큰소리로 부르짖으며 회개를 했는지 인근 주민들이 신고를 해 경찰이 달려왔을 정도였다.

나의 회개기도는 밤마다 계속 되어도 부족했다. 그동안 지은 죄가 너무 많아 눈물이 마를 사이가 없었다.

3

험난하고 고통스런
사명자의 길

18

하나님의 부르심과 주변의 방해

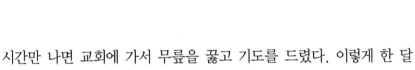

시간만 나면 교회에 가서 무릎을 꿇고 기도를 드렸다. 이렇게 한 달 가까이 회개하며 말씀에 빠져 사는데 깊은 기도에 들어가면 언제나 찬송가 141장 찬양소리가 들렸다.

웬 말인가 날 위하여 주 돌아가셨나
이 벌레 같은 날 위해 큰 해 받으셨나
내 지은 죄 다 지시고 못박히셨으니
웬일인가 웬 은혠가 그 사랑 크셔라
주 십자가 못 박힐 때 그 해도 빛잃고
그 밝은 빛 가리워서 캄캄케 되었네
나 십자가 대할 때에 그 일이 고마워

내 얼굴 감히 못들고 눈물 흘리도다
늘 울어도 눈물로써 못 갚을 줄 알아
몸 밖에 드릴 것 없어 이 몸 바칩니다

기억해 보니 내가 교도소에서 생활할 때 어머니가 면회 오시면 언제나 불러 주시던 바로 그 찬송이었다. 그런데 그 가사가 예전엔 아무런 느낌이 없었는데 지금은 절절히 내 마음 속에 와서 박히며 공감이 되었다.

나의 완전한 회심에 목사님도 놀라는 눈치였다. 매일 기도하며 하나님 앞에 매달리는 모습을 본 사모님도 나를 눈여겨 보시다가 신학교를 다니는 남동생에게 내 이야기를 한 것 같았다.

하루는 교회서 기도를 하고 있는데 한 청년이 먼저 인사를 해왔다.

"말씀 들었습니다. 전 목사님 처남이고 방배동신학교 3학년에 다니는 전형구 전도사라고 합니다. 제가 보기엔 송사장님이 하나님의 종으로 부르심을 받은 것 같은데 순종해서 신학교 가셔야 합니다. 하나님의 부르심에는 나이는 상관이 없습니다."

그러면서 신학교 입학원서를 내게 건넸다. 난 생각지도 않은 일이 벌어진 것에 너무나 놀랐지만 믿음으로 충만했던 때라 하나님께서 이

길을 원하실 수 있다는 생각이 들었다.

나를 위해 기도하시고 옥바라지를 해주신 어머님의 평생 기도제목은 내가 목사가 되는 것이었다. 그러고 보니 까마득한 옛날이지만 내가 초등학교 시절과 중학교 때 두 번이나 목사가 될 것을 서원한 일도 생각났다. 이제 하나님이 전형구 전도사님을 보내 그 약속을 지킬 것을 원하시는 것이 아닌가 싶었다. 마음이 흔들리기 시작했다.

"송사장님. 신학교에 가기로 마음을 먹으면 이 때부터 사장님을 신학교에 가지 못하도록 마귀들이 유혹하고 방해를 합니다. 이 과정을 잘 이겨내시길 바라고 이를 위해서 기도하겠습니다."

내 손에 쥐어진 입학원서를 보며 하나님이 진정 이 길을 원하신다면 마음의 기쁨과 주위의 어려움 없이 신학공부를 할 수 있게 해달라고 기도했다. 며칠간 기도하며 신학교에 갈 것을 확신한 나는 원서를 써서 학교에 접수했다.

당시 난 하나님을 뜨겁게 만났고 기도생활도 열심히 했지만 담배를 아직 못 끊고 있었다. 워낙 오랫동안 피워서인지 담배를 안 피우면 머리가 어지러웠다.

전 전도사가 내가 마음을 잡으면 주변에서 내가 신학교에 가지 못하도록 방해를 한다고 했는데 사실이었다. 처음엔 아내도 이해를 못하고 반대를 했을 정도였다.

내가 교회를 다니는 것을 뻔히 알면서도 친하게 지내던 이웃들이 좋은 안주가 생겼다며 술까지 사들고 집으로 찾아왔다. 냉정하게 거절할 수 없어 술상을 마주했지만 마음 속은 타들어 갔다.

가게에 나가면 이번에는 고스톱 치자며 이웃 상인들이 몰려왔다. 예전 같으면 내가 반갑게 맞아 신나게 어울렸겠지만 주님을 만나고 나니 이 모든 것들이 얼마나 가치 없는 행동인지 알게 되었다. 그렇지만 이것을 뿌리치기도 쉽지 않았다.

이 뿐만 아니었다. 아직 줄이 남아 있는 시내의 조직 후배들이 전화를 걸어 와 "왜 요즘 시내에 안 나오시느냐 얼굴도 보여 주시고 후배들도 좀 챙겨주시라"고 했다. 이런 내가 무슨 신학교를 가겠는가 싶어 하루에도 몇 번 마음이 바뀌었다.

술자리에 가도 난 술은 안 마셨다. 나의 이런 변화에 모두 놀라했지만 내가 하나님을 만나고 신학교까지 가겠다고 한 마당에 최소한 지킬 것은 지켜야 한다고 여긴 것이다.

하루는 후배가 하도 졸라 술집에 가긴 했는데 이야기만 들어주고 한 잔도 마시지 않았다. 이런 모습에 후배가 "아니 형님은 예수를 믿어도 뭐 그리 요란스럽게 믿어요."하면서 불만을 나타냈다.

1시간 정도 버티다 도저히 못 견딘 나는 자리에서 먼저 일어났다. 천천히 마시고 오라고 하는데 오늘도 내가 이겼다는 기쁨이 솟았다. 유혹에 빠지지 않고 믿음의 정체성을 지킨 것에 나 스스로 뿌듯했다.

그런데 문을 막 나서는 내게 술 취한 후배의 혼잣말이 내 귀에 들어왔다.

"와 똘아짱 진짜 또라이 됐네."

그러면서 나를 향해 재수 없다는 표시로 내 등을 향해 술을 뿌리는 것이 아닌가. 순간 분노가 솟구쳤다. 감춰져 있던 나의 본성이 머리를 쳐들며 이성을 잃게 했다.

"뭐라구. 이 자식이. 너 다시 말해 봐. 뭐라고 했어."

나는 앉아 있는 후배를 발로 세게 걷어 차 술집 바닥으로 나뒹굴어지게 만든 뒤 발길질까지 하려다 참았다. 그리고 밖으로 나왔는데 가게에 있던 한 사람이 뛰어 나와 내게 얼른 피하라고 말했다.
뒤를 돌아 보니 후배가 술집에서 쓰는 사시미칼을 가지고 나를 죽인다고 나오고 있었다. 주변에 연탄집게가 있어 나도 그것을 집어들었다. 금방 동네 사람들이 모여들고 바로 아내가 달려왔다.

"여보, 전 전도사님이 뭐라고 하셨어요. 신학교 못 가게 막는다고 하셨잖아요. 어서 집게 내려 놓으세요."

내가 집게를 바닥에 버리자 한 풀 꺾인 후배도 칼을 내려 놓았다.

집으로 돌아온 나는 아무리 생각해도 내가 한심했다. 순간적인 분노도 조절하지 못하면서 어떻게 신학교에 가려는지 난 자격이 없다고 느꼈다.

좌절하는 내게 아내는 3일간 오산리금식기도원에 가서 기도하며 마음을 다스리고 오라고 권했다.

아내의 말대로 바로 기도원에 올라온 나는 3일간 금식하며 계속 회개하며 하나님께 부르짖었다. 나를 제어하지 못하고 바른 모습을 보여주지 못해 하나님께 너무 죄송했다.

눕지도 않고 기도하는 내게 옆에 있던 한 권사님이 "젊은 양반이 무슨 간절한 기도제목이 있길래 누워있는 것을 한번도 못보고 기도만 하느냐"고 했을 정도였다.

기도하며 금식하며 나를 다스리는 가운데 아직도 남아 있는 혈기와 분노, 욕심과 탐심, 명예욕을 버리게 해달라고 기도하고 또 기도했다.

금식은 나를 비우고 그곳에 하나님의 영을 채우려고 노력하는 과정이다. 기도원에서 예배를 드리고 기도하며 하나님을 다시 뜨겁게 만난 나는 3일 후 집으로 돌아오니 신학교 합격통지서가 도착해 있었다.

"오 주님. 제가 진정 주님의 종으로 부름을 받은 것입니까?"

19

41세의 노(老)신학생

내가 신학교에 입학을 한다니 아무리 생각해도 바른 선택인지 머뭇거려지는 것은 어쩔 수 없었다. 그러나 막상 신학교 합격통지서를 받고 보니 마음이 새로워지며 새 인생을 시작해 보리라 다짐했다.

그동안 하나님의 인도로 은혜받고 성령을 체험하고 신학교까지 가게 되는 과정이 내 의지나 생각과는 무관하게 펼쳐지고 있었다. 무엇보다 오산리금식기도원에서 나를 돌아보며 3일간 금식하고 회개하며 기도한 것이 신학교 입학을 결정하고 내 마음을 잡는데 중요한 계기가 되어 주었다.

신학교 입학 전날에서야 이 사실을 어머니께 전화로 알렸다. 어머니의 기쁨은 내가 생각했던 이상으로 컸다. 얼마나 기뻐하시는지 몰랐다. 오랜 기도의 응답이라고 "아멘"과 "할렐루야"를 연신 외치셨다. 내

일로 이렇게 좋아하시는 것을 처음보는 것 같아 나도 흐뭇했다.

어머니는 다음날 새벽같이 올라 오셔서 신학교 입학식에 참석해 주셨고 나를 대견하게 여기시며 몇 번이나 따뜻하게 안아주셨다.

"일현아. 너 돌아오는 주일에는 고향교회에 내려와 예배드리며 성도들에게 이 소식을 알리고 감사인사를 드려야 한다. 너를 위해 우리 교회 목사님과 성도들이 얼마나 기도를 드렸는지 아니. 꼭 와야 한다."

어머니 명령을 거역할 수 없었다. 주일에 고향교회에 내려가 예배를 드렸다. 광고 순서에 담임 목사님이 말씀하셨다.

"오늘 윤내순 권사 둘째 아들인 송일현 씨가 회심하고 지난주 신학교에 입학했습니다. 그래서 성도들에게 인사차 오늘 주일예배에 참석했습니다. 박수로 환영해 주시기 바랍니다."

박수가 나오긴 했으나 성도들 중에서 나를 아는 사람은 별로 없었다. 그도 그럴 것이 내가 열심히 신앙생활을 한 것은 중학교 때까지였기에 내가 모범생이었고 교회생활 잘한 것을 아는 성도가 없는 것은 당연했다.

그런데 바로 이 때 내가 중학교 때 교회학교 반사셨던 오규성 장로님이 갑자기 일어나 마이크를 잡으셨다. 반사이셨을 때는 집사셨는데 그사이 교회 수석장로가 되어 계셨다.

"제가 한 마디 꼭 하고 싶어 나왔습니다. 지금부터 정확히 18년 전에 신문에 엄청난 살인사건 기사가 대서특필 되었습니다. 바로 이 사건에 직접 폭력을 쓰진 않았지만 배후의 주동자로 지목돼 교도소에 수감됐던 이가 바로 조금 전에 소개한 송일현 씨입니다. 당시 윤내순 권사님과 저희 성도들은 이 사실을 신문을 보고 너무 놀랐고 우리는 그저 기도밖에 방법이 없음을 알았습니다.

그래서 송일현 군을 위해 기도회를 가지기 시작했는데 당시 기도회에 11명이 모였습니다. 그런데 지금 보니 그 사이 7분이 돌아가시고 두 분은 광주와 서울로 이주하시고 윤권사님과 저만 교회에 남았습니다. 모든 사람들이 송일현이는 안된다고 구제불능이라고들 했지만 우리는 끝까지 기도했고 하나님께서 이제야 역사하셨으니 참으로 놀랍고 은혜에 감사합니다.

윤 권사님이 송일현 군의 재판과정을 지켜보면서 또 오랫동안 교도소 면회를 다니시면서 흘리신 눈물과 18년간 새벽마다 홀로 기도하면서 흘리신 눈물을 모두 합치면 아마 우리 동네가 그 눈물로 떠내려 갈 것입니다. 윤 권사님은 성도들이 뒤에서 깡패 엄마라고 수군거렸지만 전혀 개의치 않으시고 구제와 전도, 봉사에 가장 모범을 보이셨고 드디어 때가 되어 이런 영광의 날이 오게 된 것 같습니다. 다시 한번 축하를 드리고 우리 송일현 씨가 신학교 잘 마치고 목사로 잘 성장할 수 있도록 함께 기도해 드립시다."

그 때서야 큰 박수소리가 터져 나왔다. 오 장로님의 말씀에 나도 울컥 눈물이 솟구쳤다. 나는 늘 내 생각만 하고 내 위주로 모든 것을 판단했었다. 그런데 나를 위해 기도해 온 많은 분들이 있었기에 오늘 내가 신학교에까지 가게 된 것을 인정하지 않을 수 없었다. 기도의 힘은 그만큼 크고 위대했다.

신학교생활이 본격적으로 시작됐다. 당시 입학생은 168명이었고 이중 여학생은 60여명 남짓했다. 난 4년제 과정인 신학과에 입학했고 본격적으로 공부를 시작했다. 막상 고등학교 이후 담을 쌓았던 공부를 다시 하려니 아주 죽을 맛이었다.

그러나 자아를 죽이며 최선을 다해 열심히 하려고 노력했다. 그런데 학교에서 만나는 신학생 선배 중에 정 모 전도사가 있었다. 그런데 언제나 나를 영 못마땅하게 여기며 째려보고 지나가곤 했다.

혹사 내가 아는 사람인가 하고 기억을 더듬어 봐도 전혀 기억에 없었다. 이렇게 여러 차례 나를 못마땅하게 여기는 표정 때문에 내가 먼저 다가가 왜 그러느냐고 물어보고 싶었다.

그런데 내가 그러기 전에 먼저 그쪽에서 말을 걸어왔다.

점심시간에 식당에서 우연히 그를 만나는데 "송 전도사님. 바쁘지 않으시면 저랑 커피 한잔 하시죠."라며 나를 구석진 곳으로 데려갔다. 커피자동판매기에서 커피를 한 잔 뽑아주는 것을 받아들고 막 마시려는 순간 그 분이 대뜸 공격적인 목소리로 말했다.

"저 때렸죠?"

황당했다. 얼굴도 기억이 안나는데 자신을 때렸다니…. 나는 바로 대꾸를 했다.

"안 때렸는데요."

"저 때렸잖아요. 김제 후배 병훈이 기억 안나요?"

아차 싶었다. 순식간에 예전의 기억이 살아났다. 순천서 서울로 올라와 조직들과 어울릴 때 잠시 풍전나이트클럽을 맡아 관리를 했었다. 나이트클럽 웨이터들은 보증금을 내고 일하는데 자꾸 외상전표를 끊다 보면 나중에 나이트클럽에 냈던 보증금을 다 까먹고 오히려 빚을 지게 된다.

이 때 마무리를 못하고 일하는 호텔을 옮겨가 버리기도 하는데 이 과정에서 붙잡히면 나이트클럽을 관리하는 조직들에게 신나게 얻어맞는 경우가 자주 생기곤 했다.

기억을 더듬으니 내가 때린 것 같지는 않고 병훈이란 동생을 시켜 때린 것 같은데 이 때 맞은 웨이터 같았다. 그렇다면 이 전도사도 웨이터 출신인데 회심해 나처럼 신학교를 다니고 있는 경우였다. 정말 때린 사람은 기억 못해도 맞은 사람은 생생히 기억한다는 옛말이 조금도 틀리지 않았다.

나는 바로 꼬리를 내리고 사과부터 했다.

"죄송합니다. 전 기억이 잘 안 나는데 병훈이 이름을 대니 기억이 나네요. 사과하겠습니다."

내 사과는 진심이었다. 떠돌며 멋대로 행동했을 때 내 모습은 바로 이렇게 철이 없었다. 나의 진정성이 통했는지 상대로 화가 누그러지는 것 같았다.

"그래요. 앞으로 잘 하시는지 지켜보겠습니다."

정 전도사의 이 말은 신학생 내내 나를 지키는 버팀목이 되었다. 그의 말대로 사람인 정 전도사에게도 인정을 받지 못하면 하나님에게도 인정을 받지 못한다는 생각을 한 것이다.

그 일환으로 당시 유행이던 장발머리를 이발소에 가서 공무원 스타일의 머리로 단정하게 잘랐다. 이런 나를 보고 주변에서 정말 내가 변한 것을 인정해 주기 시작했다. 장발 단속할 때 전두환 대통령도 못 자른 내 머리를 자른 분이 바로 하나님이셨다.

이렇게 나와 신학교에서 우연히 만난 정 전도사는 웨이터 생활을 그만 두고 건어물 장사를 하는 중에 신앙생활을 열심히 하게 되었고 모든 것을 정리한 뒤 신학교에 왔다고 이야기 했다.

이후 나는 그가 나보다 서너살 어리지만 깍듯하게 예우했다. 옛날로 돌아가 조직계보로 보면 거들떠 보지도 않을 까마득한 후배지만 신학교에서는 나 보다 학년이 높은 선배로 잘 대접을 했다.

세상일은 참 놀랍다. 나에게 피해를 입은 그가 내가 한창 가정형편이 어려울 신학교 3학년 때, 한 학기 분의 학비도 내주고 쌀도 사주었기 때문이다. 정 전도사야 말로 나의 부족함을 선으로 갚아 준 고마운 분이었는데 하나님이 일찍 부르셔서 천국 가신 것이 그저 안타깝다.

신학교 시절, 육신을 죽이고 주님의 가르침만을 쫓아 살아간다는 것은 내겐 너무나 큰 고통이었다. 그러나 이 고통은 주의 길을 따르려는 사명자들에겐 반드시 거쳐야 할 길이었다.

20

담배와 술, 낚시를 끊다

신학교 입학을 결심하고서도 나는 담배를 끊지 못했다. 워낙 오랜 기간 피워 인이 완전히 배기기도 했지만 가슴으로 담배연기를 들여 마신 뒤 흰 연기를 시원하게 내보낼 때 느끼는 희열은 쌓인 스트레스를 해소하는 역할을 해 주었다.

그래서 아침에 눈 뜨자마자 담배를 피워 물며 기상을 알렸고 화장실에 가서도 한 대, 식사 후에도 한 대 등등 하루에 작게는 한 갑 정도 스트레스가 심하면 두 갑까지도 피웠다.

그런데 갑자기 나 자신에게 질문을 던지게 되었다. 담배도 하나 못 끊으면서 무슨 하나님의 종이 되겠다고 신학교에서 공부하느냐는 것이었다. 이 생각이 강하게 들면서 스스로 마음의 결단을 내렸다.

그리고 내가 간절히 기도하면 하나님께 담배를 끊게 해주실 것을 믿었다. 그리고 날자를 정해 3월 6일 밤 12시를 기해 담배를 끊기로 결심했다.

6일 11시 58분에 마지막 담배를 피웠다. 그리고 남은 담배를 모두 구겨서 쓰레기통으로 던져 버렸다.

다음날 아침, 눈뜨면서 나도 모르게 습관처럼 머리맡의 담배를 찾았다. 당연히 없었다. 이 때부터 하루 종일 담배를 피우고 싶은 욕구를 참느라 정말 힘들었다. 그 때마다 담배 대신 주님을 찾았다.

"주님. 담배가 더 이상 피고 싶지 않도록 도와 주세요. 니코틴 중독에서 벗어나게 해 주세요. 신학생 될 사람이 담배를 피우면 안되잖습니까"

담배도 결국 인간적인 욕망, 세상적인 욕망의 하나다. 담배를 끊는 것은 그동안 세속에 얽매였던 옛날의 나를 버리는 것이기도 했다.

당시는 거리의 신문가판대에서 한 개피씩 담배를 팔았다. 한 갑을 살 수 없는 돈 없는 사람들이 사서 피우거나 나처럼 금연을 선포해 놓고 딱 한 개피만 더 피우겠다며 사서 피는 사람들을 위한 것이라 여겨진다.

나도 이 개피 담배 판매대 앞에서 담배를 한 대만 사서 피우겠다고 망서린 적이 한 두 번이 아니었다. 그러나 이렇게 담배의 유혹이 있을 때마다 기도하며 위기를 넘겼다. 내가 담배를 끊은 것을 아내가 먼저 알아 차렸다.

"여보 당신에게서 담배냄새가 요즘 안 나네. 정말 담배 끊었나봐
요?"

신기해 하는 아내에게 자신있게 담배 끊었음을 알렸다. 이후 난
담배와 완전히 이별했다. 시간이 지나면서 담배를 피우고 싶다는 생각
이 전혀 나지 않았다. 하나님의 은혜였다.

예전의 나는 술도 말술을 마시곤 했다. 체력이 좋은 편이어서 먹어
도 먹어도 잘 취하지 않았다. 맥주는 화장실을 들락거리며 계속 마셨
고 양주를 먹어야 몸에 알콜이 들어왔다는 느낌을 받을 정도였다.

그 중에서도 제일 좋아하는 술은 서민들이 가장 많이 찾는 술, 소
주였다. 적당한 느낌의 알콜이 입과 식도를 타고 흐르며 주는 짜릿한
느낌과 맛, 냄새는 나를 소주매니아로 만들었다.

하루라도 술을 거르는 날이 없을 정도로 즐겼다. 그러나 주사는
없어 실수하는 법이 없었다. 잘 취하지 않으니 오히려 친구나 후배 동
료들이 취해서 비틀거리면 그들을 집까지 데려다 주는 것이 언제나 내
몫이었다.

그런데 예수를 믿고 은혜를 체험하고 교회생활을 열심히 하면서
신학생이 되었고 술은 자연히 멀어져 갔다. 사실 술은 스스로의 인내
력으로 어느 정도 제어가 가능했다.

신학교 2학기가 시작되어 2달여 된 10월 말이었다. 방배동 신학교에서 집인 면목동으로 오려면 2호선 전철을 타고 건대입구역에서 내려 버스로 갈아타는 것이 가장 빨랐다.

이날도 수업을 마치고 건대입구역에 내리니 6시 남짓 된 것 같았다. 역 근처에 저녁장사를 준비하는 포장마차 수십곳이 문을 열 준비를 하고 있었다. 버스타는 곳으로 걸어가는데 어디서 꼼장어 굽는 냄새와 알싸한 소주냄새가 바람에 실려 내 코로 날라왔다.

갑자기 소주 한 잔 하고픈 욕구가 치밀어 오르는데 억제하기 힘들었다. 그동안 잊었던 소주 맛이 얼마 그리운지 손까지 떨릴 정도였다. 정말 한 잔만 마시고 싶었다. 온 몸이 알콜을 부르고 있었다.

"야 일현아. 지금 아무도 안보잖아. 학교 근처도 아니고 그냥 포장마차에 들어 가 딱 한 잔만 해. 그리고 집에 가면 되잖아. 한 잔인데 어때."

나를 향해 속삭이는 이 음성을 정말 뿌리치기 힘들었다. 발걸음이 포장마차를 향해 막 다가가려는 순간 또 다를 음성이 나를 향해 말을 하고 있었다.

"일현아. 넌 아직 멀었다. 신학생이 되어 그깟 유혹 하나 못 이겨내고 딱 한 잔이라는 핑계를 대고 마시려 하느냐. 그러려면 차라리 신학교 자퇴하고 마셔라."

　한참을 서성였다. 결국 포장마차에서 발걸음을 돌이키는데 신발이 천근 만근이었다. 간신히 욕구를 물리치고 버스를 탔는데도 내내 소주냄새가 내 코를 떠나지 않았다. 참 이상한 일이었다. 버스 안에서도 '그냥 한 잔 했어야 했는데' 라고 후회를 하기도 했고 돌아가고 싶은 마음도 있었지만 버스에서 내리지는 않았다.

　지금 생각하면 이것은 나를 향한 마귀의 영적 공격이 아니었나 생각된다. 신학교에서 공부하는 나를 무너뜨리는 지름길은 내가 가장 좋아했던 술을 다시 마시게 하는 것임을 마귀가 잘 알았기 때문이었을 것이다.

　이 소주냄새는 무려 3일간 나를 따라다니며 나를 괴롭혔다. 그 때마다 통성으로 마음으로 주님을 찾으며 기도했고 하나님은 결국 이길 힘을 주셔서 고비를 다 넘기고 담배처럼 술도 완전히 끊을 수 있게 되었다.

　나의 가장 큰 취미는 낚시였다. 조용히 낚시터를 찾아 맑은 공기를 마시며 손맛을 느끼는 즐거움은 대단했다. 또 낚시를 해 잡은 고기를 바로 회를 쳐 소주와 마시는 맛은 내가 갖는 최고의 기쁨이자 취미였다.

　그런데 이 낚시도 예수를 믿고 신학교에 가서는 가지 못했다. 평일은 신학교에 가고 주일은 교회서 봉사를 하니 짬이 나지 않았다. 토요일은 아내가 하는 문방구에 물건을 떼어다 주거나 밀린 일을 하느라 매우 바빴다.

낚시를 하고 싶어도 시간이 없는 상태였다. 어느날은 전철을 타고 가다 보니 한강변에서 낚시꾼들이 모여 낚시를 하는 것을 보았다. 순간 미친 듯이 낚시가 하고 싶어졌다.

나도 모르게 강변 전철역에서 내려 낚시터로 이끌리듯 찾아갔다. 그리고 나도 모르게 참 한심한 기도를 드리고 잇었다.

"하나님. 저 낚시 딱 한 번만 하면 안될까요. 한 번만 낚시하게 허락해 주세요."

이런 내게 전광석화처럼 떠오르는 성경말씀이 있었다. 이것은 분명 성령이 주시는 감동이었다.

"육체의 소욕은 성령을 거스르고 성령은 육체를 거스르나니 이 둘이 서로 대적함으로 너희가 원하는 것을 하지 못하게 하려 함이니라"(갈 5:17)

정신이 번쩍 들었다. 나는 뒷걸음을 치며 낚시터를 빠져 나왔고 잠시 세상을 부러워 하며 옛날로 돌아가고 싶어했던 것을 회개했다.

하나님은 나를 신학생으로 불러 사명자의 길을 걷도록 하시면서 이렇게 옛 구습을 하나 하나 허물벗듯 벗어 던지게 해 주셨다. 이런 세상의 유혹은 예수 믿고 구원받고 성령을 받는다고 해서 하루 아침에 눈녹듯 사라지는 것이 결코 아니었다.

결국 나를 죽이고 깨어지고 낮추며 회개하는 속에서 얻어지는 선물이었다. 내가 그토록 좋아했던 술과 담배, 낚시와의 결별은 그 만큼 하나님과 더 가까워지는 계기를 마련하는 것을 의미했다. 하나님은 잃는 것만큼, 내가 포기한 것만큼 은혜를 부어 주시는 분이셨기 때문이다.

21

예수 믿어 변화된 품성

언젠가 후배 한 명이 내게 이런 말을 한 것을 들은 적이 있다.

"형님이 조직세계에서 어린 나이에 아주 빠르게 컸던 이유가 네 가지 있습니다. 첫째 빠른 상황 판단으로 아주 민첩하게 행동하시고 둘째는 어떤 엄청난 일이 벌어져도 전혀 놀라지 않는 담력과 배짱이 대단하신 것 같아요. 그리고 어느 누구와도 맞설 수 있는 강한 체력(싸움실력)에다 상대를 지혜롭게 다루시는 대화 기술이 뛰어나신 것 같습니다."

물론 이것은 내게 좋은 소리로 들으라고 하는 아부성 멘트라 여기지만 사실 전혀 틀린 것도 아니다. 내 장점을 부각시켜 말해 주었기 때문이다.

　사람은 누구나 장점과 단점이 있다. 후배가 말한 내용들은 내 장점일 수 있지만 난 사실 단점도 많다. 내 원래 성품은 아주 다혈질적인 면이 강하다.

　어떤 불의한 상황이나 아닌 것을 모른 척 하고 넘어가는 것을 잘 용납하지 못하는 성격이다. 그러다 보니 후배들 선배들 사이에서 의리를 저버리고 자기 속셈만 채우는 경우를 보면 이를 넘기지 못하고 분노를 터트리곤 했다.

　이런 성격 때문에 교도소 생활을 하면서도 곤욕을 치룬 일이 한두 번이 아니었다. 교도소 안에서 못마땅한 내용이 생기면 내가 난동을 부린 적이 얼마나 많았는지 한 때 어느 교도소도 나를 안받겠다고 했을 정도였다.

　신학생이 되어 술과 담배를 끊고 내가 좋아하던 것들을 하나 둘 내려 놓으면서 나는 조금씩 조금씩 변해야 했다. 나의 과거를 모르는 사람도 있지만 나를 아는 사람들은 내가 조금만 인상을 써도 금방 겁을 먹는다. 강한 인상인데다 내 전력에 놀라기 때문이다.

　내가 신학교에 간 이상 내 안의 잠재된 성격이 튀어 나오지 않도록, 화를 내지 않도록 늘 기도했다. 그래서 이 무렵 기도할 때마다 나는 "어떤 상황에서도 분을 내지 않고 화를 잘 다스리고 주님의 마음으로 행동할 수 있게 해 주소서"라고 앉으나 서나 기도했다.

　내 안에 자리한 구습(舊習)은 내가 새로운 신앙의 세계에 들어가면서 반드시 버려야 할 것들이었다. 그러지 위해서는 금식이 최고라고 해서 수시로 3일 5일 일주일씩 금식을 했다. 주변 사람이 이를 알면 괜히 티를 내는 것 같아 식사시간 전에 조용히 사라지곤 했다. 정말 이 금식을 통해 내 심성은 많이 깨지고 자아는 죽었다.

당시 난 신앙생활을 열심히 하면서 주변에 덕이 되지 않는 오락실을 폐업하고 대신 문방구를 열었다. 그래도 아직 어린 자녀들을 데리고 살면서 생활을 해야 하니 장사를 하긴 하는데 주로 초등학교 대상의 문구류 판매는 그리 장사가 잘 되는 편이 아니었다. 오락실에서 벌던 수입에 비하면 입에 풀칠을 하는 정도였다.

그래도 문방구서 판매하는 물건은 정기적으로 사와야 했다. 물건을 가져오는 문구도매상은 주로 동대문과 청계천에 다 몰려 있었다. 그래서 내가 신학교에 가지 않는 토요일에 이 동대문과 청계천에 나가 한 주간 동안 팔 문구류와 장난감 등을 한 보따리씩 직접 사오곤 했다.

어느 토요일이었다. 그날도 물건을 하러 가기 위해 내가 사는 면목동에서 청계천으로 가는 버스를 탔다. 난 운전기사와 반대되는 오른쪽 좌석에 앉아서 가는 중에 교복을 입은 여중생이 한 명 내 옆에 서 있었다. 신설동 쯤 왔는데 내 앞 여학생의 얼굴이 아주 창백해 보였다.

서 있는 모습이 너무 힘들어 보여 내가 자리를 양보해 주어야 하나 생각하는 순간이었다. 갑자기 여중생이 손을 입으로 가져 가더니 심하게 구역질을 했다. 차멀미였다. 어떻게 손 쓸 여력도 없이 여중생은 구토물을 내 바지와 차바닥에 가득 쏟아냈다.

이 모습을 운전하며 본 기사가 대뜸 여중생을 행해 거친 말을 쏟아내기 시작했다.

"어휴. 미치겠네. 차멀미 하면 차를 타지 말아야 할 것 아냐 이 년아. 손님 옷도 버리게 만들고. 아이 X발, 차 청소하려면 골치 아프겠네."

얼마나 큰 소리로 야단을 치는지 여중생은 어쩔 줄 몰라하며 결국 눈물을 보였다. 또 바지를 버리게 한 내게 고개를 숙이며 연신 죄송하다고 했다.

난 즉시 뒷주머니에서 손수건을 꺼니 내 바지를 먼저 닦으려다 여중생에게 먼저 손과 입을 닦으라고 했다. 그리고 기사를 향해 나직하게 말했다.

"기사아저씨. 이 학생이 일부러 그런 것 아니잖아요. 갑작스레 멀미한 것인데 너무 나무라시면 안되죠. 제가 좀 치울테니 고정하세요."

난 남이 갖고 있던 신문지를 받아 바닥의 오물을 닦고 내 옷의 오물도 털어내어 닦았다. 계속 어쩔 줄 모르는 여중생에게는 괜찮다고 눈짓을 해 주었다. 버스 안 주변의 사람들도 내 행동에 감동해 하는 눈치였다.

다음 정거장이 바로 내가 내릴 곳이었다. 버릴 신문지를 들고 차를 내리는데 여중생도 따라 내렸다.

"아저씨는 괜찮다. 놀랐겠다. 좀 쉬었다 다시 차 타고 가렴. 조심하고, 아저씨는 교회전도사란다. 학생 혹시 교회 안 나가면 앞으로 교회 나가고 예수 잘 믿으면 좋겠다."

여학생은 몇 번이나 내게 고개를 숙이며 감사를 표했다. 문구도매상으로 발길을 돌리는데 갑자기 내 마음을 쿵 하고 때리는 것이 있었다.

"그래. 이건 분명 예전의 내 모습이 아니야. 예전의 나라면 분명 화를 내고 여학생에 야단까진 안치더라도 내 손으로 오물을 직접 치우는 일은 결코 하지 않았을 것이다. 정말 내가 변한게 맞네."

그때서야 내가 거친 내 성품을 바꾸어 달라고 늘 기도한 것이 기억났다. 하나님이 그 기도에 응답해 주신 것이 아닌가 나 스스로도 내 모습에 신기했다.

얼마 후엔 다시 한번 달라진 내 성격을 테스트하는 사건이 발생했다.

추석 대목에는 문방구에서 팔 물건을 평소보다 서너배는 해와야 했다. 아이들이 추석에 친척들이 주는 용돈을 받아 바로 문방구로 달려와서 평소 사고 싶었던 장난감을 사가기 때문이다.

워낙 물건을 대량 사야 하니 신학교에 같이 다니던 K전도사에게 도움을 청했다. 추석대목 장난감들을 내가 사면 이것을 들고 따라와 주는 사람이 꼭 필요했던 것이다.

물건을 대충 사고 보니 큰 보따리로 두 개나 되었다. 물건 구입비도 부족해 이곳 저곳에서 아내가 돈을 융통해 산 것들이었다. 정리를 하다보니 돈이 좀 남았고 빠뜨린 것도 있어 K전도사에게 이 보따리들을 지키고 있으면 내가 가서 빨리 물건을 사오겠노라고 했다.

헐레벌떡 다녀 오니 K전도사가 시장주변 상인들의 바쁘게 움직이는 모습들을 신기하게 바라보고 있었다. 그로서는 추석을 앞 둔 시장 풍경이 재미있었을 것이다. 그런데 아까 쌓아둔 물건 두 보따리가 보이지 않았다.

"전도사님 물건 어디갔어요."

"어 이상하다. 조금 전에 분명히 있었는데."

K전도사의 얼굴이 그때서야 하얗게 질렸다. 추석 전이고 워낙 많

은 사람들이 오가는 시장통이라 잠시 한 눈을 판 사이 물건이 싹 사라져 버린 것이다.

나도 맥이 탁 풀렸다. 이 많은 물건을 돈까지 빌려서 산 것이고 이 것을 팔아 빌린 돈도 갚고 대목 장사를 해서 그동안의 적자를 좀 만회 해야 하는데 머리가 멍해지며 아무런 생각이 나지 않았다. 이 물건이 없으면 추석엔 아예 문방구 문을 닫아야 할 상황이었다. 팔 물건이 없는데 어떻게 장사를 한단 말인가.

난 지긋이 눈을 감았다. 그리고 마음의 안정을 달라고 기도했다.

내가 지금 자기 책임을 다하지 못한 K전도사를 나무라고 다그친다고 그 물건이 돌아오는 것이 아니었다. 돈은 잃어도 K전도사와의 우정은 잃으면 안 된다는 생각이 들었다.

이 큰 액수를 그에게 물어내라고 한들 물어낼 수도 없는 처지였다. 안절부절 못하는 K전도사에게 씩 웃으며 이렇게 말했다.

"할 수 없죠. K전도사님. 물건 찾도록 우리 기도합시다. 이 가운데 하나님 뜻이 있는지도 모르니 감사하자구요."

이렇게 말하는 내가 놀랐다. 그리고 정말 감사했다. 하나님께서 내 부족한 인격을 바꾸어 주시고 계시다는 생각이 들었기 때문이다. 나는 물건이 있었던 근처의 가게주인 아주머니에게 물건을 잃어버린 이야기를 한 뒤 혹시 누가 잘못 가져가서 돌려주러 오면 여기로 전화해 달라고 부탁을 했다. 그러자 아주머니는 이렇게 대답했다.

"아이고 사장님. 잊어버리세요. 내가 여기서 28년간 장사를 하는데 이런 일이 수없이 많아요. 물건 찾는 경우를 한 번도 못봤습니다. 그냥 잊으시는게 속이 편합니다."

나는 그래도 메모를 드리겠다고 하고 내 이름과 집전화번호를 기록했다. 그리고 이름 뒤에 나도 모르게 전도사를 붙였다. 그런데 내게 쪽지를 받더니 자신은 장로교회 권사라고 반가워 하셨다. 전도사인 내 상황을 안타깝게 여기고 이후 물건 찾는데 수소문하고 신경을 써서인지 이틀 후 물건을 잘못가져갔다는 사람으로부터 전화가 걸려왔다.

난 '할렐루야'를 외치며 좋으신 하나님을 찬양했다. 물건을 찾아 추석대목장사를 잘 할 수 있었고 K전도사도 졸였던 마음을 내려 놓았다.

하나님은 이렇게 부족하고 죄 많았던 나를 신학생으로 삼아 공부를 시키면서 인격까지 하나 하나 다듬어 주고 계셨다. 참으로 놀라운 일이었다.

만약 내가 잃어버린 물건을 놓고 화를 내거나 불평을 했다면 부끄러웠을 것이다. 감사하자고 했던 것 자체가 하나님의 은혜였다. 잃었을 때 감사했기에 찾았을 때 하나님께 진정한 감사를 올릴 수 있었다.

22

노방전도자로 나서다

신학교에 입학한 지 엊그제 같은데 1학년이 훌쩍 지나갔다. 신학교에서 2학년 부터는 내가 시무하는 교회를 제대로 정해 전도사로 사역을 해야 나중에 전도사 경력으로 인정받아 목사 안수 자격이 된다는 이야기를 해 주었다.

그동안 그럭 저럭 평신도로 교회를 다녔지만 이젠 신학교가 속한 교단의 교회에서 전도사로 활동해야 한다는 뜻이었다. 나는 그동안 내가 다니던 나사렛교단의 목사님께 말씀드려 이 부분 양해를 구하고 집 근처 신학교 교단 교회인 성산교회를 추천받아 신년도 1월1일자로 교회를 옮겼다.

새교회 교회학교 전도사로 임명을 받았지만 난 여전히 '아멘'도 큰 소리로 못하고 매사에 소극적인 전도사였다. 신학교 다닐 때도 그랬지만 막상 교회 전도사 직책을 맡고 보니 여전히 몸에 안 맞는 옷을 입은 것처럼 쑥스럽고 부자연스러웠다.

그동안 은혜도 받고 성령도 체험하고 하나님의 종으로 살기로 서원해 신학교를 다니지만 그 은혜와 영성이 항상 나를 따라 다니는 것이 아니었다 나는 부족한 인간인지라 은혜도 넘치지만 수시로 부딪치는 갖가지 문제에 여전히 상처입고 이 길이 바른 길인지 회의를 느끼곤 했다.

이런 내게 하나님은 다시 한번 신앙의 확증을 주셨다.

밤마다 기도의 시간을 내어 기도를 했던 나는 내 삶을 인도해 전혀 다른 사람으로 바꾸어 주신 것을 항상 감사했다. 그리고 주님의 사랑에 감격하며 주님이 원하시고 기뻐하시는 삶을 살게 해달라고 늘상 기도했다. 그리고 그것은 이미 여러 부분에서 나타났고 변화된 내 모습이 이를 증명했다.

1987년 1월1일 밤이었다. 그날도 교회가 있는 지하실 성전에서 12시 밤기도를 시작하며 찬양부터 부르기 시작했다. 그리고 본격적인 기도를 시작했는데 얼마나 깊은 기도에 들어갔는지 잠시 정신을 잃고 말았다.

비몽사몽간에 갑자기 앞이 환해지는 것을 느낄 수 있었다. 마치 어두움에 있다가 커텐을 열었을 때 빛이 한꺼번에 밀려오는 것 같은 눈부심이었다.

그러면서 노란 불빛이 내가 기도하던 교회당 안에 가득 차고 있음을 발견했고 자세히 보니 십자가였다. 그리고 예수님이 그 속에서 피 흘리며 서 계시는 환상이 보였다, 너무나 놀란 나는 얼음처럼 굳어져 꼼짝 못하고 무릎을 꿇고 있었다.

그런데 한 여인이 예수님 발 앞에 엎드려 있는데 한 눈에 보아도 어머니였다. 예수님은 무릎꿇어 엎드린 어머니를 한손으로 감싸시며 쓰다듬으셨고 그 다음 내게 이렇게 말씀하셨다.

"내가 너를 사랑해 너의 어머니를 통해 내 사랑을 전했것만 언제나 넌 내 음성을 듣지 않았다. 수 많은 시간을 어머니가 너를 위해 기도하고 복음을 전한 것을 기억하느냐. 너를 위해 네 어머니가 얼마나 큰 희생을 치르고 천대와 멸시를 받았는지 아느냐. 이제는 더 이상 어머니의 기도가 헛되이 되지 않도록 너도 전도자로서의 삶을 살아야 한다."

너무나 생생한 환상이었다. 나는 하나님께서 환상을 통해 내게 분명한 메시지를 주신 것이라 확신했다. 여전히 미지근한 태도록 신앙생활하며 신학교를 다니던 내게 이 일은 엄청난 경종을 울리는 사건이었다. 한마디로 예수님께서 환상 속에서 나타나 내게 명령하고 사명을 주신 것이기 때문이다.

잠시 정체돼 있던 내 신앙이 다시 불이 붙었다. 그리고 그것은 그동안 내가 부끄러워 하지 못했던 전도로 나타났다. 하나님은 살아계시고 역사하시는 분이시라는 사실, 또 인간의 구원자로 오신 예수님을 알리고 소개해 복음을 나누는 일이 얼마나 소중하고 귀한 일인지를 가슴깊이 깨달았다.

사명자는 복음을 전하는 자였다.

나는 바로 다음날 전도지에 교회안내 스탬프를 일일이 찍은 뒤 바로 거리로 나갔다. 그리고 동네 곳곳에 다니며 전도지를 나눠주고 예수믿으라고 전도를 했다.

나를 아는 대부분의 동네 사람들은 "송사장, 예수 믿는다는 이야기는 들었는데 이젠 예수쟁이가 되어 미쳐버렸다"는 이야기까지 돌았다. 그런 소문은 내겐 이제 아무런 창피함을 가져다 주지 않았다. 하나님이 내 마음에 전도의 불씨를 피워주셔서 내 가슴이 복음전도의 열망이 화롯불처럼 활활 타고 있었기 때문이다.

전도지를 들고 동네를 몇바퀴 돌며 전도를 다 했고 이젠 인근의 청량리 588번지 사창가에까지 전도지를 들고 진출했다. 588 아가씨들은 오후 5시가 되면 요란한 화장에 현란한 옷을 입고 노상에서 손님들을 유혹했다.

나는 이 시간을 이용해 아가씨들에게 전도지를 한 장씩 주며 복음을 전했다. 대부분 재수없다며 나를 피하거나 전도지만 받고 고개를 돌렸지만 난 개의치 않았다. 동네 깡패들이 이런 나에게 장사 방해 하느냐며 우르르 다가왔지만 막상 나를 보면 전력을 알아보는 이가 꼭 있어서 이내 사라져 버렸다.

토요일 오후에는 교회학교 어린이들을 교회로 모이게 했다. 그리고 빨간색 천으로 만든 고깔모자를 씌우고 코주부 코를 끼운 뒤 큰 북을 치며 노방전도를 나서도록 했다. 동네 큰 북소리가 울려 무슨 일인가 하고 주민들이 나오면 초등학교 어린이들이 줄지어 가장행렬을 하며 전도지를 나누어 주었던 것이다.

전도에 한창 불이 붙은 나는 내가 통학하는 전철 안에서도 그냥 가지 않았다. 역 대합실이나 전철 안 승객들에게 아주 정중하고 예의 있게 인사를 한 뒤 전도지를 건네면 모두들 뭔가 하고 받았다.

난 이 때 마다 이렇게 말했다.

"감사합니다. 지금 제가 드린 이 종이 한 장에 진정한 생명과 영생, 구원의 진리가 들어 있습니다. 꼭 읽어 보시고 인생의 해답을 찾으시길 바랍니다. 오늘도 행복한 하루 되시길 바랍니다."

개인 전도에 노방전도, 지하철 전도를 하면서 아예 신학교 학생들로 전도팀을 꾸렸다. 그리고 사람들이 가장 많이 모이는 서울 반포동 고속버스터미널 역에서 노방전도를 하기 시작했다.

그런데 이곳 경비원들은 매우 사나워 전도하다 발각되면 전도용품도 다 뺏기고 곤욕도 치루어야 했다. 나눠주는 전도지를 사람들이 길에 막 버리기에 이것을 청소하는 것이 여간 곤욕이 아니라고 했다.

그러다 보니 이곳에서는 전도가 소극적이 될 수밖에 없었다. 경비원이 뜨면 도망을 쳐야 하니 대원들이 아주 힘들어 했다. 나는 대원들에게 마냥 피하지 말고 정정 당당하게 전도하게 해달라고 말하라고 했다.

하루는 전도대원들과 전도하는 중에 4~5명의 경비대원들이 우르르 몰려왔다. 대원들이 피하려고 하기에 나는 가지 말라고 했다.

"우리가 나쁜 짓을 하는 것도 아닌데 왜 피합니까. 가만히 계셔보세요."

이곳의 경비대장이 상덕이라고 한참 아래 조직 후배 출신이었다. 형님(나)이 죽었다는 소식만 나돌았는데 신학생이 되어 전도하고 있는 것이 너무 놀랍다며 정말 일현이형이 맞느냐고 몇 번이나 되물었다. 나는 아우로부터 버스터미널에서 마음껏 전도하면 막지 않겠다고 약속을 받았다. 단 길에 버려져 있는 전도지는 우리가 주워 가기로 했다. 이렇게 터미널 전도는 자유롭게 하게 되었는데 모두가 하나님의 은혜였다.

신학교 1학년을 지나며 하나님은 많은 것으로 나를 훈련시키고 단련시키며 은혜를 허락하셨다. 지금 돌이키면 하나님이 쓰시려고 차근차근 준비를 하도록 인도하신 것이었다. 놀랍고 감사한 일이었다.

23

정선 나전기도원에서의 첫 설교

신학교 1학년이 끝나갈 무렵인 1986년 1월 초순이었다. 겨울방학 기간이라 신학생들로 구성된 우리 전도대는 방학 기간이지만 전도활동을 쉬면 안된다는 의견이 모아져 무엇을 할 것인가 의논을 했다.

그런데 마침 동급생 S전도사가 자기 고향인 강원도 정선 나전면의 한 마을이 교회도 없고 교회를 다니는 사람도 없으니 단체로 와서 전도를 해달라는 요청을 해왔다.

전도대원들은 모두들 좋다고 의견을 모았고 이렇게 7명이 한겨울인 1월에 나전면으로 향했다. 숙소 걱정을 했는데 마침 인근에 나전기도원이라고 여원장님이 운영하는 곳이 있어 잠자리를 제공받기로 했다.

우리는 낮에는 가가호호 다니며 전도를 하고 밤에는 기도원에서 부흥회를 가지며 기도하기로 계획을 짰다.

막상 전도장소로 떠나는 무렵에 겨울 한파가 몰아 칠 때였다. 강원도가 날씨가 춥고 눈이 많이 오는 것은 알았지만 이렇게 바람도 매섭고 눈도 많이 쌓여있는지 미처 알지 못했다.

우리는 눈보라를 뚫고 현지에 도착했고 기도원에서 짐을 풀고 나니 저녁 예배시간이 되었다. 예배만 참석하면 되려니 했는데 원장님이 모처럼 전도사님들이 오셨으니 오신 전도사님 중에 한 분이 저녁설교를 해달라고 하는 것이었다.

처음엔 거절을 했는데 워낙 완곡하니 더 이상 거절을 못하고 서로 눈치만 보는데 모두 나를 쳐다 보았다. 내가 제일 연장자였기 때문이다.난 할 수 없이 승낙을 했고 간절하고 뜨겁게 기도했다.

"하나님. 준비도 없이 강단에 섭니다. 주님이 지켜주시고 힘을 주셔야만 합니다. 함께 해 주셔서 최소한 망신은 당하지 않게 해주세요."

강단에 올라가니 우리 신학생을 제외하면 8명의 성도가 있었다. 원장으로부터 미리 이야기를 들은 분들이었다. 2달 시한부를 선고받은 여성 50대 암환자를 비롯해 60대 신부전증으로 힘들어 하는 남성분, 귀귀신들린 30세 가까운 처녀가 참석했다. 또 인근 열악면에 사는 주부 한 분이 동네에서 심한 깡패짓을 하며 사고를 치는 중3 아들을 마음잡게 하려고 강제로 데리고 와서 앉아 있었다. 그 외 몇 분이 있었지만 기억이 나지 않는다.

하기에 이 산골짜기 작은 기도원에 문제를 안고 있어야 오지 그냥은 예배드리러 오지 않을 것 같기도 했다.

강단에 서서 기도를 하고 설교를 하려는데 내가 내려다 보고 바닥에 앉은 성도들이 나를 올려다 보는 것 자체가 마음에 들지 않았다. 기독교에 대해서도 모르고 오직 병을 치유하고 문제를 해결 받겠다고 기도원을 찾아온 이들에게는 감동의 설교 보다 원색적인 치유가 더 급해보였다.

난 강단에서 내려와 몇 안되는 성도들과 둥그렇게 둘러 앉자고 했다. 내가 정 중앙 강대상 쪽에 앉고 신학생들을 성도들 사이 사이에 끼여 앉도록 했다.

그리고 서로 손을 잡게 한 뒤 우리가 잘 아는 찬송 '나 같은 죄인 살리신'(어메이징 그레이스) 곡조에 가사를 '믿습니다'를 연속해 부르도록 찬양을 이어 나갔다.

마음의 문이 열리도록 이렇게 몇 번 부르는데 귀신들린 여청년이 혼자 "쳇. 믿긴 뭘 믿어. 믿어져야 믿지."라고 하는 것이 느껴졌다. 다른 사람은 모를 정도였지만 나는 영적으로 그 느낌이 반짝 감지가 된 것이다.

난 그 여청년을 쳐다보면서 "왜 믿어지지 않느냐. 하나님은 살아계신다"고 했더니 "내가 언제 그런 말을 했느냐"고 반문하는데 내가 할 말이 없었다. 오히려 내가 이상한 사람이 되고 말았다.

그런데 계속되는 찬양 중에 여청년의 그 느낌은 그대로 내게 느껴졌고 나는 결국 참다 못해 목소리를 크게 내고 말았다.

"뭐 믿어져야 믿는다구. 하나님은 살아계셔. 너 어디서 그런 소리를 해. 너 자매 안에서 역사하는 더러운 귀신이지. 지금 당장 그 몸에서 나와. 예수 그리스도의 이름으로 명한다. 나와라."

내 몸 어디에서 그렇게 큰 목소리가 나오는지 나도 몰랐다. 그런데 나의 이 추상같은 목소리에 그 처녀는 얼굴이 노래지면서 옆으로 푹 쓰러졌다.

우리는 찬송을 계속 불렀고 나는 그런 처녀를 그대로 놔 두라고 했다. 찬송을 하는데 이번엔 신부전증 60대 남자가 벌떡 일어나더니 펄쩍펄쩍 뛰기 시작했다. 병색이 완연해 앉아있기도 버거워 하던 그가 이런 모습을 보인 것에 모두들 놀라워하면서 하나님의 임재를 인정하지 않을 수 없었다.

환자답지 않게 얼마나 펄쩍 펄쩍 뛰는지 신학생들이 옆에서 다칠지 모르니 좀 잡아주라고 햇을 정도였다.

놀라운 일은 여기서 끝나지 않았다. 말썽만 부리던 중3 아들이 이날 울면서 어머니에게 잘못했다고 했고 한 분은 다리 한 쪽이 짧아 절면서 걸었는데 고침을 받았다고 간증을 했다.

이 날 치료받은 귀신들린 여청년은 후일 신학교에 입학했다며 직접 짠 목도리를 내게 보내주었다.

난 나도 놀랐다. 정말 아프고 고통받는 영혼들이 불쌍하고 안타까워 강대상에서 내려와 찬양하며 기도만 했을 뿐인데 놀라운 성령의 임재와 치유가 이날 이 기도원에서 일어난 것이다.

이날의 소문은 동네에 짝 퍼졌고 이튿날 저녁 집회엔 전날 보다 배 이상인 30여명의 사람들이 모였다. 난 내가 원하지 않은 상황에서 계속 부흥회를 이어가지 않을 수 없었고 놀라운 신유의 기적은 이어졌다.

예배 후 내게 안수기도를 해 달라는 사람들이 이어졌는데 난 사람들을 통성기도를 시킨 뒤 한 분 한 분 안수기도를 했다. 나 혼자 하면 그래서 기도원 원장님과 함께 손을 얹고 기도했다.

그런데 자궁암에 걸려서 왔다는 한 50대 자매를 위해 기도할 때는 내 손이 저절로 그 분의 배 위에 얹어지면서 "나사렛 예수의 이름으로 명하노니 이 여인을 괴롭히는 더러운 암은 물러가라"고 강하게 소리치며 안수했다. 그런데 그녀도 배가 아프다며 쓰러져 뒹굴었다. 원장님이 자매를 데리고 화장실에 갔는데 검은 암덩어리들이 쏟아져 나왔다고 한다.

이날도 귀신 들렸던 여고생이 정신을 차리고 많은 기적적인 신유와 변화의 역사가 일어났다. 나는 하나님의 영적세계에 대해 알긴 했지만 이렇게 눈 앞에서 드러나고 치유되는 현장을 보며 놀라움과 감사함, 사명감을 모두 느꼈다.

그리고 이 때 강단에 서서 주의 종으로서 사역한다는 것이 얼마나 귀하고 또 큰 일인지 몸으로 느끼게 되었다. 주님의 권능을 덧입어 그 능력을 나눌 수 있는 것이 주의 종이란 것을 확고히 인식하게 되었다.

나는 내게 이런 은혜를 주신 하나님께 감사하며 이제 주의 종으로 더 열심히 맡은 사명을 다해야 한다는 다짐을 하게 되었다.

24

영과 혼과 육을 바르게 깨닫다

하나님의 살아 역사하님과 성령의 운행, 치유의 기적들을 목격한 나는 신학교 2학년이 되면서 한층 더 다듬어졌다. 신학교생활과 공부도 열심히 하고 봉사하는 교회의 전도사로서의 책임도 다하려고 노력했다.

당시 내가 전도사로 시무하던 교회는 성도가 150여명 출석하는 소형 교회였는데 매일밤 12시만 되면 교회를 찾아가 방음이 되는 지하실에서 기도를 했다. 내가 하나님 앞에서 목회자로 바르게 쓰임받고 사명을 잘 지켜나가길 간구하는 기도였고 '자정기도'는 내가 서원한 것이기도 했다.

그런데 의외로 교회를 찾아오는 사람들이 많았다. 문을 열어 놓으면 들어왔다 교회 비품을 훔쳐가기 때문에 문을 잠그곤 하는데 기도하다 요란하게 문을 두드리는 소리엔 나가지 않을 수 없었다.

그래서 막상 문을 열어 보면 차비를 달라거나 먹을 것을 좀 달라고 하는 행려자들이 대부분이었다. 그것도 한 번 두 번이지 매일 찾아오는 사람들이 많아 나중엔 짜증이 났다.

처음엔 돈도 좀 주고 했는데 너무 자주 오는 사람들이어서 아예 무시하기로 했다. 그리고 문도 안 열어 주었더니 행패를 부렸다.

그냥 가시라고 하면 "교회는 만민이 기도하는 집인데 누구든 오게 해야지 문을 잠그면 되느냐"고 호통을 치기도 했다. 인상을 쓰면 교회서 찾아온 성도를 무시한다고 시비를 걸고 트집을 잡았다.

술 먹고 마음이 울적해져서 교회를 찾아왔다는 사람도 많았다. 다짜고짜 하나님이 계시면 어떻게 이러실 수 있느냐며 항의성 이야기를 시작하는 이도 있고 한없이 이야기 보따리를 풀어내는 이도 있었다.

나의 인내를 시험하는 것 같았다. 지금 생각하면 하나님이 나를 훈련 시킨 기간이었다고 생각한다.

가끔 정말 심한 사람이 와서 땡깡을 부리면 나도 큰소리가 나가게 되고 그 때 3층 사택에 계신 담임 목사님이 조용히 내려 오셨다.

"송 전도사님. 왜 그러세요?"

"네 이분이 다짜고짜 교회에 들어와 시비를 걸고 행패를 부리네요. 아무리 타일러도 내 말을 전혀 듣지 않습니다."

그러나 목사님은 조용히 웃으며 그 행패부리는 분을 향해 이렇게 말했다.

"잘 오셨습니다. 이리로 오셔서 여기 앉으세요."

목사님은 그의 횡설수설하는 이야기를 인내하며 다 들으시고 "이제 제가 기도해 드릴테니 기도를 받으시고 집으로 돌아가세요."하고 짤막하게 이야기 한 뒤 기도를 시작하셨다.

그런데 그 행패꾼이 기도가 끝나면 아무말 없이 인사를 꾸뻑하고 조용히 사라진다는 사실이었다. 난 신기했다. 내 앞에선 날 뛰던 사람이 왜 목사님 앞에서는 순한 양처럼 조용해지는지 그 이유가 궁금했다.

이런 일도 있었다. 그날은 교회 문을 안잠궜던지 밤에 기도하려고 교회에 들어와 보니 웬 술에 취한 남녀가 들어와 교회 안에서 껴안고 장난을 치고 있었다. 내가 다가가 "시간이 늦었으니 숙소를 찾아 가시라"고 했더니 대뜸 거친 답이 돌아왔다.

"야. 이 새끼야. 우리가 숙소를 갈 줄 몰라 안 가고 여기 왔겠니. 잘 때가 없어 교회에 온 건데 나가라니 이 교회 이래도 되는거냐."

안하무인이었다. 서로 목소리가 점점 커지자 이번에도 목사님이 내려 오셨다.

그리고 "두 분 교회 오셨는데 죄송합니다. 여기는 주무시기가 불편한 곳입니다. 새벽이면 예배를 드려야 하구요. 제가 두 분 위해 기도해 드리겠습니다."

목사님은 그 남녀 사이에 서서 두 손을 올리고 또 기도를 하셨다. 이번에도 그 사람들은 소리없이 사라졌다.

왜 나는 저들과 논쟁을 하거나 싸우는데 목사님은 저들에게 나지막하게 말하고 기도만 하는데 꼼짝 못하고 순종을 하는가?

그 답은 바로 영적 파워이자 영적 권위에 있음을 알게 되었다. 영적인 인간은 영이 영을 알아본다. 나의 영적 권위가 아직 낮은 수준이라 그들을 제압하지 못하는 반면 깊은 영적 내공이 있으신 목사님은 산만하고 공격하는 상대의 영들을 단번에 잡아버린다는 것을 알게 되었다.

나는 이처럼 영적인 세계가 아주 깊고 나름대로의 질서가 있다는 사실을 알고 이를 체험하게 되었다. 그리고 이 과정에서 배운 사실들이 있다.

인간은 육(肉), 혼(魂), 영(靈)을 가진 하나님의 피조물이다. 육체는 말 그대로 우리 몸을 구성하는 신체(身體), 그 자체로 많은 사람들이 육체의 건강을 위해 영양을 섭취하고, 운동하며 건강을 추구한다.

혼은 우리의 의식과 생각으로 새로운 지식을 탐구하고, 생각을 관리하며 감정을 조절한다. 또 의지를 견고히 하도록 수양을 하고 도

덕과 윤리를 강조하는 것은 혼의 건강을 위한 것이다.

영은 하나님으로부터 내려 오는 것으로 성령인지 악한 영인지를 스스로 잘 살피고 알아야 한다. 이 영은 아직 과학적으로 존재 자체를 인정받지 못하고 있다. 그래서 크리스천조차도 애매하게 생각하고 있는 경우가 많다. 그래서 영이 하는 일을 인정하지 않기도 한다.

우리는 영혼이라는 말에 익숙하고 자주 쓰는데 이는 많은 사람들이 인간을 육체와 정신(영혼)으로 구분하는 이원론적 존재로 인식하기 때문이다.

성경은 인간을 육과 혼과 영을 가진 존재로 정의한다. 우리의 영이 온전해야만 하나님과 교통할 수 있고, 지식과 경험을 넘어서 본질을 꿰뚫어 보는 직관을 갖게 되고 생각도 행동도 바르게 할 수 있다.

하나님이 창조하신 피조물 중에서 오직 인간만이 영을 갖도록 창조 되었다. 인간은 유일한 영적 존재로 성령충만함으로 살아갈 때 진정한 삶의 기쁨과 의미를 느끼고 만족하게 된다는 사실도 알게 되었다.

혼은 영의 영향을 절대적으로 받기에 영이 온전할 때, 정신의 건강도 육체의 건강도 가능하다. 그런데 영이 죽어 있거나 온전하지 않으면 인간은 동물과 크게 다를 바가 없다.

그러므로 인간은 온전한 영, 깨끗한 영을 갖고, 혼탁한 영을 물리쳐야 한다. 하나님의 영인 성령이 임재하려면 하나님 앞에 늘 기도로 간구해야 한다. 인간을 창조하신 하나님을 경외하고 교통하며 예배해야 하는 것이다.

이 때 우리의 영은 살아나 온전하게 되어 혼과 육을 다스리게 된다는 사실을 알게 되었다.

나는 이 사실들을 성경말씀을 통해 더욱 선명하게 깨달았다.

"너희 몸은 너희가 하나님으로부터 받은바 너희 가운데 계신 성령의 전 인줄 알지 못하느냐"(고전6:19)와 "너희가 내 안에 거하고 내 말이 너희 안에 거하면 무엇이든지 원하는대로 구하라 그리하면 이루리라"(요15:7)

나는 이 사실을 확인하고 더욱 뜨겁게 기도를 시작했다.

"주님. 제 몸이 주님의 거룩한 영, 성령으로 충만케 되어 제게 남아 있는 악한 영들을 물리치게 해 주시고 혼과 육을 다스릴 수 있는 힘과 능력을 주세요."

25

연단의 시간들

신학생이 되면서 덕이 되지 않는 다방과 오락실 등을 다 정리하고 문방구를 열어 어린이 대상의 장사를 하다 보니 생활은 점점 어려워졌다. 옛날부터 쓰던 지출은 비슷한데 수입이 적으니 그동안 모아두었던 돈들이 살금살금 빠져 나갔다.

그러나 이것은 내가 감수해야 할 부분이라고 여겼기에 크게 개의치 않았다.

그런데 문제는 내가 하나님의 은혜와 성령의 역사를 체험하고 주의 종이 되기로 신학교에 다니고 있음에도 나의 옛 자아는 불쑥 불쑥 튀어 나와 왜 이런 길을 가는지, 지금이라도 늦지 않았으니 돌이켜 옛날의 달콤하고 재미있었던 그 시절로 돌아가라고 꼬드기는 것이었다. 결국 나 스스로와의 싸움이었다.

이런 내게 신기한 일이 일어났다.

어느날 허름한 옷을 입은 50대 여자 한 분이 문방구에 들어와 일기장을 사겠다고 해서 보통 제품인 2000원짜리를 내놓았다.

그런데 일기장을 보더니 마음에 안 든다며 더 좋은 것 없냐고 해서 5000원짜리 고급품을 보여주었더니 사겠으니 달라고 했다. 포장을 하는데 조용히 나를 쳐다 보더니 "완전히 꾸정물통이네"하는 것이었다.

나에게 하는 말인지 혼자 말인지 분간이 되지 않았다. 그래도 나로서는 아주 불쾌했다. 난 일기장을 그 분에게 넘기며 약간 째려볼 듯하며 그녀의 표정을 보니 그녀는 조금의 표정변화나 요동도 없이 말을 이어나갔다.

"지금은 가라앉아 있으니 위는 그냥 맑게 보이지. 그런데 좀 흔들어봐 다시 가라앉은 더러운 것들이 확 올라올 거야."

난 어이가 없었지만 예사 분이 아니라는 생각이 들어 주춤거리며 "도대체 누구십니까?"라고 질문을 던졌다.

그런데 그 분은 말없이 나를 조용히 쳐다보고 계셨다. 나는 이분이 나를 영적으로 꿰뚫고 계시다는 생각에 연이어 이야기를 했다.

"저는 신학교 다니는 전도사입니다. 아직도 많이 부족합니다. 누구신지 모르지만 제가 아직 많이 부족하다면 저를 위해 예배를 드려 주실 수 있겠습니까?"

아무런 반응이 없어 수락의 뜻으로 받아들인 나는 그 분을 내실로 모시고 들어가 감사헌금을 드리고 예배를 드리기 시작했다. 성경을 편 그녀의 설교 본문은 내가 수없이 들은 '탕자의 비유'였다. 그런데 설교 내용은 나의 자존심을 여지없이 무너뜨리기에 충분했다.

"당신은 회심을 했고 하나님의 인도와 섭리로 지금 여기까지 왔지만 당신은 여전히 마음 속에 꾸정물통이 남아 있다. 여전히 더러운 것으로 가득 차 있어 더 더 버려야 한다. 그동안 나쁜 것만 모조리 배워왔기에 그것을 완전히 다 버려야 하나님이 쓰신다. 지금은 가라앉아 있는데 조금만 흔들면 더러운 것들이 나오게 된다. 그러니 막대기로 쳐서 다 끄집어 내야 한다. 특히 제일 조심해야 할 것이 혈기와 분노다. 이것은 당신이 죽을 때까지 싸워야 하는 부분이다. 사도 바울도 자기와의 싸움이 계속 있었으니 이것은 인간에게 당연한 부분이기도 하다."

나는 이제 내가 술 담배도 끊고 신학생으로 전도도 열심히 해서 주님 앞에 어느 정도 합격했다고 생각하고 있었다. 그런데 이 분의 이야기는 전혀 아니었다. 난 옛 것, 옛 사람이 모두 정리가 되고 마음도 비워 신앙도 성장했다고 생각했는데 그것이 아니라고 하니 의아해 하면서 나를 다시 돌아보게 되었다.

하나님께서는 이렇게 예상치 못하게 한 사역자를 보내셔서 다시금 나를 돌아보게 하신 것이라고 믿는다.

그런데 이런 내게 또 한 번의 시련을 만나게 하셨다. 하나님은 나를 벼랑 끝까지 내몰았다.

어느날, 나는 전도팀과 지방전도여행을 가느라 며칠 집을 비웠고 아내도 연휴 기간이라 시골을 가느라 집을 비웠는데 그 사이 우리 문방구에 도둑이 든 것이다.

범인은 우리 가게를 계속 주시하고 있었던 듯 집에 아무도 없다는 것을 알고 밤에 아예 탑차를 집 앞에 대놓고 이삿짐 싣듯이 모든 것을 다 가져가 버렸다. 문방구내 모든 물건은 물론 복사기며 집기도 다 가져갔고 우리 가족이 지내던 방까지 들어와 털옷이며 좀 값나가 보이는 옷까지도 모두 다 실어갔다.

아내와 나는 망연자실했다. 이것은 도둑맞은 정도가 아니라 아예 나를 발가벗기운 것 같았다. 어느 정도 사라진 것이 아니라 싹 없어졌으니 이곳에서 문방구를 계속 해야 할 것인지 엄두가 나지 않았다.

상황이 이렇게 되니 정신이 멍했다. 그런데 이상한 것은 도둑에 대해 분노가 일고 하나님을 원망해야 할 것 같은데 그런 마음이 들지 않았다. 신기할 정도로 마음이 아주 편안했다.

나를 버리고 낮추고 신학생이 된 나였다. 잘 되던 오락실과 다방을 모두 접고 그나마 애들과 밥은 먹어야 하니 차린 문방구인데 어떻게 이것도 이렇게까지 싹 가져 가시게 하는지 화가 나기도 했지만 의외로 마음은 평안했다.

텅 비어 버린 문방구 안을 보니 맥이 빠지면서도 이 안에 하나님이 뜻이 있는 것인지 조용히 눈을 감았다. 기도도 나오지 않았지만 왜 이런 일을 겪어야 하는지 하나님께 정말 따지고 싶었다.

그런데 하나님은 이것을 음성이 아닌 현장으로 보여주셨다. 문방구 안은 물건을 다 쓸어가고 허접한 것들만 몇 개 남겨져 있고 안방도 헤집어 놓아 값 나가는 집기와 옷은 사라졌다. 그런데 신기한 일이 있었다.

도둑은 장롱 안이고 어디고 다 헤집었는데 내가 3단 서랍 구석 위 쉽게 눈에도 잘 뜨이는 곳에 올려놓은 십일조가 그대로 있는 것이었다. 그 서랍 안에는 내가 지난달 십일조 3만5000원을 넣어 두었는데 이것은 신기하게도 그대로 있었다.

도둑이 장님이 아닌 이상 이 봉투를 발견하지 않을 수 없는데 그렇다면 이 돈은 당연히 가져갔을텐데 그대로 있는 것은 결국 못보고 지나쳤다는 결론이었다. 갑자기 마음 속에서 깊은 울림이 느껴졌다.

"이 돈은 이미 내가 십일조라고 떼어 봉투에 넣은 순간, 하나님 앞에 드려진 것이기에 하나님의 돈이다. 그러니 하나님의 것을 감히 도둑이 어떻게 훔칠 수 있겠나. 도둑의 눈이 가리워져 돈을 여기에 놓아둘리 없다고 지나쳐 버리게 하셨을 것이다. 이번 일은 아직 살아있는 내 욕심과 내 자아, 내 소유를 다시 한번 내려놓고 주님께 더 올인하라는 하나님의 신호다."

나는 이번 일이 그냥이 아닌 하나님이 나를 단련시키는 또 한 번의 과정이라고 여겼다. 그랬더니 마음이 훨씬 편했다. 난 "하나님께서 하나님의 것은 지키셨네요"라고 말한 뒤 아내와 손잡고 조용히 무릎을 꿇은 뒤 기도를 드렸다.

"하나님. 감사합니다. 이번 도둑맞은 것으로 재산은 크게 손실을 입었지만 하나님을 더욱 알고 깨닫게 해 주셔서 감사드립니다. 더 내려 놓고 더 비워내고 더 겸손해져서 주님 앞에 바르게 쓰임받는 종이 되게 해 주세요."

26

먹이시고 입히시는 하나님

신학교를 다니며 전도사가 된 후 궁핍해진 나는 마땅한 수입도 없어 아이들에게 들어가는 학원비며 생활비가 늘 쪼들렸다. 아주 부자는 아니라도 지금까진 궁핍하진 않았던 터라 주의 종이 가는 길이 이렇게 힘들고 어려운 길인지 이런 상황을 받아들이기 참 힘들었다. 그래서 항상 나 스스로를 내가 다독였다.

그런데 신학교 2학년 때 추석을 앞두고 있었다. 그런데 말 그대로 집에 쌀이 딱 떨어졌고 돈도 바닥이 나서 자칫하면 굶을 지경이 되었다.

남들은 추석이라고 음식도 장만하고 선물도 준비하느라 부산한데 난 끼니 걱정을 해야 하니 한숨이 나왔다.

그러나 나나 아내나 남에게 아쉬운 소리를 하거나 손 벌리는 것을 죽기보다 싫어하는 터라 어떻게 되겠지 하는 심정으로 버티었는데 막상 추석 전날이 되어도 그 어디에서도 돈이 들어 올 기미가 보이지 않았다.

아이들과 꼬박 굶을 상황이 된 나는 하나님께 기도했다. 정말 SOS 기도였다.

"하나님. 저는 주신 사명으로 신학생이 되었고 주님이 가라는 길을 가고 있습니다. 그래서 옛 것을 다 버리게 하신 것도 감사하게 받았고 이렇게 궁핍하게 만들어 주셔도 참겠습니다. 그런데 제 아이들은 무슨 죄가 있습니다. 부모가 사명자여서 자식들까지 밥을 굶을 정도가 되는 것은 정말 아니지 않습니까?. 추석을 잘 지내도록 하나님이 책임져 주세요. 믿습니다."

신기한 일이 일어났다. 기도 후 얼마 있지 않아 전화가 걸려왔다. 내가 예전에 하던 가게의 집주인이었다. 그는 내게 전세 잔금을 주면서 무슨 이유인지 15만원을 떨어뜨려 놓았다. 난 이 돈을 받으려 몇 번 연락했는데도 안주는 바람에 그냥 포기해 버린 상황이었다.

"송 사장. 미안해요. 내가 무심했네요. 진작 잔금 15만원을 드려야 하는데 제가 바빠서 미처 신경을 못썼네요. 돈 드릴테니 가지러 오실래요. 제가 갈까요."

난 '할렐루야'를 외치며 단숨에 달려가 돈을 받았다. 쌀도 사고 음식을 장만해 추석을 잘 지낼 수 있었다. 집주인이 잔금을 안준다고 속으로 화를 냈는데 이번엔 얼마나 감사한지 몰랐다. 이 때를 위해 남겨놓으신 것인지 그저 신기하기만 했다.

추석은 잘 넘겼지만 이제는 월동준비가 남았다. 당시만 해도 서민들은 가을에 김장을 하고 연탄을 들이는 것으로 겨울지낼 준비를 했다. 그러나 나는 연탄을 살 돈도 없었고 또 갑자기 가격이 올라 버린 배추를 장만할 형편이 되지 못했다.

교회에 저녁 예배를 드리러 가는 내게 아내가 연탄이 다 떨어졌다고 했지만 아무런 대답도 해주지 못했다. 더구나 내일은 영하 11도라고 했다.

결국 연탄을 때지 못한 우리집은 차디 찬 냉골이 됐다. 이불을 겹겹이 둘러 쓴 아이들을 보니 마음이 아팠다. 도저히 집에 있을 수 없어 학교 도서관에 나와서 공부를 한다고 책을 폈다.

"주님. 당장 연탄과 김장을 할 배추가 필요합니다. 우리의 필요를 채우시는 주님이신줄 아오니 역사해 주세요."

집에 돌아 왔는데 아내가 반색을 하며 연탄 100장이 배달됐다는 것이었다. 누가 보낸 것이냐고 물었더니 모른다고 했다. 연탄장수에게 물어도 주문을 받았으니 쌓아놓고 간다고 했다는 것이다.

알고 보니 옆 집에 가야 할 연탄이 착오로 우리집에 배달된 것이었다. 우리는 당장 추우니 그냥 이 연탄을 사용했고 다시 돌려 주려면 그것도 일이여서 나중에 갚는 것으로 하고 지나갔다. 마침 옆 집 부인이 교회 집사여서 우리의 형편을 알았는지 그냥 넘어가는 바람에 간신히 추위는 면할 수 있었다.

한파가 갑자기 휘몰아 동네 시장에서 팔려고 쌓아둔 배추가 밤새 얼어 100원씩 하던 배추를 30원에 판다고 했다. 내게도 필요하면 외상으로 가져가라고 해서 50포기를 무작정 가져왔다. 그런데 배추껍질 하나만 벗기니 속은 얼지 않고 싱싱했다.

이를 한 집사님이 가져다 김장을 해서 우리 집에 반을 가지고 왔다. 돈 한푼 없이 연탄과 김장 문제가 해결되었다. 무에서 유를 창조하시는 하나님이 궁핍 가운데 있는 내게 긍휼을 베푸셔서 최소한 겨울은 고통받지 않고 지내게 하신 것이다. 난 기도에 응답하셔서 먹이시고 입히시는 하나님을 다시 한번 체험할 수 있었다.

이 때 전도사로 있으며 아주 궁핍하게 지냈던 경험 때문인지 나는 이후 담임 교역자가 되고 나서는 교회 전도사들을 잘 살펴 최대한 뭐든지 나누려고 노력한다. 아예 김장은 교회 전체가 한꺼번에 담궈 교역자들에게 따로 다 나눠주고 있다.

지금은 최소한 밥을 굶거나 추위 때문에 고통받는 이들은 많지 않은 시대가 되었다. 그렇지만 소외되고 고통받는 이웃은 우리 주변에 늘 있다. 그들을 보살피고 섬기는 것은 그리스도인으로서 해야 할

책무이자 기독교 사랑의 표현이기도 하다.

성경 야고보서에서 행하지 않는 믿음은 죽은 믿음이라고 했다. 우리는 주님의 자녀로 사랑을 나누고 베푸는데 인색해서는 결코 안 된다는 생각이다.

이 무렵 하루는 시골 고향에 계신 어머님이 나를 부르셨다.

웬일인가 하고 내려갔더니 단정하고 깨끗한 옷을 입고 계셨다. 그리곤 나를 뒷방 기도실로 데려갔다.

이미 그 방에는 담요가 깔려 있고 그 위에 어머님의 성경책이 놓여 있었다. 그런데 대뜸 그 위에 무릎을 꿇고 앉으셨다. 당황하는 내게 내 손을 잡으시며 이렇게 말씀하셨다.

"송전도사. 신학교 다니는 동안 고생했지. 사역하며 고생하는 아들을 위해 참 많이 기도했다. 혹시 네가 다시 세상으로 뛰쳐 나갈까 노심초사하며 밤마다 눈물뿌려 기도했단다. 그 기도하는 시간이 이렇게 긴 줄 몰랐다네. 혹시 또 사고를 치지 않을까 늘 걱정했는데 이제 송전도사 보니 안심해도 되겠어. 하나님이 주시는 연단을 잘 이겨낸 것 같으니 지금 이 시간 부터는 내 아들이 아니라 하나님의 종으로 올려 내가 인정하고 섬기고자 하니 이 엄마를 기도해 주려므나."

어머니는 내게 고개를 내밀어 기도를 부탁하셨다. 나를 위해 평생을 기도하신 어머니. 그 어머니를 위해 기도하는 내 목소리가 한없이 떨리며 나도 눈물을 쏟았다.

기도가 끝나자 어머니는 그 때부터 내게 깍듯이 '송전도사님'으로 호칭을 바꾸셨고 이 후 한 번도 하대를 하지 않고 존칭을 하셨다. 내가 오히려 부담을 느낄 정도였다.

어머니는 바른 주의 종이 되기 위해선 꼭 당부하고 싶은 말씀이 있다고 하셨다.

"송전도사님. 사람을 보지 말고 기대도 하지 마시고 오직 하나님만 기대하고 바라보세요. 부모 가족 성도도 기대하지 마세요. 주의 종은 뭐든 1순위가 주의 일이고 하나님이 기뻐하실 일입니다. 혹시 내가 나중에 죽었다고 연락이 와도 예배를 드리거나 주의 일을 하고 계셨다면 다 끝내고 다 마무리 한 뒤 오세요. 주의 일이 우선입니다. 쟁기를 잡으면 뒤 돌아 보지 마시길 바랍니다."

어머니의 당부는 내게 큰 힘이 되었고 나를 추스르는 동기도 부여했다. 당시 어머님은 고향에서 나름 풍족하게 사셨기에 내가 궁핍하다는 것을 대충 미루어 아시고 신학생 시절 많은 도움을 주셨다.

난 어머니의 오랜 기도와 진한 사랑에 많은 빚을 진 못난 아들이었다.

4

보라성교회를 통한
하나님의 역사

27

신문지에 싼 500만원

전도대를 이끌고 지방에 가서 집회를 인도하면서 내가 기도하면 신유의 기적을 일으키는 능력이 있다는 것을 동급 신학생들이 대부분 알게되었다. 그래선지 자신과 연관된 환자나 문제가 있는 이가 있으면 와서 기도해 달라고 나를 청했다.

특히 귀신들린 사람들이 있으면 내가 잘 고친다고 소문이 나버려서 이곳 저곳에서 도움을 원했다. 이 때만 해도 열정과 사명이 넘칠 때라 난 기도를 해달라고 요청을 하면 어디든 가서 땀을 뻘뻘 흘리며 함께 기도하곤 했다.

신학교 3학년 초 였다. 동급생인 L전도사 누님이 시숙의 아들을 데리고 있는데 귀신이 들렸다고 했다. 병원을 다녀도 안 되고 신유에 유명하다는 목사님께 기도도 받고 기도원도 데리고 다녔지만 그대로라고 했다. 그러면서 내게 조카를 만나 기도를 좀 해 줄 수 있는지 조심스럽게 부탁했다.

복음전도 열정에 불타 있던 난 쾌히 승낙했다. L전도사 누님의 집은 상계동이어서 내가 살고 있는 곳과도 그리 멀지 않았다. L전도사와 누님 집으로 아들을 만나러 가는 중에 전화를 받은 L전도사가 바로 집으로 나를 데려가는 것이 아니라 아파트 공원 벤치에서 잠시 기다리자고 했다. 좀 당황하는 눈치가 보였다.

동생이 갑자기 시숙 아들을 위해 기도해 준다고 전도사와 방문한다고 연락을 받았는데 누님 입장에선 내가 전도사란 것도 좀 못미더웠고 그동안 이리 저리 노력해도 안됐는데 괜히 이번에도 시간만 낭비하고 싶지 않다고 거절한 것 같았다.

누님이 우리가 있는 공원 벤치로 내려 오긴 했는데 우선 나를 떼어놓고 멀찌감치서 L전도사와 실갱이 하는 것이 보였다. 누님 뿐만 아니라 매형도 반대를 하는 바람에 1시간 이상이 지나서야 나는 누님 집으로 들어갈 수 있었다. 기도해주러 갔다가 푸대접을 받은 셈이었는데 난 이것도 편한 마음으로 감수했다. 사실 내가 그냥 가버려도 되는 상황이었지만 참고 인내했다.

경북 영월이 집인 김태식(가명)이란 19살 조카는 고3인데 아주 잘생기고 키도 컸다. 어디다 내어놔도 모두 부러워 할 아들인데 귀신에 씌워 내가 방에 들어 가니 히죽이죽 웃더니 갑자기 난폭스런 행동을 보였다.

이날 나는 함께 예배를 드리고 악한 영을 쫓는 신유기도를 간절히 해주고 돌아왔다. 그런데 다른 때와 달리 태식이가 내가 인도하는 예배에 순순히 참석하고 난폭한 행동을 하지 않아 신기하다고 했다.

정신적으로 문제를 일으키는 이런 질병은 지속적으로 가서 예배를 드리고 악한 영을 쫓아야 하는데 L전도사와 누님은 내가 더 이상 오는 것을 원치 않아 이렇게 한 번 예배를 드린 것으로 끝나고 말았다.

그런데 몇 달 후 여름방학을 앞두고 L전도사가 내게 조카를 위해 한번 더 가서 기도를 해달라고 요청했다. 이야기를 듣고 보니 조카는 그 사이 증세가 더 심해져 결국 옥천에 있는 정신병 환자 수용원에 강제 입원 중인데 그곳에서도 증세가 자꾸 심해져 이제서야 내게 도움을 다시 요청하게 되었다고 했다.

그러면서 매형과 누나가 그날 나를 길에 서 있게 하고 마지못해 집에 와서 예배드려 주었는데 제대로 감사를 표현하지 못해 미안해 한다고 전했다.

그러면서 그 때 예배를 드릴 때 아이가 편안해 하고 조용히 있었던 것을 기억해 이번엔 누나가 먼저 부탁을 했다고 덧붙였다. 이야기를 듣고 보니 조카는 음란마귀가 들어 있었다. 멀쩡하다가도 여자만 보면 바지를 훌렁 내린다고 했다.

난 L전도사와 고속버스를 타고 옥천 수용소로 태식이 면회를 갔다. 시설 책임을 맡고 있는 총무가 "태식이는 원생 중 증세가 가장 심한 편이어서 요즘은 대소변을 못가리기도 한다"며 "자기가 볼 때는 귀신들린 것이 아니고 부탄가스와 본드를 워낙 많이 흡입해 뇌가 파괴되어 나타나는 증상같다"고 이야기 했다.

나는 양해를 얻어 태식이가 있는 방으로 갔더니 예전보다 더 마르고 초췌해진 모습으로 멍청히 앉아 있었다. 눈에 핏발이 서 있고 온 몸이 긴장되어 있는 것이 느껴졌다.

"총무님. 제가 태식이를 일주일만 데리고 있게 해주세요. 데리고 집을 가는 것이 아니라 이곳 근처에 방을 하나 얻어 같이 지내면서 태식이를 괴롭히는 악한 영을 쫓는 기도를 하려고 합니다."

이곳도 기독교 정신으로 운영되는 시설이어서 기도한다니 허락을 해 주었다. 난 수용원 근처 저수지 옆에 빈집을 한 곳 발견했다. 시내에 나가 장판을 사서 깔고 벽은 신문지로 도배를 하니 그럭저럭 지낼 만 했다. 이곳에서 태식이를 데리고 안타까운 마음으로 손잡고 기도하니 제일 먼저 태식이 몸의 긴장이 사라지고 눈의 핏발도 없어졌다.

그러나 대소변을 못가리니 뒤처리를 하고 청소하는 것도 보통 일이 아니었다. 밤에는 또 어떤 일을 벌일지 모르니 L전도사와 번갈아 자야 했다. 이틀이 지나자 자기 조카 일임에도 L전도사가 두 손을 들었다. 100kg이 넘는 거구인 L전도사가 도저히 힘들어 못견디겠다고 선언한 것이다.

"송전도사님. 저는 제 조카지만 더 이상 이곳에 못 있겠습니다. 제가 서울에 볼 일도 있고 너무 죄송하지만 올라갈께요. 전도사님이 수고해 주세요. 전도사님도 힘드시면 그냥 병원에 데려다 주고 같이 올라가시든지요."

난 L전도사를 보냈다. 당연히 2배로 힘이 들었지만 영적 싸움이라 생각하고 긴장의 끈을 늦추지 않고 뜨겁게 기도했다. 밤에는 혹시 도망을 갈까 태식이 발목과 내 발목에 연결된 끈을 묶어 혹시 나가면 내가 알도록 했다. 혹시 폭력성을 나타낼까 주변엔 무거운 물건을 두지 못했다.

열심히 손잡고 기도하면 순한 양이 되는 태식이는 점점 상태가 좋아졌다. 4일째 되던 날 밤에는 갑자기 눈을 뜨니 태식이가 발목끈을 풀고 사라져 있었다. 깜짝 놀라 나가보니 저수지에서 조용히 목욕을 하고 있었다.

그리고 혼잣말을 하는데 멀리서 조용히 지켜보니 여러 사람과 대화를 하고 있었다. 사망한 옛날 권투선수 이름을 부르고 태식이와 동네에서 친하게 지내던 형이 익사사고로 죽었는데 그 형과도 대화를 하고 있었다.

귀신이 태식이를 점령하고 있는 것을 알았기에 나는 계속 기도하면서 일주일을 보냈고 토요일 총무에게 데려다 주었다. 그 사이 놀랄만큼 평온해지고 온순해진데다 살도 좀 오른 태식이를 본 총무는 놀라움을 금치 못했다.

"태식이가 이 정도로 달라졌다면 우리가 데리고 있지 않아도 될 것 같습니다.원하시면 이제 데리고 가세요."

나는 태식이를 데리고 본 집인 영월로 향했다. 그동안의 자초지종을 설명하고 이제 매일 예배드리면서 태식이를 섬겨줄 것을 부탁했다. 아들의 달라진 모습과 고분고분해진 것에 놀라움을 느낀 태식이 부모님은 여간 고마워 하지 않았다.

그도 그럴 것이 통제불능이 되어 감금하다시피 보낸 정신질환자 병원에 한번 밖에 만난 적이 없는 내가 직접 찾아가서 일주일이나 헌신하고 기도해 어느 정도 질병을 고쳐온 것을 보며 크게 감동을 한 것 같았다. 사실 이것은 주님이 주시는 헌신된 마음과 영혼을 사랑하는 마음이 없이는 불가능한 일이었다.

태식이를 잘 인계하고 서울로 가기 위해 집을 나선 내게 태식이 부모님은 신문지로 싼 뭉치를 하나 주며 너무나 감사했다고 인사를 했다. 무슨 선물인가 하고 기차 안에서 풀어보니 무려 500만원이란 큰 돈이 들어 있어 깜짝 놀랐다.

당시로서 워낙 큰 액수여서 돈인 줄 알았으면 안 받았을텐데 신문지에 대충 싸서 주는 통에 받아왔고 다시 돌려 주려 가기엔 너무나 멀었다.

당시 나는 신학교 3학년으로 교회개척을 위해 기도하고 있었다. 나이가 들어 늦게 신학을 했으니 어차피 하나님의 종으로 사명을 감당하려면 교회를 빨리 시작해야 한다는 주변의 의견이 많았다.

그러나 어렵게 사는 내가 개척자금이 있을리 없었고 이를 위해 기도해 왔는데 이 돈은 개척에 사용하라는 '하나님의 선물'이라는 생각이 갑자기 들었다. 나는 하나님께 감사하며 교회를 시작할 만한 장소를 물색하기 시작했다.

28

교회개척에 일어난 하나님의 역사들

교회개척을 하려고 하는 그 무렵은 88올림픽을 치른 해로 한국이 한창 경기가 좋을 때였다.

아파트 개발도 끊임없이 이어졌다. 당시 서울 강동구 고덕동은 때마침 아파트 건립 붐이 일어나면서 새 상가와 건물이 빠르게 들어서고 있었다. 이곳은 내가 사는 면목동과도 그리 멀지 않아 교회개척을 할 만한 곳이 있는지 둘러 보게 되었다.

이곳은 이미 건물은 많이 지어 놓았는데 주민들이 입주하기 전이어서 임대가 잘 안되는 곳이 많았다. 따라서 상가 임대료가 많이 내려가 있었다.

나는 이곳 고덕동에서 교회를 할 만한 적당한 장소를 달라고 기도했는데 새로 지은 건물 지하실 50평이 부동산에 월세로 나와 있었다. 교회를 하기에 아주 적합한 장소였다.

임대료도 1000만원 보증금에 월세 14만원으로 감당할만한 수준이었다. 난 이곳이 하나님이 허락하시는 교회 장소라 믿고 덜컥 계약을 했다. 보증금 500만원을 먼저 주고 입주하면서 잔금 보증금 500만원을 주겠다고 했다. 이 500만원은 영월 태식이 부모님이 주신 것이었다.

새 건물이니 내부를 교회로 인테리어를 해야 하니 월세는 완전히 입주가 된 후부터 지불하기로 주인과 계약을 맺었다. 보통 새 건물은 교회가 들어오는 것을 꺼린다. 교회가 있으면 다른 상가에도 영향을 주고 시끄러워 민원도 많이 들어온다는 것이 그 이유다.

그런데 이 건물의 주인 부인이 교회 전도사였기에 계약이 쉽게 이뤄진 것도 은혜였다. 소유 건물 일부가 성전이 되는 것을 더 좋아한 것이다.

난 교회내부 인테리어 공사를 하청을 맡기면 돈이 많이 드니 직접 하기로 했다. 나는 목공기술도 있고 만드는 것도 좋아해 직접 해도 될 것 같았다. 더구나 나에게 신세를 진 L전도사도 건축공사 경험이 많아 그를 불러 교회내부 시설 공사 보조를 맡겼다.

가지고 있던 얼마간의 사재를 털어 건축재료를 사고 공사에 들어갔다. 실평수가 50평이라 꽤 넓었다. 성전 외에도 우리 가족이 지낼 방도 한 칸 넣었고 강대상과 의자 등 모든 집기는 L전도사와 내가 직접 만들어 나갔다. 이곳 저곳에서 교회비품을 하나씩 해준다고 하면 그것을 돈으로 달라고 해 재료비로 사용했다.

내가 가진 돈은 얼마 되지 않았기에 금방 바닥이 났다. 한창 공사 중에 L전도사가 재료비가 떨어졌다며 계좌에 3만8000원밖에 남지 않았다고 했다. 그런데 이번에 주문한 재료비값만 50만원이 넘는데 큰일이라고 했다. 당장 내일 돈을 주어야 한다고 했다.

난 L전도사에게 "우리 기도하자. 하나님이 주실거야."라고 했지만 이제 손 벌릴 곳이 아무데도 없었다. 밤늦은 시간, 공사 중이던 성전의 스티로폼 위에서 무릎을 꿇고 기도의 포문을 열었다.

"주님. 공사가 끊기면 안됩니다. 2달 동안 다 마쳐야 하는데 건축 재료비가 떨어졌습니다. 우리의 필요를 채우시는 주님, 하나님의 전인 성전을 짓는 것에 부족한 것들을 보내주세요."

기도 중에 지하실 문을 두드리는 소리가 났다. 문을 여니 나의 외사촌 동생인 여전도사였다. 내가 여기 있다는 것을 알고 왔다며 자신의 신학교 동기 어머니인 권사님이 너무 아프신데 갑자기 내 생각이 나서 좀 심방을 와 기도를 부탁한다는 것이었다.

늦은 시간이었지만 마침 집이 교회와 가까운 곳이라 동기 전도사 어머니가 계신 곳으로 갔다. 보니 80세가 넘으셨는데 몸에 등창도 나고 너무 말라 오래 사시기는 힘들어 보이는 상태였다. 환자 특유의 냄새가 온 방안을 덮고 있었다.

난 기도할 때는 전신전력으로 최선을 다한다. 그래서 언제나 땀이 비오듯 쏟아졌다. 한 영혼을 안타깝게 여기는 마음, 질병으로 또 귀신 들려 고통받는 그 영혼을 생각하면 간절하고 애통한 기도가 저절로 나왔다.

이렇게 열심히 어머니를 위해 기도한 뒤 12시가 넘어 교회로 돌아갈 채비를 했다. 그런데 내게 너무 감사하다며 감사헌금을 하고 싶다며 봉투를 정중하게 전달해 주었다.

교회로 돌아와 보니 빳빳한 수표로 50만원이 들어 있었다. 당장 오늘 필요한 건축자재비였다. 아침이 되어 근심스런 얼굴로 교회에 나온 L전도사에게 필요한 액수의 봉투를 바로 내밀자 소스라치게 놀랐다. 어제 저녁까지도 한 푼이 없었는데 밤사이 무슨 일이 생겼느냐고 놀라움을 금치 못했다.

"송전도사님. 정말 하나님이 계셔서 이 성전짓기에 함께 해주시네요. 할렐루야입니다. 그런데 어떻게 하죠. 오늘 이 자재값을 지불하면 내일도 45만원 정도 더 결재를 해야 하는데요. 오늘도 또 기도해 주세요."

L전도사는 놀라면서도 싱글벙글했다. 난 또 부담이 되었다. 건축자재비가 또 필요하다니 안되면 외상을 하라고 했더니 그러면 더 이상 물건을 안 가져다 줄 것이라고 했다. 나는 아직 시간이 있으니 같이

기도하자고 권면했다.

그런데 놀라운 일이 다시 일어났다. 어제 기도를 해준 권사님 댁에서 오늘도 한번 더 와 달라는 전갈이 왔다. 난 도착해 다시 한번 뜨겁고 간절하게 치유기도를 한 뒤 자리에 앉았는데 나를 부른 전도사의 간증이 이어졌다.

"제가 950만원의 수입이 있어 십일조 95만원을 떼어 놓았습니다. 이 헌금은 개척교회나 어려운 교회에 헌금을 하려고 했는데 마침 어제 송전도사님이 교회개척을 준비하신다셔서 어머니 기도도 부탁드리고 헌금을 한 것입니다. 그런데 50만원을 드렸는데 나중에 하나님께서 95만원을 다 해야지 왜 45만원을 남겨 놓았느냐고 벼락같이 호통치는 소리를 기도 가운데 듣게 되었습니다. 그래서 나머지 45만원을 드리려고 오시라고 한 것입니다."

다음날 아침, 어제 장판과 싱크대 조립에 필요한 대금이 또 필요하다던 L전도사에게 45만원을 또 내밀자 어제 보다 더 크게 놀라는 것이 당연했다.

이렇게 열심히 망치를 두드리고 꼭 필요한 곳에는 인부도 써가며 2달 만에 성전 내부 공사를 완성했다. 덩치가 큰 L전도사의 헌신과 노력에 도움을 많이 받았다. 그가 부탁한 태식이를 위해 내가 헌신적으로 기도한 것에 그 몇 배나 되는 헌신을 L전도사에게 받은 셈이 됐다.

이제 교회개척예배를 드려야 하는데 남은 보증금 500만원 마련이 가장 큰 문제였다. 나와 기도 동지들은 늘 이 문제를 놓고 기도했고 지금까지 그래온 것처럼 하나님이 움직여 역사해 주실 것을 간구했다.

우리의 힘으로는 이 돈 마련이 안 되는 일이었다. 하나님이 개입하셔야만 만들어질 수 있는 큰 액수였던 것이다.

보증금 잔금을 주기로 한 5일 전 쯤, 교회 장 집사님이 기도요청을 해왔다.

"송전도사님. 제 친구가 부산 광복동 번화가의 가게에서 장사를 합니다. 그런데 가게를 팔고 정리하려는데 동일 업종에만 넘길 수 있다는 계약 때문에 나가지도 못하고 묶여 있어요. 다른 장사를 하게 하면 수천만원의 권리금도 주고 오겠다는 사람도 있다는데 주인이 고집하니 동일 업종이 들어오게 기도해 주시면 감사하겠습니다. 워낙 급해 기도가 이뤄지면 감사헌금, 건축헌금을 하겠답니다."

난 이것이 하나님의 기도응답이라는 느낌으로 받았다. 그리고 기도할테니 건축헌금 하려는 마음이 변하면 안된다고 단단히 일렀다. 난 마땅한 매입자가 나서도 좋지만 주인의 마음이 바뀌어 다른 업종에게도 가게를 넘길 수 있게 해달라고 기도했다.

이렇게 첫 기도를 한날 장 집사에게 전화가 왔다. 난 주인이 마음이 바뀌어 타업종에게도 가게를 줄 수 있으니 약속한 헌금은 하나님께 드리는 것이니 변하면 안된다고 다짐을 받았다.

이렇게 기도한지 3일째 되던 날 주인이 갑자기 가게를 넘기려는 친구를 찾았다고 한다. 그리고 다른 업종에도 넘길 수 있게 허락할 테니 계약을 하라는 통보를 했다고 한다. 계약은 일사천리로 이뤄졌고 그 친구는 약속대로 건축헌금 500만원을 내 계좌로 보내왔다. 넘치지도 부족하지도 않은 보증금 잔금이었다. 난 약속기일에 잔금 500만원을 정확히 치를 수 있었다.

L전도사와 나는 좋으신 하나님을 찬양하며 기쁜 마음으로 교회 개척예배 준비에 최선을 다했다. 나의 교회개척은 이렇게 기적과 기적의 연속이었다. 우리의 필요를 정확히 아시고 채워주시는 하나님이셨다.

29

보라성교회의 출발

1988년 10월28일 토요일을 교회개척예배 드리는 날로 잡았다.

신학교를 다니며 알게 된 전도사들과 주변 지인들이 와서 축하해 줄 수 있는 날이 토요일이 제일 무난했기 때문이다. 주일은 각 자 섬기는 교회가 있으니 많이 모이기 힘든 것을 감안한 것이다.

보통 교회개척은 가정에서 식구들 중심으로 몇몇 사람이 예배를 드리다가 어느 정도 인원이 모이면 교회공간을 마련하게 되는데 거기에 비하면 나는 바로 50평 예배 공간을 준비했으니 다른 목회자에 비하면 그 출발조건이 자주 좋은 셈이었다.

교회 안에 5명이 앉을 수 있는 장의자를 20개 들여 놓으니 꽉 찼다. 주변 여유 공간까지 활용하면 120명 정도는 함께 예배드릴 수 있는 예배실이 되었다.

교회 이름을 보라성교회로 정했다. 많은 분들이 '보라성'이란 뜻을 요즘도 여전히 잘 이해하지 못한다. '북극성' '금성' '목성' 등 지구 천체의 별자리쯤으로 이해하는 분들이 의외로 많다.

그러나 보라성은 철저히 성경에 등장하는 용어의 결합이다.

"보라 세상 죄를 지고 가는 하나님의 어린 양이로다"(요1:29)와 "내가 행한 모든 일을 내게 말한 사람을 와서 보라 이는 그리스도가 아니냐 하니"(요4:29)란 요한복음의 중요한 구절들에서 '보라'를 따왔다.

그리고 요엘서 3장16절 "나 여호와가 시온에서 부르짖고 예루살렘에서 목소리를 발하리니 하늘과 땅이 진동되리로다 그러나 나는 여호와는 내 백성의 피난처, 이스라엘 자손의 산성이 되리로다"에서 산성의 '성'을 따왔다.

이 이름을 연결해 만들어 붙인 이유는 우리 보라성교회 홈페이지에 그 의미가 잘 요약된 것 같아 그대로 소개해 본다.

"피난처가 필요한 세상의 모든 사람들에게 우리의 피난처와 산성 되시는 예수 그리스도만 '보라'고 외치고자 합니다. 그래서 주님을 만나지 못해 방황하는 영혼들을 위해 주님의 사랑을 품고 달려가 우리의 피할 곳이며 보호자 되시는 예수님을 소개하길 원합니다. 보라성교회는 이 땅의 모든 사람들이 피난처와 산성이 되시는 주님께 돌아오기를 소망하는 하나님이 함께 해 주시는 교회입니다."

개척예배에 신학교 학생들, 동료 전도사들, 내게 전도받은 사람들과 보성에 계신 부모님, 형제들이 참석해 주었다. 따라서 보라성교회 첫 창립예배는 좌석이 부족할 정도로 축하손님이 가득 모였다. 나는 손님들에게 이렇게 인사말을 하며 담임 사역자로서의 사명을 다짐했다.

"감사합니다. 많이 부족한 저의 교회 개척에 이렇게 많이 와 주셔서 격려와 축복을 해 주신 것 깊이 감사드립니다. 돌이키면 오늘의 저는 제 힘이나 의지로 이 자리까지 온 것이 아닙니다. 하나님의 강권적인 역사였다는 것을 정말 분명하고 절실하게 느끼게 됩니다.

얼마나 말썽을 많이 부리며 이 자리에 서지 않으려고 바둥거렸는지 모릅니다. 그러나 제가 다가온 사명을 거부하면 거부할 수록 하나님의 살아 역사하심은 더 깊에 제게 다가왔고 두 손을 들지 않을 수 없었습니다.

그리고 제가 점점 더 다듬어지는 연단의 시간을 거쳐 이제 이렇게 보라성교회를 창립하게 되었습니다. 이제부터는 제가 받은 사명을 잘 감당하고 아직 벗겨지지 못한 속사람이 온전히 바뀌어 영혼구원의 대

열에 잘 올라설 수 있도록 여러분의 지속적인 기도와 사랑을 부탁드립니다. 저를 위해 평생 기도해 주신 어머님 윤내순 권사님과 여러 분들의 사랑을 늘 기억하며 맡겨진 목회사역에 최선을 다하겠습니다. 감사합니다."

교회개척의 흥분 속에 온 가족과 친지들까지 저녁 식사를 마치고 나니 밤 9시가 되었다. 난 어머님이 당연히 내일 아들이 인도하는 첫 주일예배에 참석하고 내려가실 것으로 여겼다.

그런데 어머니는 "우리 이제 내려 가야겠다"며 서둘러 갈 채비를 하셨다. 이런 어머니가 섭섭해 "아니 아들 첫 설교를 안 듣고 가신다는 거예요"라고 볼멘 소리를 했다. 그런데 어머니는 나를 조용히 쳐다 보시며 말씀하셨다.

"송 전도사님. 저는 고향의 교회에서 여러 봉사를 맡고 있는 권사입니다. 당연히 내가 소속된 교회에서 주일을 성수해야 합니다. 섭섭하더라도 이해하세요. 그리고 내일 예배에 오늘 왔던 분들이 모두 썰물처럼 빠져 나가고 횅한 것을 느껴 보아야 송 전도사님이 한 영혼이 얼마나 소중한지 전도에 더 열심을 낼 것입니다."

그러면서도 집사인 여동생과 인척 몇몇은 주일예배까지 드리고 오라는 나름대로의 배려도 잊지 않으셨다. 그리고 내게 헌금봉투를 2개

내미시며 축복기도를 부탁하셨다.

나는 이 헌금이 무엇이냐고 여쭈었더니 봉투 하나는 나의 생활비 3개월치이고 다른 하나는 교회에 필요한 경상비와 월세 3개월치라고 하셨다.

"송 전도사님. 3개월은 돈에 아무런 신경쓰지 말고 오직 기도와 목회에만 전념하세요. 모든 것을 하나님께 맡기고 목회에만 힘을 쏟기를 바랍니다."

사실 당시 어머님은 보성에서 가게를 4개 정도 운영하실 정도로 재력이 있으셨다. 리더십이 뛰어나고 장사수완이 있으셔서 내가 어려울 때마다 경제적으로 지원받은 것도 사실이었다. 그런데 내가 목회를 시작하는 상황에서 오히려 냉정하게 말씀 하셨다.

"이제 어미 손에 있는 작은 물질 생각하지 말고 하나님 손에 계신 큰 물질을 기도하며 받도록 하세요. 그러므로 오늘 이후는 제가 보라성교회를 돕지 않습니다. 하나님의 종은 필요한 것을 주인이신 하나님께 구하는 것이 당연합니다."

인사도 제대로 할 시간을 주지 않고 바삐 밤차로 내려가 버리는 어머니셨지만 난 이런 신앙의 어머니를 주신 하나님께 감사하지 않을 수 없었다.

　이후 정말 어머니는 냉혹하다고 느껴질 정도로 우리 교회에 안 오시고 고향교회만 섬기셨다. 그리고 은퇴 권사가 되어 그것도 담임 목사님의 허락을 받고 아들 교회에 오신 것이 내가 개척한 지 4년이 지난 후였다.

　그리고 어머니는 정말 전도사가 된 이후 단 한번도 내게 반말을 하지 않고 존칭어를 써 주의 종으로 대우해 주셨다.

　평생 나를 위해 눈물흘려 기도해 주의 종을 만든 어머니를 생각하면 천국가신지 오래 되셨어도 내 눈에서 여전히 눈물이 주르륵 흘러내린다. 그리고 이런 어머니를 내게 허락하신 하나님께 감사를 드리게 된다.

30

개척 1년 만에 100여명이 모이다

보라성교회 개척예배를 드린 다음날인 첫 주일예배에 모두 6명이 모였다. 누님과 나를 도와 함께 사역키로 한 L전도사까지 합친 숫자였다. 어제 창립예배 때 북적이던 모습은 싹 사라지고 이것이 바로 목회의 현실임을 자각하게 해 주었다.

그나마 외가쪽 인척 여동생이 전도사인데 기도로 돕겠다고 와 주어 고마웠다.

난 성도가 많이 모이는 것이 중요한 것이 아니라 이 보라성교회가 주님이 원하는 교회, 누구나 와서 하나님의 섭리를 깨닫고 은혜를 받을 수 있는 교회가 되었으면 했고 또 그렇게 되길 기도했다.

그리고 교회에서 그 성령의 불씨를 퍼뜨려 나가야 한다고 여겼다. 매일 저녁 교회에 와서 기도의 제단을 쌓기 시작했다.

신학교 시절부터 내가 신유은사가 있다고 소문이 나서인지 교회에 등록을 하는 성도 보다는 기도를 받으러 오는 환자나 상담요청이 더 많았다.

하루는 L전도사 사촌 여동생이 혈액암으로 병원 중환자실에 있으니 가서 기도를 해달라는 요청을 해왔다. 결혼해서 애까지 둘이 있다는데 잘못되면 아이들과 남편은 어찌될지 너무나 안타까워 바로 기도를 하자고 했다. 동생이 입원 중인 병원이 대전이라고 했지만 몇몇 기도동지들과 대전으로 함께 내려갔다.

격리수용이고 현재 상태가 않좋아 면회가 안 된다고 했지만 멀리 서울에서 왔다고 병원에 사정했다. 간신히 마스크와 모자를 쓰고 위생가운을 입은 뒤 온 몸을 소독하고서도 단 10분간만 면회를 허락받았다. 우리는 다른 이야기가 필요 없었다. 아까운 10분이기에 환자의 손을 잡고 바로 뜨거운 통성기도에 들어갔다.

당시 겨울이었는데 우리 모두가 내뿜는 기도열기가 얼마나 뜨거웠는지 옆에 있던 간호사 2명이 덩달아 땀을 흘렸고 그 열기로 인해 창문에 김이 서릴 정도였다. 우리가 막 중환자실에 들어갔을 때 창백했던 환자의 얼굴이 기도가 끝났을 때는 발그스르하게 붉은빛을 띠고 있었다.

이날 현장에 있었던 간호원도 기도한 우리도 모두들 놀라며 돌아왔다. 그런데 2일 후 기적같은 일이 일어났다. 그 여동생이 상태가 매우 호전돼 통원치료를 해도 된다며 퇴원을 했다는 것이다. 할렐루야!

이 동생은 얼마 후 병이 치료돼 정상인과 다름이 없게 건강을 회복했다. 그런데 자신이 치유받은 하나님의 은혜를 잊고 조금씩 주일예배에 빠지기 시작하더니 아예 교회와 담을 쌓고 말았다. 그 이유가 어이가 없었다.

자신은 그동안 아파 투병생활을 하느라 하고 싶은 일을 못했고 좋아하는 해외여행도 못갔으니 이 일들을 좀 하고 교회를 나오겠다는 것이었다.

그래서 인간은 참으로 아둔하다고 하는 것 같다. 자신이 하나님의 은혜를 입었으면 그 은혜를 계속 가져가야 하는데 외부요인과 상황에 따라 변하게 되는 것이 참으로 나약한 인간의 모습이다.

그런데 이 상태로 병이 나아 계속 지냈으면 좋으련만 약 1년 후 병이 재발되고 말았다. 그리고 내게 몹시 부끄러워 하며 기도요청을 다시해왔다. 하나님의 은혜를 잊고 세상으로 다시 나간 것을 생각하면 외면하고픈 생각도 있었지만 목자는 양이 원할 때 언제 어디서든 베풀고 섬기며 기도해야 한다고 생각했다.

대신 이번에는 내가 대전에 내려가지 않고 교회에 오도록 했다.

들것에 의지해 간신히 교회에 온 동생을 만나 보니 온 몸이 퉁퉁 부어 병이 위중한 상태였다. 병원도 치료를 포기했다면서 하나님께서 치료해 주신 것을 감사하지 못하고 신앙을 등한히 한 것을 몹시 후회했다.

난 교회에서 매일 저녁마다 기도회를 여니 이곳에 매일 참석해 하나님께 다시 한번 치료를 간구하자고 했다. 그 여동생은 교회 근처에 방 하나를 얻어 매일 기도회에 참석하기 시작했다. 며칠 만에 몸 상태가 확연히 좋아지는 것이 느껴졌다.

동생은 3개월 만에 밥맛이 돌아오고 빠졌던 머리가 나기 시작했다. 다리에 힘이 생겨 자연스럽게 걷게 되었고 치유의 하나님을 찬양하며 신앙생활도 열심히 했다.

7개월 후 병원에 가니 병세가 거의 호전돼 의사가 깜짝 놀랐다고 한다. 난 이 참에 더 기도하며 신앙을 반듯하게 세우길 원했지만 아이들이 너무 보고 싶다며 대전으로 내려가는 것을 막을 수 없었다. 대신 내려가서 신앙생활 잘 하겠다는 다짐을 몇 번이나 받았다.

남편이 돈을 잘 벌어 재정적으로 부유했던 이 여동생은 대전으로 내려가서 서너달은 신앙생활을 열심히 한 것 같았다. 그러나 세상의 유혹은 너무나 달콤했고 여기에다 돈이 있으니 설마 이번에 또 재발을 하겠느냐는 생각이 들었는지 세상으로 나가 놀러 다니며 다시 신앙을 잃어 버리고 말았다.

난 이 모습을 보며 구약시대 이스라엘 민족이 생각났다. 모세의 인도로 애굽을 탈출해 광야를 지날 때 하나님께서 밤에 불기둥, 낮에 구름기둥으로 백성들을 돌보아 주셨고 만나와 메추라기로 굶기지 않으셨다.

이런 기적을 체험하고 목격한 이스라엘 백성들이 하나님을 배반해 우상을 만들어 섬기고 이단종교에 절했던 기록이 성서에 나와 있다.

난 성경을 읽으며 이런 이스라엘 백성들을 이해하지 못했는데 이 동생의 일을 보며 인간이 아무리 하나님을 만나고 체험하고 기적을 경험해도 믿음이 순식간에 사라지고 악한 영적 공격에 바로 허물어질 수 있다는 것을 깨닫게 되었다.

이 동생은 3년 후 병이 다시 재발되어 결국 하늘나라로 갔지만 이때도 기도를 해주러 갔었다. 주의 종은 아무리 성도가 섭섭하게 하고 잘못하고 미워도 주님의 사랑으로 품고 기도해 주어야 한다고 생각한다.

또 주의 종도 인간인지라 하나님의 능력으로 병을 치유하고 문제를 해결한 것으로 끝나야 하는데 이것이 마치 자신의 능력으로 된 것처럼 무엇을 기대하거나 바라면 결국 삯꾼 목사가 되는 것이라 여긴다.

나 역시 이런 부분에 무너지지 않으려고 노력해 왔지만 다 잘해왔다고 자신은 하지 못한다. 그러나 최소한 노력은 해왔던 것 같다.

보라성교회 기도회는 매일 밤 11시 부터 시작된다. 하루는 강남의 부잣집 부인으로 보이는 40대 후반의 여성이 기도회 중에 교회 안으로 들어왔다.

핸드백과 옷, 구두가 모두 최고급 명품으로 휘감았지만 그녀의 얼굴 표정을 보니 영적으로 문제가 있다는 것이 금방 감지가 되었다. 우연히 이 앞을 지나가는데 찬송가 소리가 들리고 십자가가 보여 자신도 모르게 들어왔다고 했다.

상담을 해보니 그녀는 유명대학 유 모 교수인데 심한 결벽증과 우울증을 앓고 있었다. 단순히 정신적인 문제가 아니라 그녀를 옭아매는 악한 영적 세력에 점령 당해 있었다. 교회 직분도 집사였다.

첫날 기도회에서 유 집사를 위해 모두 함께 기도했는데 몸이 시원해지고 무엇이 나가는 듯한 체험을 했다며 기뻐했다. 이참에 교회에 자주와서 함께 기도하며 병을 고치자고 했더니 시간이 잘 나지 않는다고 했다. 기도팀이 집으로 가서 기도해도 되겠느냐고 했더니 승낙을 했다.

집을 방문한 우리는 깜짝 놀랐다. 집은 으리 으리한데 얼마나 청소를 안 했는지 모든 곳에 먼지가 수북했다. 뭐든 손을 대는 것조차 불결하게 여기니 자신이 움직이는 동선 외에는 아예 손을 안대고 살아온 것이다. 집 안이 더러운 것은 영적 상태를 보여주는 것이기도 하다. 하나님의 영이 임재하는 사람은 더럽고 추한 것을 참지 못한다.

우리는 그녀의 허락을 받고 집안도 싹 청소를 해준 뒤 뜨겁고 강한 기도로 그녀를 둘러싼 영들을 물리치는 기도를 했고 그 굴레에서 벗어난 그녀는 보라성교회에 1년 정도 출석하며 힘을 실어 주기도 했다.

또 성도 중 맞벌이 교사 부부가 결혼 12년 차인데 애가 없었다. 유명 산부인과에 다니며 시험관아기도 여러번 시술했는데 안 되었다. 보라성교회를 나오는데 이 모습을 보는 나의 마음이 매우 아팠다. 부부는 올해까지 기다려 보고 나이도 있고 건강상의 문제로 아예 아이를 포기하겠다고 했다.

　나는 부부에게 포기는 안된다고 단호하게 말했다. 생명은 하나님이 주시는 선물인데 아직 주시지 않았다고 포기하고 의학적으로 기회를 막는 것은 안된다고 했다.

　우리는 만날 때마다 태의 문을 열어 주실 것을 간절히 기도했고 드디어 1년 후 교사 부부는 건강한 아이를 얻어 하나님께 영광을 돌릴 수 있었다.

　이렇게 신학교도 다니며 전도사로서 목회하는 교회였지만 하나님은 곳곳에 있던 영혼들을 보내 성전을 채우게 하셨다. 1년여가 됐을 때 우리 교회가 최대 수용하는 100여명이 거의 다 차고 있었다. 주변에서 전도사가 이 정도 사역하는 것은 대단하다고 했지만 나는 목회를 할 수록 아직 부족한 것이 너무 많음을 절절히 느끼고 있었다.

31

완도 동고리의 전도봉사대

지하실에 세든 우리 교회는 여름이 되어 장마철이 되니 습기가 차고 눅눅하며 냄새가 많이 났다. 새 건물인데도 비까지 새 물건들이 젖는 등 문제가 많았다. 그런데 물이 새는 이유를 발견하지 못해 1년 계약을 채우고 다른 예배 장소를 찾아보기로 했다.

그런데 그 사이 가격이 많이 올라 우리가 가진 예산으로 같은 평수는 구하기 힘들었다. 고생한 지하실은 이제 사양하고 지상을 알아보는데 1,2층은 가격이 비싸고 3층 30평 정도는 가능할 수 있을 것 같았다. 보증금은 2000만원으로 예전의 배를 내야 했다.

대신 가족 숙소를 따로 구하고 30평을 성전으로만 하면 될 것 같았다. 이 건물도 새 건물이라 계약을 하고 들어오려는데 동네 주민들이 교회가 들어오는 것을 반대하는 민원을 구청에 내는 바람에 이사

짐을 풀지 못하고 기다려야만 했다.

알고 보니 인근 13가구가 반대 민원을 냈는데 이들 대부분의 가구에 교회 문패가 걸려 있었다. 13명 중 11명이 기독교인인데도 반대 서명에 사인을 한 것으로 나타났다.

난 싸우지 않고 내가 지는 것이 낫다고 생각했다. 더구나 반대하는 이들이 크리스천이 대부분인데 나름대로 이유가 있을 것이고 덕이 되지 않을 것으로 판단했다.

보증금을 돌려받고 조금 외지지만 허름한 2층 건물의 2층으로 다시 계약했다. 이곳은 200여명을 수용하고 사택으로 사용할 수 있는 방이 2개 딸려 있었다. 돈을 더 보태야 했지만 그래도 마련할 수 있어 감사했다.

당시 이 지역은 저소득층이 주로 살았다. 살기가 빡빡하고 문제는 많고 모두들 하루하루 삶을 힘들어 했다. 이들이 교회에 와서 얻어가야 하는 것은 새 힘과 소망, 기쁨과 감사가 되어야 했다.

낙심하며 울고 있는 이들은 감싸 안고 함께 울어 주어야 했다. 당장 밥을 굶을 처지에 놓인 성도들은 쌀과 찬거리를 사들고 심방해 격려를 해 주어야 했다.

하루 24시간이 어떻게 지나가는지도 모를 정도로 바쁘게 사역하다 보니 교회 성도 수는 어느새 150여명으로 늘어나 있었다. 그 사이 교회도 옮겨 임대지만 천호동 건물 100여평에 성전을 마련했다.

교회가 어느 정도 자리를 잡아 목회에 탄력이 붙기 시작했다. 한 영혼 한 영혼을 소중하게 여기고 정말 최선을 다했다. 새벽기도를 빠지지 않았고 그 어떤 성도가 와도 신앙생활을 잘 할 수 있도록 도우려고 노력했고 모든 사역에 최선을 다해 애쓰고 힘썼다.

그리고 성도들에게 나의 과거는 전혀 이야기 하지 않았다. 그것은 자랑도 아니고 치부일 뿐이었고 지금은 주님의 종인 송일현이 있을 뿐이라고 생각하며 매사에 정성을 다해 사역했다.

개척 이듬해 였다. 우리 교회가 규모는 작았지만 전도가 힘든 지역에 복음을 전하는 전도여행을 계획했다. 그동안 신학생들과 여러 차례 지방에 전도여행을 다녔지만 이번엔 성도들과 같이 가기로 한 것이다. 전라도 완도 근처 신지도로 의료 및 미용 봉사활동을 가기로 계획을 세웠다.

완도의 114로 전화를 걸어서 인근에 도움이 필요한 교회가 있느냐고 물어서 찾은 교회가 바로 완도군 신지면 동고리교회였다. 동고리교회는 성도도 거의 없는데 한 전도사님이 사명으로 들어가 교회를 짓고 있는데 뼈대만 세워놓고 건축비가 없어 거적으로만 덮어 놓았다고 한다.

사역과 교회건축에 너무 신경을 써서 쓰러지시기도 했다는데 사연이 너무나 안타까웠다. 우리 보라성교회 전도대가 들어가 지역 주민들을 위해 봉사하면 그나마 성도가 좀 늘어나 전도사에게 힘이 되어 주었으면 했다.

교회 전도대는 나를 포함해 남녀 13명으로 미용사 간호사 침술사

등이 포함됐다. 여기에 젖먹이 아이를 떼어 놓고 갈 수 없는 애엄마가 2명이 있으니 실제로는 11명인 셈이었다.

우리는 영양을 돕는 링겔과 파마약, 전도지를 잔뜩 싣고 교회를 출발하려는데 때마침 제주도에서 태풍이 올라와 완도서 신지도행 배가 안 뜰 것이니 지금 출발하면 고생만 한다는 이야기가 들려왔다.

정말 날씨가 바람이 많이 불고 비도 흩뿌리는데 이 비를 뚫고 출발을 해야 하는지 망설여졌다. 우리 일행이 배를 타는 완도까지는 가더라도 만약 완도서 배가 출발하지 않으면 부두에서 배가 뜰 때까지 우리 전도대원과 마냥 기다려야만 했다.

상식적으론 태풍경보가 풀린 후에 출발하는 것이 맞지만 기도하니 일단 출발해야 한다는 믿음이 왔다. 우리를 애타게 기다릴 완도 전도사님을 생각하니 마음이 급했다. 이 사역을 위해 6개월을 기도했는데 하나님이 그냥 못가게 하시지 않을 것이란 믿음이 있었다.

밤 10시에 서울 교회서 봉고버스로 출발해 완도항에 새벽에 도착했지만 여전히 비가 내리고 바람이 불었다. 그런데 놀랍게도 아침이 되면서 비가 그치기 시작했다. 우연이라고 보기엔 너무나 신기했다.

우리는 선착장에서 라면을 끓여먹고 신지도행 배를 탔다. 어제만 해도 날씨가 험해 배가 운항하지 못할 것으로 보았는데 하나님을 믿고 믿음으로 밀고 온 것이 잘 한 선택이었다.

그런데 문제는 동고리에 들어가 우리 전도팀이 묵을 텐트를 치고 준비를 하는데 계속 거센 바람과 비가 내리는 것이었다. 우리가 여기에 묵고 전도할 기간은 3박4일인데 일기예보에 따르면 이 기간에 계속 날씨가 않좋고 태풍이 다시 올라올 수도 있다고 했다.

우리가 비오는 가운데 텐트를 치니 동네 사람들이 이상한 듯 우리를 구경하러 나왔다. 나는 동네 주민들에게 이렇게 말했다.

"어르신들. 저희는 어르신들 파마도 해드리고 링겔도 맞게 해드리고 아프신 분은 침도 맞게 해 드리려고 서울 교회에서 왔습니다. 내일 여기로 오시면 다 해 드릴테니 꼭 오세요. 돈은 안받습니다."

그러나 주민들은 시큰둥했다. 이런 궂은 날씨에 무슨 일을 하겠느냐는 표정이었다. 더구나 태풍이 다시 올라온다는데 이런 날씨에도 오다니 참 희안한 사람들이라는 표정이었다. 어떤 할머니 한 분이 이렇게 말씀하셨다.

"아이고 봉사도 좋은디 햇빛이나 났으면 좋겠소. 교회서 오셨당께 하나님이 계시면 햇빛이나 나게 해달라고 허소."

나는 바로 말을 받았다.

"내일 햇빛나면 어머니 여기도 오시고 교회도 다니실래요. 하나님이 내일 햇빛 나게 하시면요."

그 분은 그렇게 하겠다고 약속했고 나와 새끼손가락까지 서로 걸며 약속을 했다. 이 모습을 본 전도대 성도들이 속이 탔다고 한다. 지금 날씨 같아선 내일도 흐리고 비가 오고 태풍도 다시 온다는데 우리 전도사님이 뭘 믿고 저러는지 이해가 안 되었던 것이다.

그런데 저녁이 되니 비와 바람이 더욱 거세졌다. 아예 비가 퍼붓듯이 내렸다. 텐트가 날라갈 수도 있고 위험하니 학교강당으로 대피하자는 이야기가 나왔으나 난 좋으신 하나님을 믿고 내일 좋은 일기 달라고 기도하자고 했다.

난 텐트 안에서 세찬 빗소리를 들으며 간절히 기도했다.

"세상만물을 지으시고 생사화복을 주장하시는 하나님 아버지. 보라성교회가 전도팀을 만들어 여기까지 힘들게 왔습니다. 3일간 여기서 하나님이 기뻐하시는 영혼구원을 위해 여러 봉사를 하고자 합니다. 날씨가 않 좋으면 모든 것이 어그러집니다. 하나님 내일 좋은 일기를 주셔서 온 주민이 이곳에 다 모이게 해 주세요. 그래서 동고리교회에 성도들이 차고 넘치게 성령님 역사해 주옵소서."

다음날 기적같은 일이 일어났다. 일기예보완 전혀 다르게 이 완도 지역만 아침부터 천천히 개이기 시작하더니 화창한 파란하늘이 나타난 것이다. 동네 사람들이 깜짝 놀랐다. 예수믿는 사람들이 오더니 날씨가 바뀌었다며 하나님이 계신게 맞는 것 같다고 했다.

우리는 이곳 동고리에서 각종 봉사활동과 함께 치유기도도 해주고 사랑으로 주민들을 3일간 정성껏 섬겼다. 첫날만 비바람이 거세게 왔을 뿐 3일 내내 화창한 날씨 속에서 모든 봉사가 순조롭게 진행됐다.

매일 저녁 나는 교회에서 부흥회를 인도했다. 치유기도 시간에 걷지도 못했던 노인 한 분이 일어났고 치유의 기적이 이어지면서 동네가 난리가 났다. 회개와 구원의 역사가 이어졌다.

이를 계기로 동고리교회를 떠났던 성도들도 교회로 다시 돌아오고 새신자도 늘어 동교리교회가 자리잡고 성장하는 새로운 계기가 되었다. 우리는 성도들과 그 자리에서 헌금을 해서 중단됐던 교회건축을 계속하도록 돕기로 했다. 이곳 전도사님의 감격과 감사는 이루말할 수 없이 컸다.

우리 전도대는 동교리교회 전도사의 기뻐하고 감사하는 모습을 보며 동고리를 떠나올 수 있었다. 신기한 것은 우리가 동고리를 떠나는 배를 탄 순간 며칠간 참았던 비가 세차게 흩뿌리기 시작했다는 사실이다.

32

목사안수를 받다

1990년 전도사 다음 과정인 강도사 인허를 받고 이듬해인 1991년 4월8일, 목사 안수를 받았다.

안수위원들이 내 머리에 손을 얹고 기도해 주며 하나님이 사명을 받은 주의 종으로 살아갈 것을 기도해 주는데 가슴 밑에서 울컥하며 감동의 눈물이 흘러내렸다.

오래 참고 나를 기다려 준 하나님이셨다. 세상에 접어들어 남보다 거칠고 잘못된 삶을 살아온 내가 어머니의 기도와 어린 시절 하나님께 드렸던 서원기도를 잊지 않으시고 잘못된 길을 돌이켜 숱한 우여곡절을 겪으며 오늘 이 시간을 맞게 하신 것을 생각하니 감동스럽지 않을 수 없었다.

지나온 시간들이 주마등처럼 스치는데 그 사이 사이 하나님의 숨

결과 인도가 스며있지 않은 곳이 없었다.

내 나이 46세. 한참을 돌아서 오느라 남들보다 한참이나 늦었지만 감사했다. 목사 안수를 받고 나오니 어머님이 무릎을 꿇고 계셨다. 난 놀라서 왜 그러시느냐고 했더니 이렇게 말씀하셨다.

"목사님이 되시고 하는 첫 기도를 어미가 받으려 합니다. 우리 가문에 목사가 나온 것은 대통령이 나온 것보다 더 기쁘고 감사한 일입니다. 너무나 감격스러워 춤이라도 추고 싶습니다."

난 울먹거리며 어머님을 위해 기도해 드렸고 결국 다같이 울고 말았다. 난 우리 집안에 처음으로 나온 목사 1호였다.

그런데 한창 가족들과 기쁨을 나누는데 목사 안수위원으로 참석한 선배 목사 한 분이 내게로 다가와 조용히 물었다.

"혹시 송일현 씨 맞습니까?"

"그런데요."

나를 빤히 한참을 쳐다 보던 그 목사님은 대뜸 "맞네. 맞아. 일현이 형님이네."라고 하는 것이었다.

나는 그분이 도무지 생각나지 않았다.

"혹시 잘못 보시거 아니신가요."

"아. 형님은 저를 잘 모르실 수도 있겠네요. 저는 양은이 형님 밑에 있었던 K인데 일찍 예수믿고 목사가 되어 오늘 노회 목사 안수식에 안수위원으로 참석한 것입니다."

예전에는 그가 조직에서 한참 아래였지만 지금은 목사로서 나의 한참 선배가 되었다. 예전처럼 형님이라고 부르는 것도 영 어색했다.

난 반갑게 인사를 나누고 앞으로 많이 지도를 바란다며 헤어졌는데 K목사와 이후에도 교제하며 좋은 관계를 유지했다.

목사가 되니 강도사 때와 또 다른 느낌의 사명감과 무게감이 느껴졌다. 하나님의 기름부음을 받은 종으로써 내게 맡겨진 양무리를 최대한 잘 섬기고 꼴을 잘 먹여 신앙과 삶이 건강하도록 이끌어야 한다는 다짐이 나왔다.

난 목사가 되면 교회가 더 부흥할 수 있을 것이라고 생각했다. 왜냐면 성도들이 전도를 받아 교회에 왔더라도 담임 목회자가 전도사인 것과 목사인 것은 큰 차이로 다가갈 것이기 때문이다.

아무리 나이가 들었더라도 이왕이면 정식 목사가 더 나을 것이기에 당시 교회개척 만 3년이 넘어선 나로서는 본격적인 목회가 이뤄질수 있다고 본 것이다.

당시 임대교회를 전전했기에 성도들이 안착하기엔 부족한 부분이 많았다. 성도들은 보통 이미 교회가 잘 지어져 안정되고 편의시설이 잘 되어 있는 교회를 선호한다. 또 성도들이 많아 자신 하나쯤 교회에 출석하지 못해도 모르고 그냥 넘어가는 교회를 다니길 원한다.

이렇게 작은 교회는 성도가 빤하기에 봉사하고 협력해야 할 것이 많아 부담을 느끼는 것 같았다.

그래도 우리 보라성교회는 목회 4년차가 됐을 때 성도수가 150여 명에 이르렀다. 임대교회고 전도사로 개척했음에도 이렇게 인원이 모인 것을 주위에서 놀라워 했다.

주위에서 남보다 학력도 낮고 목회경험이 많은 것도 아닌데 교회가 성장하는 이유를 물어보면 나는 특별히 해줄 말이 없었다. 그냥 최선을 다해 하나님의 종으로 성도들을 위해 기도해 주고 설교준비를 열심히 한다는 것 뿐이었다.

그런데 지금 돌이키면 당시 성도들은 우리 교회가 위치한 지역적 특성도 있었지만 정말 가난하고 소외되고 하루하루를 힘들게 살아가는 이들이 많았다.

앞에서도 이야기를 했던 것 같은데 난 하나님께서 맡겨주신 이 양떼들을 가족 이상으로 생각하고 섬기고 보듬었던 것 같다. 그리고 어려움을 만난 성도들도 많았는데 그들을 돕는데 나의 옛 이력이 도움이 되었던 사례들도 있어 참 아이러니 했다.

개척 초기멤버인 장권사의 남편은 양복점을 하는 김집사였다. 장권사는 교회에 헌신하고 봉사에 앞장서는 일꾼인데 남편이 갑자기 교회에 나오지 않아 왜 안 나왔느냐고 했더니 바로 눈물을 흘리기 시작했다.

무슨 일인지 묻자 자초지종을 털어놓았다. 양복점이 장사가 안돼 남편이 일수돈을 썼다고 한다. 일수는 높은 이자를 내는 고리(高利)라 돈을 제 때 갚지 못하면 이자에 이자가 붙어 낭패를 당하게 된다. 한 때 나도 이 일수놀이를 했기에 너무나 잘 알았다.

일수를 쓰다 돈을 못 갚으니 차용증을 써 주게 되고 이 차용증이 고리 이자가 계속 붙으면서 결국 집까지 넘어가고 남편은 사채업자에게 고소를 당해 경찰서에 잡혀 있다고 했다. 그동안 확인해 보니 낸 이자가 원금보다 많았는데도 이자에 이자로 인해 채무자를 고발까지 해버린 것이다.

보통 사채업자들이 고발을 해서 구속을 시키면 빚을 내서라도 돈을 갚기에 쓰는 수법이었다. 그저 착하기만 한 장권사 부부가 악덕 사채업자에게 걸려 집도 날리고 구속까지 된 것이다.

난 왜 미리 이야기 하지 않았느냐고 화를 막 냈을 정도였다. 바로 남편 김 집사가 잡혀 있다는 강동경찰서로 달려가 면회를 신청하고 위로하고 기도해 준뒤 채권자 전화번호를 받았다.

전화를 걸어 만나자고 했더니 돈을 갚으려는 줄 알고 바로 밑에서 일하는 조직원인 듯 새파란 30대 초반의 청년 2명이 오토바이를 타고 달려왔다.

이럴 때 고분고분하거나 존칭어를 쓰면 이야기가 길어지기 십상이고 자칫 싸움도 일어날 수 있기에 기선을 제압하는 것이 필요했다.

"너네들 어디서 왔어. 본사가 어디야?"

강한 눈빛을 보내며 바로 반말을 하자 청년들이 당황해 했다. 멈칫거리기에 다시 한번 "이야기 하라니까. 어디야?"하고 다그치자 "명동 000인데요"라고 대답했다. 내 예상대로 명동 사채업자 줄기에서 연결된 것이 분명했다.

"야. 지금 명동 본사에 전화해. 나 송일현인데 당장 강동경찰서에 있는 김00씨 풀어주라고 해. 다른말 하지 말고 그 말만 해."

나의 기세에 눌린 청년들은 "그런데 도데체 누구신데 저희들에게 반말하십니까?"라고 약간 불만인 듯한 목소리로 이야기 했다.

"그건 너흰 알거 없어. 내 말만 빨리 가서 전해."

그 때만 해도 휴대폰이 없을 때니 그들은 전화박스에 가서 한참을 전화한 뒤 내게로 돌아왔다. 아주 공손해진 그들은 내게 이렇게 말했다.

"아시겠다는데요. 주민등록증을 보고 송일현씨가 맞는지 확인은 꼭 하라고 합니다."

난 주민등록증을 보여 주었다. 이름을 확인한 그들은 더욱 공손해진 모습으로 인사를 하고 돌아갔다. 이후 바로 경찰서에서 나온 장권사 부부를 위해 시장통에 살 수 있는 거처를 마련해 주고 다른 일을 하며 자립할 수 있도록 최선을 다해 도와드렸다.

이렇게 한 예를 들었는데 난 목회가 성도들과 동고동락하는 심정으로 사역하는 것이라고 여겼다. 애환과 아픔을 함께 품고 함께 아파하고 이런 일들을 위해 기도해 주고 섬기는 것이라고 생각한다. 그리고 이런 목회철학을 계속 지키려 노력해 왔고 지금도 그렇게 하려고 노력 중이다.

목회자는 성도위에 있고 군림하는 것이 아니다. 하늘나라 확장을 위해 성도들을 섬기라고 하나님께서 '목사'라는 귀한 사명을 주신 것이다.

이렇게 보라성교회를 찾아온 한 성도 한 성도를 섬기자 임대교회임에도 150여명의 성도가 모인 것이다. 모두가 다 하나님의 은혜였다.

33

신현균 목사님과의 만남

교회가 규모를 갖추고 자리를 잡으니 부흥회를 제대로 한 번 하고 싶었다. 1990년대 초반 당시 교회들은 여름과 가을에 춘계 추계로 나누어 년 2회 정도 부흥강사를 모셔 심령부흥회를 하곤 했다. 보통 부흥회는 3-4일 정도 하루 3번 씩 예배를 드리며 전 성도가 믿음을 다지고 교회단합을 이루는 계기로 삼았다.

나 역시 부흥회를 당시 가장 유명했던 고 신현균 목사님을 한번 모시고 싶었다. 당시 신 목사님의 부흥회 스케줄은 자그마치 2년치 정도가 미리 잡혀 있을 정도로 바쁘셨다.

이후 내가 초교파 연합 부흥운동에 나서면서 신현균 목사님과 이후 깊은 인연을 맺고 관심과 사랑도 많이 받게 되지만 혹 모르시는 분들을 위해 잠시 신현균 목사님을 소개해 드리고자 한다.

영해(靈海)란 호를 가진 신현균 목사님(1927-2006)은 황해도 수안에서 출생하셔서 평양성화신학교와 장신대, 한신대에서 수학하셨다.

미국 해군 군목학교를 졸업하고 미국 비컨(Beacon)신학대 목회학 박사 학위도 받으신 신 목사님은 해군 군목으로 복무하며 초대 이승만 대통령 앞에서도 설교하셨고 평생을 부흥사로 명성을 떨치셨다.

목사님은 코미디언 뺨치는 특유의 재담와 감동적 예화, 가슴을 파고드는 영적이며 역동적인 메시지를 선포해 숱한 사람들을 그리스도에게도 인도했고 신 목사의 설교로 주의 종이 된 목회자는 이루말할 수 없을 정도로 많다.

1961년 부산에서 강한 성령체험을 한 뒤 부흥사로서 일선에 나선 신 목사님은 우리 국민들이 어렵고 힘들 때인 1960~1970년대에 민족의 소망과 자신감을 불어넣는 설교를 함으로 많은 사람들에게 변화를 가져다 주었다.

이런 유명한 목사님을 부흥회강사로 초청하는 것은 내 힘으로는 도저히 안 되었다. 그러던 중 내가 목사안수를 받을 때 안수위원으로 왔던 K목사가 기억이 났다. 그 분은 교계활동을 좀 하는 것 같아 전화를 걸어 신현균 목사를 부흥회 강사로 초청하고 싶은데 혹시 가능한지 조심스럽게 타진했다.

K목사는 여전히 내가 쑥스럽게 "일현이 형님이 원하시는데 당연히 해드려야죠."하며 너무나 시원스럽게 가능하다고 대답했다. 자신이 신 목사님을 잘 알고 있어서 시간을 빼 주실 수 있고 혹시 스케줄이 다

차서 안 되면 주말인 토요일 저녁과 주일 저녁은 가능하다고 했다.

나는 너무나 감사하다며 간곡하게 부탁을 했는데 확인을 하니 워낙 일정이 빡빡해 추가 부흥회 일정은 뺄 수가 없고 마침 K목사가 본인이 사역하는 교회에 부흥회 강사로 신 목사님을 모시기로 해 잡아놓은 4일 기간 중 2일을 우리 교회에 나누어 주겠다고 했다. 그러면 2일간씩 부흥회를 하는 것이었다.

나로서는 참 감사했다. 이렇게 해서 늘 멀리서만 보고 부흥회에만 참석해 은혜받던 신현균 목사님을, 내가 담임으로 사역하는 보라성교회의 부흥회 강사로 오신다니 그저 꿈만 같았다.

이 무렵 나는 당시 폭력조직 보스로 사회적으로 유명해 있던 김태촌과 옥중에서 보낸 편지를 주고 받고 있었다. 김태촌은 나와 신민당사 사건 이후 자신을 도와달라는 것에 입장을 표명하지 않고 한동안 지내오다가 소식이 끊긴 상태였다.

그런데 김태촌은 이후 뉴송도호텔 사건이란 커다란 살인사건 배후로 지목돼 체포되어 교도소에 수감 중이었다. 김태촌은 어떻게 수소문을 했는지 20여년 만에 내가 목사가 되었고 목회를 하는지도 알아내 연락을 해왔다. 자신이 옥중에서 신앙인이 된 이야기와 함께 신앙의 궁금증을 수시로 내게 보내와 서로 편지 교류를 하고 있는 중이었다.

이날도 편지를 읽고 있다가 부흥회 강사로 오신 신목사님을 맞게 돼 이 편지를 탁자 위에 올려 놓았다가 대화 중에 이를 우연히 보시게 되었는데 초면에 얼굴에 편찮아 하시는 모습이 느껴졌다.

아마 K목사를 통해 나에 대한 이야기를 좀 들으셨겠지만 나처럼 전력(?)이 있는 목사에 대한 알레르기 반응이 있으신 것 같았다. 그래서인지 첫날만 부흥회를 하시고 다음날은 일정이 있으시다며 다른 부흥사인 H목사님을 본인 대신 교회에 보내셨다.

그 이유를 당시는 몰랐고 나중에 알게 되었다. 당시 기독교계에서 폭력조직에 좀 몸담았던 사람이나 재소자 출신이 예수를 믿고 무인가 신학이나 통신강좌로 목사가 된 경우가 여럿 있었다. 이들은 말만 목사이지 여전히 옛 습성을 못 버리고 여기 저기 기웃거리며 돈을 요구하거나 각 종 이권에 개입하는 경우가 자주 있었다.

그런데 신현균 목사님도 부흥회를 많이 다니시다보니 이런 무자격 목사들로부터 돈 요구나 덕스럽지 못한 경우를 많이 보아 이런 부분에 다소 예민하게 반응하셨던 것이다.

그러나 나로서는 이 상황을 잘 몰랐기에 섭섭했지만 어쩔 수 없었다. H목사님 설교로 부흥회를 잘 끝냈다. 그 무렵 신현균 목사님은 자신이 세운 민족복음화운동본부 주최로 희년대성회를 대규모로 준비하고 계셨고 그 실무를 H목사님에게 맡겨 일하고 있는 중이었다.

부흥회에 와서 나를 만나게 된 H목사님은 나의 옛 전력을 알게 되어 그랬는지는 몰라도 이 희년대성회 준비위원회에 함께 참여해 일해 볼 것을 권유했다.

주님을 만나 신학교에 가고 교회를 개척해 목회에만 진력 중인 나로서는 초교파 연합사역이 무엇인지도 잘 몰랐고 사실 관심도 없었다. 그런데 이 일이 민족을 복음화하고 선교에 보탬이 된다면 나도 조그만 힘이지만 참여 할 수 있으면 좋겠다는 생각을 하는 정도였다.

그러나 H목사님이 아주 강하게 강권하셔서 심부름이나 하겠다는 생각으로 참여했는데 점점 시간이 지나면서 이 희년대성회 초교파 조직 내에 여러 알력이 존재하고 있음을 알게 되었다.

그러다 보니 H목사님도 예전에 한 주먹을 했던 나를 아래에 두고 일하면 잡음이 났을 때 내가 나서 일을 좀 평정시킬 수 있지 않을까 생각하신 것 같기도 했다.

하루는 이 희년대성회 준비를 위해 임원 조찬모임이 있다며 강남의 한 호텔로 오라고 해 새벽예배를 마치고 곧바로 갔는데 이곳에서 난 너무나 시험에 드는 현장을 목격하게 되었다.

그동안 이름만 들어 온 교단을 대표하는 명성있는 목사님들이 즐비하게 앉아 있는데 막상 회의가 시작되자 주도권 문제로 고성(高聲)이 오가는 등 크게 싸움하는 모습을 목격하게 된 것이다.

세상도 아니고 고결하신 목사님들이 하나님의 일을 하겠다고 모인 상황에서 보여준 이 모습은 한마디로 추태였다. 나는 왜 이런 곳으로 오라고 했는지 몸둘 바를 모를 지경이었다.

나를 오라고 한 H목사와 희년성회 임원인 L목사는 조직 내부적으로 서로 갈등 관계에 있었다. 그러던 것이 이날 조찬기도회를 통해 크게 터져 나왔고 본의 아니게 난 H목사 편에 서서 L목사가 거느리는 목사들과 부딪치는 상황이 되고 말았다.

　이날 상황은 덕이 되지 않기에 자세히 기록하지 않으려 한다. 문제는 내가 그날 상대로부터 주먹을 2대 정도 맞고 혈기를 참지 못해 나를 때린 상대방을 그 자리에 뻗게 만들어 버린 것이다.

　예전에 주목세계에서 좀 놀았다는 상대 목사들은 4명이었지만 족보를 따져서도 또 싸움실력으로도 나를 당할 수 없었다.

　그런데 문제는 이런 일을 저지른 후 스스로 나 자신에 너무나 실망했다는 사실이었다.

　그동안 목회하면서 잘 버티고 곁길로 빠지지 않았는데 목사님들 모임에 와서 참지 못하고 이런 어처구니 없는 행동을 보인 내가 너무나 한심하고 미웠다.

　난 다음날 곧장 보따리를 싸들고 경기도 파주에 있는 오산리금식기도원으로 향했다. 아직 남아 있는 혈기와 분노, 죄성을 더 떨쳐 버리고 와야 한다고 생각한 것이다. 그리고 통회하는 마음으로 눈물의 회개기도를 드렸다.

34

성도 70명이 한꺼번에 빠져 나가다

목사안수도 받고 한창 목회에 열정을 담아 사역하던 이 무렵, 나는 전혀 예상치 못한 복병을 만나게 되었다.

지금 생각하면 이것도 내 오랜 목회 중 시련의 한 부분이기도 하지만 내가 목사로써 더 단련되고 하나님 앞에 더 기도하게 되는 동기를 부여했다는 점에서 감사하다.

난 그 때까지 성도들에게 나의 과거를 한번도 이야기 하지 않았다. 그래서 초기에 나를 알던 몇몇 성도들은 어렴풋이 나에 대해 조금 느낌으로 눈치를 챘지만 그분들에게도 함구를 해달라고 부탁을 드렸다.

그것은 나의 과거가 자랑이 아니고 정말 부끄러운 부분인데다가 그런 것으로 인해 나의 목회가 선입견으로 판단되는 것을 원치 않았기 때문이다.

세상 속에 파묻혀 거친 주먹세계에 깊이 몸담았던 내가 주님을 만나 뜨겁게 회심하고 신학교에 가서 오늘 이 시간에 이르기까지 결국 그것은 하나님의 강한 섭리와 인도이기도 했지만 결국 더 깊이 들어가면 나와의 싸움이기도 했다.

하나님은 내가 가야 할 방향을 제시하시지만 그 길을 걸어야 하는 것은 결국 나였다. 자유의지를 받은 인간인 나로서는 깊은 갈등과 몸부림, 방황 속에 늘 얻어 터지고 막다른 골목에 와서야 하나님 앞에 무릎을 꿇곤 했다.

이렇게 교회를 개척해 성도들과 함께 울고 웃고 기도하며 신앙공동체를 이뤄가면서 나의 남아 있던 자아와 혈기, 분노가 점점 가라앉고 조금씩 사명자로서 변해가고 있는 과정이었다.

임대교회이긴 해도 성도가 150여명이 되니 교회재정은 걱정하지 않아도 될 정도였다. 난 교회헌금은 주님을 향한 성도들의 믿음의 표현으로 정말 가치있고 보람되게 써야 한다고 여겼다.

그래서 선교와 구제에 아낌없이 쓰고 어려운 성도들이 있으면 돕는 일에도 주저하지 않았다. 성경에 등장하는 초대교회 시절, 모든 성도들이 자신의 것을 주장하지 않고 서로 나누고 공유하며 함께 먹을 때 신앙은 더욱 자랐고 로마의 모진 기독교 탄압을 이겨낸 것을 늘 기억했다.

그러면서 신현균 목사님이 나서서 초교파적으로 부흥운동을 펼치는 이 민족복음화운동본부의 임원을 맡아 이 일도 나름대로 열심히 도왔다.

이러는 과정에서 민족복음화운동본부를 출입하는 기자들과도 알게 되었고 나의 특별한 회심과 함께 목회에 열심을 내고 있는 것을 알게 된 한 기자가 개국해 얼마되지 않은 기독교텔레비전(CTS) 간증대담 프로에 간증자로 나가볼 것을 추천했다.

나는 아직 목회에 새파란 애숭이이고 그런 대담프로에 나갈 만한 사람이 아니라고 손을 저으며 극구 사양했다. 그런데 기자의 권유가 설득력이 있었다.

"사실 과거 험한 죄를 지어 교도소를 다녀온 분 중에서 회심해 목사가 된 분들이 많습니다. 그러나 옛 사슬을 완전히 끊어내고 목회를 잘 하는 분이 많지 않습니다. 바울도 매일 자신을 죽인다고 했으니 구습을 도려내기가 쉽지 않겠죠. 그런데 송 목사님은 이제 목회 5년차 되셨지만 성도도 적지 않고 사역도 여러 방면으로 잘 하고 계신 것 같습니다. 이 프로그램에 한번 나가셔서 간증을 하시면 많은 시청자들에게 은혜도 끼치고 신앙성장에도 도움을 줄 것 같습니다. 시청자들은 평범한 간증 보다 목사님처럼 드라마틱한 간증에 큰 관심을 보이곤 합니다. 교회를 넘어 시청자 전도 차원에서 한 번 출연해 보세요. 그 무엇보다 불신자들이 본다면 회심할 수 있는 전도의 기회가 될 것입니다."

결국 방송출연을 승낙하고 말았다. 그러자 대본 작가가 나를 찾아와 이것 저것 옛 이야기 중심으로 인터뷰를 했다. 나는 이 방송출연을 통해 내 삶에 역동적으로 역사하신 하나님의 놀라운 섭리가 잘 드러나기를 희망했다.

그런데 막상 대본이 나온 것을 보니 나의 신앙적인 변화 보다는 예전 폭력조직에 몸담아 있었던 자극적인 이야기가 더 많았다. 난 방송에 대해 모르니 그렇게 해야 하는 줄 알았고 1시간용 간증대담프로를 어떻게 시간이 지나갔는지도 모르게 녹화를 마쳤다. 사실 목회간증을 자세히 할 만한 시간도 없이 금방 지나간 것 같았다.

CTS 방송을 통해 '예수는 나의 보스'란 제목으로 내 간증이 전파를 탔다. 나는 목사로서 모든 면에 솔직해져야 한다고 생각했고 나의 드러내고 싶지 않은 부분들, 옛 과거를 모두 다 드러냈다. 하다 보니 아내에게조차 하지 않은 이야기도 다 털어 놓았다.

방송국에서는 조직폭력배 두목에서 예수를 만나 목사로 변신한 이야기란 중간 제목을 달아 프로그램 소개를 했고 이 방송이 전국 곳곳에 소개가 되었다.

당시 CTS는 개국 초기라 인기프로는 재방송을 많이 해 주었는데 내 간증내용이 특별했는지 여러 번 방영이 되었고 시청자 반응도 아주 좋았다고 한다. 나중에 내게 개인적으로 연락해 온 분들도 아주 많았다.그러다 보니 결국 이 내용이 우리 보라성교회 성도들도 방송을 보게 되었고 결국 나의 과거에 대해 알게 되었다.

그런데 교회가 발칵 뒤집혔다. 난 몇몇 성도가 내 과거를 알더라도 내가 현재 열심히 목회하는 모습을 보고 진정성을 알 테이니 나를 잘 이해해 주고 넘어갈 것으로 알았다.

그러나 성도들은 그게 아니었다. 방송을 본 반응이 대부분 충격적으로 받아들였다.

"아니. 우리 목사님이 예전에 그렇게 무섭고 나쁜 사람이었단 말이예요?"

"교도소에도 그렇게 오랫동안 갇다 왔다는데, 어떻게 우리에게 그런 과거를 한 마디도 안하고 감쪽같이 속이실 수 있지."

"도저히 인정 못하겠네요. 자금 우리에게 너무나 헌신적으로 잘하시고 메시지도 좋은데…. 믿겨지지가 않아요."

성도들은 방송을 녹화한 것을 서로 돌려가며 다 본 것 같았다. 그런데 나를 이해하고 감싸기 보다는 몰랐던 과거에 대해 놀라며 분노가 일어나는 것이 보였다. 그러면서 성도들이 갑자기 내가 무서워진다고 했다. 나의 과거를 안 순간 성도들이 나를 바라보는 눈빛이 달라지는 것을 나 역시 느낄 수 있었다.

이것은 내가 신뢰하고 믿었던 사람이 전혀 다른 인물이었다고 느끼는 것에 대한 배신감 같은 것이었다고 생각한다. 성도들은 오늘의 내 모습, 주님 안에서 변화되어 목사가 된 오늘의 모습을 봐 주어야 하는데 그것이 아니었다.

나의 옛 모습, 과거에 얽매어 언제든 옛 모습으로 돌아갈 수도 있는 위험한 인물로 나를 보았다. 나는 너무나 마음이 아팠지만 이것 역시 내가 이겨내야 할 관문이자 숙제라고 여기지 않을 수 없었다.

성도들이 하나 둘 빠져 나가면서 인근 교회로 교적을 옮기고 있다는 이야기를 들었다. 난 이들을 회유하거나 만류하지 않았다. 내가 아직 이 분들에게 깊은 신뢰를 못 준 탓이라 여겼다.

이렇게 간증대담프로 '예수는 나의 보스'가 방영된 여파로 우리 교회를 빠져나간 성도는 무려 70여명에 이르렀다. 지난 5년 가까이 혼신을 다해 성도들을 섬기고 모든 예배에 빠짐없이 설교하고 목회해 모인 성도 절반이 한 순간에 사라진 것이었다.

그런데 바로 이것이 목회였다.

난 돌이키면 이 사건으로 결국 잃은 것 보다 얻은 것이 더 많았다고 생각한다. 성도가 교회를 떠나는 것은 목회자로서는 뼈를 에이는 것 같은 아픔일 수 있다. 그러나 그 아픔이 결국은 목회의 토대를 점점 견고하게 만들어 주는 철근과 같은 것이 되기 때문이었다.

난 성도들이 상처를 받고 떠난 것에 서운해 하지 않기로 했다. 내가 감당해야 할 몫이라고 여겼다. 그리고 그 성도님들이 새로 안착한 여러 교회들에서 여전히 신앙생활을 잘해 주실 것을 믿고 또 기도했다.

 그리고 남은 성도들에게 고마워하며 정성껏 섬기고 또 목회에 더 열심을 냈다. 내가 할 수 있는 것은 이것이 최선이었다.

35

계속 이어진 신유사역

교회는 하나님의 자녀들이 모여 예배드리고 기도하며 하나님께 영광을 올려드리는 곳이다. 이와 동시에 가난하고 고통받고 삶에 찌들은 사람들이 와서 그리스도의 복음으로 위안과 희망을 얻으며 치유를 통해 질병에서 놓여남을 받는 곳이 되어야 한다. 더 나아가 악한 귀신의 공격에서 해방을 얻을 수 있도록 사랑과 은혜, 기쁨의 장소가 되어야 한다.

하나님께서 늦게 시작한 나의 목회에 전도사 시절부터 신유은사를 주셔서 이를 통해 교회성장에도 도움이 되었던 것이 사실이다. 그러나 사실 이런 신유사역은 다른 사역자가 보기엔 능력 받았다고 부러워 하지만 실상은 너무나 힘이 든다. 왜냐하면 결국 이것은 하나님이 주시는 능력이라해도 결국은 영적 싸움이고 그 싸우는 영적 에너지가 내게서 나가야 하기 때문이다.

나는 이 영적능력을 위해 기도와 금식, 말씀읽기를 통해 끊임없이 나를 다져나가지 않으면 악한 영들과 싸우는 영적전투에서 승리하지 못한다. 남을 위해 중보기도하고 병자를 위해 신유기도를 하는 것은 결국 영적전투를 하러 나가는 것이기에 긴장하고 또 준비기도를 철저히 해야 한다.

초기의 내 사역은 성도 대부분이 사회적으로 저소득층에 속하는 서민들이었다. 시장에서 장사하거나 여유 없이 간신히 삶을 살아가는 분들이었다. 이 분들을 전도하고 복음으로 변화시키는 통로는 결국 문제가 생기고 질병이 생겨 이를 기도로 해결하고 치유하는 과정을 통해 교회를 출석하게 되는 경우가 많았다. 말 그대로 사도행전적, 원초적 복음이 필요한 분들이었다.

보통 삶이 힘든 분들을 처음에 전도하면 "우리도 교회나갈 여유가 있을 만큼 한가했으면 좋겠다"고 피식 웃곤 한다. 교회 다니는 것은 자신들과 다른 세계의 사람들이 하는 것으로 여기고 "예수쟁이들이 물건 값은 더 깎는다"고 한소리씩 거들곤 했다.

하루는 교회의 중심 역할을 해 주시는 K권사님이 나를 찾아왔다. 시장을 중심으로 전도를 많이 하신 분이셨는데 나와 마주하자 한숨부터 푹 쉬셨다.

"송 목사님 시장통 S정육점 아시죠. 우연히 그 집에 고기를 사러

갔다가 전도를 하니 귀신들린 자기 딸을 고칠 수 있으면 교회에 나가겠다고 하는 거예요. 그래서 딸이 있는 방으로 들어갔는데 아주 깜짝 놀랐답니다."

이후 K권사의 이야기는 내게도 충격이었다. 27살이라는 정육점집 딸은 언제부터인가 머리를 양 다리 사이에 파묻고 몸이 공처럼 된 상태로 지낸다고 했다. 밥도 거의 안 먹고 잠도 이 상태로 벽에 기대어 잔다는 것이었다. 그러다 보니 이제 완전히 몸이 굳어져 다리를 못피는 상태가 되었다고 했다. 부모가 어떻게 해보려고 손을 대어 몸이라도 닿을라치면 소리치며 뿌리치는데 얼마나 힘이 센지 장정도 못 당한다고 했다.

특히 최근에는 더 심해져 지난 3개월간 부모가 보기엔 밥도 물도 거의 안 먹는 것 같은데 살아있는 것이 기적같다고 했다. 이해하기 힘들다는 것이었다. 분명 의학적으로는 죽어야 하는데 살아 있는 것은 또 다른 힘이 그녀를 지배하고 있기 때문이었다.

이제 부모도 포기를 해 버린 그 자매 이야기를 K권사가 내게 갖고 온 것이다. 결국 목사님이 기도를 통해 그 자매를 좀 고쳐 주시면 좋겠다는 말로 들렸다. 그러면 전 가족을 교회로 인도할 수 있다는 것이 K권사의 말이었다.

나도 그 처녀가 진정 불쌍했다. 무슨 엄청난 사건을 겪거나 심신이 미약해져 있을 때 그녀를 침범한 악한 영이 그녀를 사로잡고 옭아매어 점점 죽음으로 몰고 가고 있는 것이 분명했다.

나는 자매에게 찾아갈 것이 아니라 그녀를 교회로 데려오라고 했다. 그랬더니 안 나온다는 그녀를 부모가 잘 타일러 어떻게 교회까지 오도록은 했다.

교회에 온 그녀를 보니 너무나 처참했다. 얼마나 오래됐는지 머리카락이 온 몸을 휘감았고 몸은 마르고 말라 작지 않은 키에도 몸무게가 20kg이 되지 않아 보였다.

내가 보기에도 너무나 안타깝고 안 되어 눈물이 핑 돌았다.기도가 저절로 나왔다.

"주님. 이 자매가 어떤 고통을 겪었고 악한 영에 사로잡혔는지는 저도 모릅니다. 그러나 이 불쌍한 영혼이 악한 영을 물리치고 정상으로 돌아와 주의 자녀로 남들과 같이 살아갈 수 있도록 도와 주시옵소서."

내가 보기엔 증상이 보통 심한 것이 아니었다. 그 마른 몸매에도 장정 2명이 몸을 좀 펴 보려고 손을 대어 보았다, 그런데 이를 뿌리치고 발로 차기도 하는데 얼마나 힘이 센지 장정들이 펑펑 나가 떨어질 정도였다.

난 이 자매를 당분간 교회에서 생활하도록 하고 성도들이 돌아가며 돌보고 기도해 주도록 했다. 보라성교회는 아침 저녁으로 기도회를 가져 성도들이 교회를 비우지 않아 가능했다.

손을 못대게 했지만 처음과 달리 5일 정도가 지나자 기도의 힘에 의해 소동을 피우거나 공격적인 상황이 좀 무디어졌다. 난 자매에게 다가가 발 끝만 살짝 잡고 기도를 하기 시작했고 이것이 시간이 지나면서 점점 몸 전체를 성도들에게 마사지를 시키며 기도해 주었고 그러자 몸이 조금씩은 부드러워지기 시작했다.

얼마나 오랫동안 몸을 공처럼 다시 사이에 얼굴을 파묻었는지 자매의 접히는 뼈 부분은 굳어져 버려 아무리 맛사지를 해도 돌아오지 않았고 피부 구석진 땀이 찬 곳에서는 벌레까지 생겨 있을 정도로 참혹했다.

우리는 인내로 사랑으로 자매를 위해 매일 기도하며 마시지를 해주었고 시간이 지날 수록 점점 온순해지는 자매의 변화에 "할렐루야!"를 외쳤다.

결국 그 자매는 교회생활 47일만에 몸이 마르긴 했지만 걸을 수 있는 정상으로 돌아왔다. 부모는 물론 온 성도의 박수를 받으며 하나님께 영광을 돌릴 수 있었다.

알고 보니 자매는 기타에 소질이 있어 찬양도 인도하며 청년부에서 한동안 잘 봉사했다. 이것은 누가 보아도 하나님의 치유요 기적이었기에 시장에서 예수믿어 고쳤다는 소문이 파다하게 퍼졌다. 우리는 좋으신 하나님, 치유의 하나님께 영광을 돌렸고 부모도 모두 교회에 등록해 복음전도에도 열매를 맺을 수 있었다.

이렇게 예수를 전혀 모르고 믿을 생각도 하지 않는 이들에게는 이런 특별한 하나님의 초월적 역사가 이뤄질 때 사람들은 하나님의 존재를 인정하고 교회출석을 다짐하게 된다.

절체절명(絕體絕命)의 목회 위기를 성도들의 합심기도로 이겨낸 적도 있었다.

하루는 내가 가끔씩 들러 일을 보던 민족복음화운동본부에 갔는데 마음이 어지러우며 교회에 무슨 일이 일어난 것만 같은 불안한 마음이 들었다.

이런 것은 일반적으로 '예감(豫感)'이라고 하는데 난 주님이 주시는 '영감(靈感)'이라고 믿는다. 악한 공격이 있기 전에 느껴지는 무엇인가 이상하고 야릇한 느낌이 있으면 꼭 교회와 성도, 나를 훼파하려는 악한 영이나 귀신들의 공격이 있었기 때문이다.

느낌이 이상해 교회에 전화를 하니 아니나 다를까 큰 일이 났다고 했다. 이야기를 들어 보니 몸이 아픈 것 같아 교회 기도회에 와서 기도 받던 S집사의 어린아이가 갑자기 경기를 일으켜 축 늘어져 숨을 안 쉬더라는 것이었다. 놀란 성도들이 함께 기도하면서 119에 신고를 했는데 구급차가 와서 아이를 보더니 이미 죽었다며 가버렸다는 것이다. 사망사고라 112에 다시 신고를 했고 경찰들이 와서 조사를 하고 있다는 것이었다.

오늘 나도 새벽예배 후 아이를 위해 안수기도를 해 주었는데 정신이 아득했다. 불이 나게 차를 몰아 교회에 도착하니 경찰차와 감식반

차 2대가 와 있고 노란줄이 처진 상태에서 경찰들이 교회주변을 지키고 있었다.

다리가 후들거렸다. 교회 다니엘 21일 새벽기도회를 끝낸 직후인데 어떻게 이런 일이 생겼는지 눈을 감고 계속 기도했다.

아이는 성도들이 얼마나 붙들고 기도했는지 몸 이곳 저곳에 멍이 들고 타박상을 입은 것 같았고 때도 타 꼬질꼬질했다. 육안으로 보기엔 애가 타박상을 입어 숨진 것으로 보이기 충분했다.

"하나님. 21일 기도회를 끝냈는데 교회에 복을 주시지는 못해도 이런 엄청난 시련을 주십니까. 얼마전 방송국 간증대담 출연으로 성도 반을 잃게 하셨는데 이젠 목회를 더 이상 못하게 만드시는 것인가요?"

담당 형사는 보라성교회가 정식 교회가 아닌 사이비집단 쯤으로 생각하는 것 같았다. 그리고 아이 상태를 보더니 "목사 새끼가 때려도 너무 많이 때렸군. 안찰하면 낫는다고 이렇게 어린 애를 두들겨 죽였으니 완전 사이비네 사이비"하는 것이었다.

오히려 아이 부모가 "우리 목사님은 죽기 전 현장에 안 계셨고 아침에도 머리에만 손 얹고 기도만 했을 뿐"이라고 말했지만 그 형사는 믿지 않는 눈치였다. 이에 조금도 개의치 않고 교회 대표인 목사가 모든 책임을 져야 한다는 생각을 하는 것 같았다.

결국 경찰서에 가서 조사를 받게 된 나는 상해치사로 입건될 상황이되었다. 내가 아무리 상황을 부언해 설명해도 형사는 내게 책임을 돌리며 문제를 삼았다. 너무 일방적인 생각에 오히려 현장에 있던 형사 반장이 담당 형사에게 목사님 말씀도 잘 듣고 조서에 참고하라고 호통을 쳤을 정도였다.

이번 사안은 교회에 일어난 사건이어서 어찌되든 내가 책임을 면하기는 힘들었다. 형을 가장 작게 받아도 집행유예 1년은 나오지 않겠느냐고 주변에서 말하는데 난 내 인생에 다시 붉은 줄이 다시 그어진다고는 단 한 번도 상상을 해보지 않았다.

단지 희망이 있다면 아이를 국립과학수사연구소에 부검을 맡겼는데 그 결과 상해가 아니라 다른 질병으로 사망이 됐다면 난 누명을 벗는 상황이었다. 그런데 그것이 검시관의 펜에 달려 있는 것이라 마음을 졸일 수 밖에 없었다. 외관상으로는 아이의 몸에 멍이 많이 들어 있었던 것이다.

성도들은 밤마다 모여 나를 위해 매일 철야기도를 하고 나도 하나님 앞에 강력하고 뜨겁게 기도했다. 마귀의 악한 공격에 교회가 무너지지 않게 해달라고 간구했다.

그래서 부검결과가 나오는 날 제일 먼저 국립과학수사연구소로 달려갔다.

"목사님. 안심하세요. 아이의 사망 원인이 상해가 아니라 기존 질병이 기도를 막게 해 질식사 한 것으로 나왔습니다. 하나님이 도우셨습니다."

형사반장이 알고 보니 인근 교회 안수집사셨다. 목사님이 어려움을 당해 자신도 전전긍긍했는데 일이 잘 마무리 되어 잘 되었다고 했다.

하나님의 기적은 언제 어디서나 모두에게 다 해당되는 것은 아니다. 하나님이 역사하지만 그 뜻을 우리 인간은 헤아리지 못한다. 그 아이의 사망은 부모나 우리 교회 입장으로서는 너무나 슬프고 안타까운 일이지만 하나님의 절대 주권 하에 일어나는 일이기에 수용하고 받아들일 수밖에 없다. 아이 부모를 위해 간절하고 뜨겁게 기도했다.

이후 나는 숱한 사건들을 통해 하나님 앞에서는 모든 결과에 대해 하나님의 뜻을 스스로 기도하며 성령의 은혜로 깨달음을 얻어야지 "하나님 왜 그러셨나요?"는 아무런 의미가 없다는 것을 알게 되었다.

이렇게 계속되는 영적전투 속에서 보라성교회는 조금씩 조금씩 더 성장하고 발전해 나갈 수 있었다.

5

한국교회와 세계교회를
향한 작은 밀알

36

집 판 건축헌금 5860만원

내가 좋아하는 성경구절 중의 하나가 베드로전서 4장 12-14절 말씀
이다.

"사랑하는 자들아 너희를 연단하려고 오는 불 시험을 이상한 일
당하는 것 같이 이상히 여기지 말고 오히려 너희가 그리스도의 고난에
참여하는 것으로 즐거워하라 이는 그의 영광을 나타내실 때에 너희로
즐거워하고 기뻐하게 하려 함이라 너희가 그리스도의 이름으로 치욕
을 당하면 복 있는 자로다 영광의 영 곧 하나님의 영이 너희 위에 계심
이라"

보라성교회가 성도가 줄고 인사사고로 인해 어려움을 겪었던 두

차례 커다란 시련을 만났지만 잘 이겨냈을 때 하나님은 큰 상을 준비하고 계셨다. 앞의 성경구절처럼 우리 교회의 경우 고난을 기도로 이기고 믿음으로 승리했을 때 하나님은 그에 합당한 복을 허락하셨다. 하나님은 어려움과 고난도 당하게 하시지만 그 이상의 축복과 상을 주시는 분이시다.

임대교회를 전전하며 교회를 옮기기에 바빴던 우리 교회는 언제부터인가 우리도 자체 교회를 건축하고 싶다는 열망은 가졌지만 현실적으로는 불가능했다.

우리 교회가 세든 주변 지역이 이미 상가와 아파트 개발이 다 이뤄져 땅값이 오를 만큼 올랐고 빌딩이나 상가 임대료도 높아져 성도들이 주로 사는 지역에서 땅을 사고 교회를 짓는다는 것은 엄청난 예산이 들어 우리 교회 규모로는 꿈도 꿀 수 없었다.

그러나 우리는 늘 기도했다. 보라성교회가 이제 임대교회를 청산하고 타교회처럼 단독 성전을 짓고 마음껏 기도하고 예배드릴 수 있는 공간을 달라고 말이다.

우리교회 개척멤버 중에 소광자 권사님이 계셨다. 전도와 교회봉사에 늘 모범을 보이시고 모든 교회 일에 헌신적이셨다. 넉넉한 살림살이는 아니어도 교회를 위해 헌금하는 일에 앞장서시는 분이셨는데 하루는 강대상 위에 올린 헌금봉투에 직접 쓰신 기도글이 들어 있었다.

"하나님 감사합니다. 좋은 교회에서 좋은 목사님 설교 들으며 행복한 신앙생활 하게 하심을 감사드립니다. 하나님. 기도 제목이 있습니다. 내년에 제 두 딸이 모두 결혼하게 해 주시면 저는 이 집을 팔아 하나님께 올려 드리길 원합니다. 딸이 있으면 집을 팔지 못하기 때문입니다. 그래서 제 집 판 돈이 헌금으로 드려져 교회가 늘 기도해 온 교회건축의 마중물 헌금이 되길 원합니다."

난 소 권사의 믿음에 눈물이 날 것 같았다. 집까지 팔아 하나님께 드리려는데 지금은 상황이 안 되니 딸들이 모두 시집가면 그 때 자기는 어디서 생활해도 좋으니 집을 팔아 하나님께 드려 교회건축의 첫삽을 뜨게 해 드리면 좋겠다는 것이었다.

그런데 소 권사의 이런 귀한 믿음은 놀랍게 열매를 맺었다. 정말 이듬해 두 딸이 자신들의 여건이나 상황 보다 월등한 좋은 배우자들을 만나 모두 결혼했기 때문이다. 더구나 혼수도 거의 해올 필요 없다며 결혼이 척척 이뤄지는데 옆에서 보기에도 놀랄 지경이었다.

난 이 사실이 소 권사의 귀한 믿음에 하나님이 응답해 좋은 배필을 만나게 하신 것이라 믿는다. 난 사실 소 권사가 서원기도를 했지만 정말 집까지 팔 것으론 기대하지 않았다.

그런데 정말 소 권사는 두 딸을 모두 좋은 사위들에게 시집을 잘 보낸 뒤 자신의 집을 팔았다. 그리고 집을 매매한 돈 전액 5860만원을 하나님께 드렸다. 1996년 당시니 지금부터 27년 전이라 이 액수는 아주 큰 거금이었다.

강대상에 소 권사가 약속한 헌금이 올라 온 것을 본 나는 정말 놀랐고 이 헌금을 위해 뜨겁게 기도했다.

"하나님. 과부의 두렙돈과 같은 귀한 헌금입니다. 소 권사의 믿음 위에 복을 더해 주시고 이 헌금이 우리 보라성교회 건축의 주춧돌이 되어 아름답고 은혜로운 성전을 짓게 도와 주시옵소서."

난 이 돈은 교회개척의 불씨가 되어야 한다고 생각하고 교회 지을 땅을 보러 다니기 시작했다. 소 권사에게는 교회 내에서 지낼 수 있는 숙소를 따로 마련해 주었다.

막상 땅을 보러 다니니 이 돈으로는 몇십평은 살 수 있을지 몰라도 최소한 교회지을 200-300평 땅은 도저히 꿈도 꿀 수 없었다.

당시 길가 땅은 평당 150만원이고 외진 곳은 좀 가격이 떨어지는데 차도 없는 성도들이 교회가 외진 곳이면 안될 것 같았다. 그러면 소 권사님 헌금으론 40평 정도 구매할 수 있는 액수였다.

나는 성도들에게 교회건축할 땅 구하는 것에 하나님이 함께 해 주시도록 땅매입 기도제목을 정해놓고 함께 매일 기도하도록 선포했다. 주님께서 반드시 교회건축할 땅을 주실 것을 믿고 아침 저녁으로 모일 때마다 합심으로 기도했다.

얼마 후 위치나 주변 상황이나 교회짓기 괜찮은 땅이 나왔는데 평당 90만원이라고 했다. 시세에 비해 싼 편인데 그 이유는 1233평이나 되고 대신 쪼개서 팔지 않는다고 했다. 사려면 보유한 1233평 다 사라는 것이었다. 90만원씩 땅값만 11억원이 훌쩍 넘었다.

땅 주인은 전국적으로 엄청나게 많은 땅을 가진 땅부자로 자신은 나타나지 않고 친구를 대리인으로 내세워 매매를 하도록 했다. 그런데 대화를 하다 보니 땅 주인은 이 친구에게 땅을 평당 멀마만큼만 받고 더 받는 그 이상은 모두 가지라고 한 것을 어렴풋이 알게 되었다.

그래서 혹시 땅값을 깍아줄 수 있느냐고 했더니 다 사면 평당 80만원까지는 해 줄 수 있도록 도와주겠다는 대답을 받았다. 그러나 아무리 깍은들 내가 가진 돈에 비하면 이 땅값은 여전히 우리 교회로서는 천문학적인 숫자였다.

땅은 클수록 쌌다. 그것은 그만큼 액수가 크기에 유동성을 부여해 준 것이라 생각한다. 아쉬운 마음으로 집에 들어와 아내에게 상황 설명을 했다. 그런데 아내는 아무런 이야기가 없는데 옆에 있던 대학생 큰 딸이 바로 이렇게 말하는 것이었다.

"아빠. 그 땅 사. 평당 90만원이라는 그 땅 말이야.위치도 좋고 땅도 시세보다 싸다면서."

"야. 넌 아무 것도 몰라서 그래. 아무리 땅이 좋고 싸고 1233평을 한꺼번에 다 사야 된대. 그러니 그 목돈을 우리가 어떻게 만들겠니. 어림이 없다."

"아니. 아빠는 늘 우리들에게 믿음을 강조하는 설교를 하시면서 그래요. 나머지는 땅을 사면 하나님이 채워주신다는 믿음도 없어."

딸의 이 말이 갑자기 마음속에서 쿵 소리를 내며 다가왔다.

"그래. 제대로 교회를 지으려면 이 정도 땅을 있어야 하는데 하나님께서 딸의 입을 빌어 내게 말씀해 주시는 것이다. 믿음으로 선포하고 기도하면 하나님께서 기적을 베푸시는 것을 보아오지 않았느냐. 나의 작은 믿음이 뭐든 완전히 준비되어야 움직이는 것으로 생각하게 하는데 이를 위해 기도해 보았느냐. 이 땅이 진정 하나님이 우리 교회에 주시는 땅인지 기도해 보자."

난 3일 금식기도를 선포하고 그대로 교회로 달려갔다. 그리고 이 땅을 사야 하는지를 기도했고 하나님으로부터 '사도 된다'는 응답을 받았다. 마음이 편안해지며 이 땅은 우리 것이라는 확신이 들었던 것이다. 마음이 갑자기 바빠지기 시작했다.

"주님. 믿습니다. 이제 이 땅을 사겠습니다. 이제 주님께서 함께 해

주셔서 좋은 가격에 매입할 수 있도록 지혜를 주시고 땅주인의 마음을 움직여 주옵소서."

37

기적적으로 매입한 교회부지 *1233평*

딸이 교회건축을 위해 1233평 짜리 큰 땅을 사라고 하는 말을 성령께서 내게 들려주시는 음성으로 받았던 나였다. 나는 이를 확증받기 위해 경기도 파주 오산리금식기도원에 달려가 3일 금식기도를 통해 땅을 매입하라는 응답도 받았다. 그래서 집으로 돌아오자 마자 땅을 소개했던 공인중계사 사무실로 바로 달려갔다.

그리고 땅주인의 친구이자 대리인을 불러 달라고 했다. 그리고 나도 모르게 단도직입적으로 이렇게 말했다.

"솔직하게 말씀드립니다. 저희는 작은 교회로 교회건축부지 200평 정도를 예상하고 있었는데 소유하신 1233평짜리 땅을 보았고 사실 마음에 듭니다. 그런데 이를 쪼개서 팔지 않으신다니 저희로서는 매입하기 너무 버겁고 벅찹니다. 그렇지만 정말 가격을 낮춰주시면 다시 한번 기도해 보겠습니다."

나의 진정성이 통했는지 그도 솔직하게 이야기 하겠다고 했다. 땅주인은 어마어마한 부동산 부자로 전국에 200만평 정도의 땅을 갖고 있고 이곳 근처에만도 1만5500평의 땅이 있다고 했다. 워낙 큰 부자여서 내가 사려는 1233평은 크게 신경 쓰지도 않는데 쪼개면 번거로워 지니 시세가 90만원이지만 60만원 정도만 받을 생각을 하고 있다고 이야기 했다. 그 이상 받는 것은 전부 자신이 가지라고 해서 90만원에 내 놓았고 80만원으로 깍아주려 했던 것인데 그 이하를 예상한다면 직접 주인을 연결시킬테니 한번 만나보라고 했다.

나는 미리 땅주인을 만나러 가기 전에 내가 출연한 CTS 간증대담프로 '예수는 나의 보스' 영상테이프와 김태촌이 나와 신앙상담하며 보내온 편지를 한 장 복사해 주인의 사무실로 보냈다.

한 때 어둠에 있었던 내가 목사가 되어 열심히 사역하는 모습을 보여주고 그도 주님 품으로 인도하고픈 전도의 차원과 또 이를 통해 하나님이 역사하실 수도 있다는 기대감도 있었던 것이 사실이다.

그러나 독실한 불교신자인 주인은 자신에게 온 영상과 편지를 보고 매우 불쾌했을 것이라 생각된다. 그래서 보지도 않고 교회집사인 여비서에게 "너나 봐라"고 주었다고 한다.

비서는 집에 돌아와 남편과 내 간증영상을 보게 되었고 눈물을 흘리며 감동과 은혜를 받았다고 한다. 그래서 평소 자신이 모시는 회장을 전도하고픈 마음이 있었던 터라 약간 한가한 틈을 타 "회장님 땅 사신다는 목사님 간증 한번 보세요. 제가 보고 울었답니다."라고 하며 강제로 비디오테이프를 틀어 보게 했다.

비록 종교는 서로 다르지만 나의 파란만장한 삶과 어머니의 기도, 고통으로 점철된 시간들이 그 분에게 큰 감동으로 다가갔던 것 같다. 비서의 말을 빌리면 눈가에 눈물이 비치는 것을 보았다고 한다. 난 이것이 성령의 역사였다고 믿는다.

친구 분이 나를 만나게 해주려는 것도, 비서집사가 방송된 간증을 보고 또 사장에게 강제로 보게 한 것 등 등 이 모든 것이 하나님이 역사하셨다고 나는 생각한다. 사실 땅주인인 친구도 자신의 선에서 예스 아니면 노하면 될 터인데 땅주인을 만나도록 주선을 해준 것 부터가 기적을 만들어 내기 위한 전초전이었던 것이다.

땅주인은 영상을 본 후 비서에게 나를 전화로 연결시키라고 지시했다.

"목사님. 반갑습니다. 보내주신 영상도 보았습니다. 정말 땅 사실 의향이 있으신지요."

"그렇습니다. 사고 싶은 마음이 있습니다."

"얼마에 사시고 싶으신가요?"

"얼마에 내 놓으셨나요?"

나는 가격을 알고 있었지만 다시 한번 확인했다.

"평당 60만원입니다."

"저는 그 액수로는 힘이 닿지 않습니다. 비싸서 살 수 없습니다."

"그럼. 얼마에 사시고 싶으신데요?"

"제가 국세청 시세 과표를 보니 평당 40만원에 잡혀 있던데 그 가격이면 살 수 있을 것 같습니다."

나는 배짱좋게 20만원을 깍은 액수를 던졌다. 부동산이 올라 있는 과표와 현 시세와는 엄청난 차이가 나는 것은 누구나 다 아는 상식인데 과표가격으로만 사겠다는 나를 정신나갔다고 해도 할 말이 없을 터였다.

그러나 주인의 대답은 성령이 살아 역사하신다는 사실을 다시 한번 내게 강하게 입증시켜 주었다.

"네 알겠습니다. 그렇게 하죠. 계약하러 제 사무실로 오세요."

내가 오히려 정신이 멍했다. 이렇게 쉽게 계약이 이뤄지는 예는 없었다. 가격이란 흥정이 있고 줄다리기가 한 동안 계속되는 것이 정상이다. 그런데 너무나 쉽게 절충이 이뤄지니 오히려 내가 가격을 더 낮췄으면 어떻게 나왔을까 하는 생각이 들 정도였다. 난 그 분이 어떤 강한 힘에 이끌려 이런 결정을 했다고 믿는다. 이 액수는 보통 상식을 벗어난 파격적인 땅값이었기 때문이다.

이 사실을 부동산중계인에게 말하자 처음엔 믿지 않으려 했다. 그러나 계약을 하러 가는 중에야 내 손을 잡으며 이렇게 말했다.

"목사님, 돈 버셨어요. 이 땅은 지금 70만원에만 내 놔도 사람들이 바로 살 것입니다. 계약하시고 되팔아도 평당 30만원씩이니 3억 6000만원은 그 자리서 버시는 겁니다."

"무슨 소리예요. 하나님이 교회 지으라고 주신 땅을 왜 팝니까. 절대 안 팝니다."

계약을 위해 들어간 땅주인의 집무실은 실평수가 50평은 될 정도로 어머어마했다. 그리고 자신의 재력을 과시하려는 듯 세상의 온갖 진귀하고 비싼 보물 같은 것들을 사무실 내부에 엄청나게 진열해 놓았다.

독실한 불교신자라고 듣긴 했지만 사무실 안에 황금색 불상도 놓여 있었다. 난 속으로 강하게 기도하지 않을 수 없었고 자칫 영적싸움이 될 수도 있다는 생각이 들어 정신을 바짝 차렸다.

인사를 나누고 원탁에 4명이 둘러 앉았다. 나와 땅주인, 친구이자 대리인, 부동산 대표였다. 내가 먼저 입을 열었다. 기선을 제압하지 않으면 자칫 계약이 틀어질 수도 있다고 느껴졌기 때문이다.

"계약에 앞서 제가 먼저 기도를 좀 하겠습니다."

그러자 땅주인은 불교신자이고 불상도 있는 이 사무실에서 아무리 목사지만 기도부터 하겠다고 하는 말에 매우 감정이 상한 것 같았다.

"아니. 목사님. 기도도 좋지만 그것도 분위기를 좀 보시고 하셔야 되는 것 아닙니까. 제가 불교도인 것 아시고 이 사무실 상황도 대충 보셨을 텐데 기도하시겠다는 것은 좀 실례가 되지 않겠습니까?"

땅주인은 나보다 5-6세는 위였기에 내가 예의를 갖추어야 했다. 그러나 신앙적인 부분은 영적인 충돌이기에 결코 양보하면 안 되었다.

"저는 목사입니다. 하나님의 일을 하는 목사가 불상이 있고 타종교인이 있다고 기도를 할 상황에서 기도를 하지 않는 것은 잘못입니다. 더구나 제게 이 땅을 계약하는 일은 교회를 짓기 위한 아주 중요하고 성스러운 과정입니다. 이런 일에 어떻게 목사가 기도 없이 계약을 할 수 있겠습니까?"

내 말은 논리가 정확했다. 그래도 분위기가 싸해지면서 어색한 정적이 한동안 흘렀다. 땅 주인이 자리를 박차고 일어나면 계약은 물거품처럼 사라지는 순간이었다. 그러나 나는 승리를 확신했다.

"네. 알겠습니다. 기도하세요."

난 모두에게 두 손까지 모으라고 한 뒤 하나님 앞에 감사기도와 또 땅주인이 주님을 만나 삶의 귀한 가치를 깨닫게 해달라고 축복했다. 약속대로 평당 40만원에 맞춰진 계약서에 싸인을 하기 직전이었다.

난 갑자기 땅주인에게 "회장님 혹시 어렸을 때 등짐을 져 보셨습니까?"라고 질문했다. 그러자 회장은 "우리 나이에 시골서 등짐 안 져본 사람 어디 있겠습니까?"라는 대답을 했다.

그런데 곧 이어 나도 모르게 이런 말이 튀어 나왔다.

"제가 이제 땅을 계약하면 이 엄청난 등짐을 져서 날라야 하는데 너무나 무겁습니다. 몇 삽만 덜면 짐이 좀 가벼워질텐데요."

웃으면서 말하는 내 말에 회장도 함께 웃으면서 "그러면 몇 삽이나 덜면 되겠습니까?"라고 말하는 것이었다. 난 이 때 얼마나 불러야 하는지 망설여졌고 그냥 "두 삽이요"라고 했다.

그런데 회장은 "알았습니다."라고 했다. 한 삽을 만원으로 치고 평당 38만원에 최종 매입가격이 정해진 것이다.

두 번이나 원하는대로 땅값이 깎이니 나중엔 더 깎을껄 하고 후회도 됐는데 인간의 마음은 이처럼 자기 위주로 생각하는 것 같다. 최초 나왔던 90만원이 38만원이 됐는데도 난 오히려 더 아쉬워 한 것이다.

사실 나중에 알고보니 내가 더 강하게 요구했으면 회장은 좀 더 깎아 줄 마음이 있었다고 한다. 결국 내 믿음이 여기까지였던 것이다.

이렇게 해 난 원치도 않게 딸이 보여 준 '긍정의 믿음'으로 시작해 오산리금식기도원에서 응답받고 하나님이 여러 사람들을 차례로 변화시켜 이 요지의 땅 교회건축부지 1233평을 사게 되었다. 누가 보아도 이것은 기적이었고 "할렐루야!!"였다.

38

IMF와 6년4개월간 갚은 땅값

교회건축 부지 매입 당시 우리 교회가 가진 돈은 소 권사가 집 팔아 헌금한 6000여만원이 전부인데 땅 값은 복비에 세금까지 내려면 5억여원이 더 있어야 했다.

"주님. 믿음으로 시작한 일입니다. 믿음으로 땅을 사니 나머지는 기적을 보여 주세요."

있던 돈으로 계약금 5000만원을 내고 중도금, 잔금 계약 일자를 다 잡았다. 일단 중도금은 우리 가족이 살던 집을 팔고 내가 갖고 있던 재산을 모두 정리하면 맞출 수는 있을 것 같았다.

그런데 이게 웬일인가. 땅을 사고 바로 얼마 지나지 않아 IMF가

터졌다. 집과 땅값들이 폭락하고 집을 팔려고 해도 아예 거래가 이뤄지지 않았다.

점점 시간이 흘러 당장 중도금 2억원을 갖다 주어야 하는데 집도 팔리지 않을 뿐더러 모두들 어려우니 현금 마련이 도저히 불가능했다. 땅을 사면서 싸게 샀다고 뛰며 좋아했는데 이제 자칫 소 권사가 힘들게 헌신한 계약금마저 날리게 될 상황이었다. 내가 선택할 수 있는 마지막 비상구는 언제나 기도 뿐이었다.

"주님. 아시죠. 사라고 하셔서 샀는데 중도금을 못낼 상황입니다. 계약금을 날리게 하는 것이 주님의 뜻은 아니죠. 도와주세요."

그러나 IMF는 나에게만 닥친 문제가 아니고 국가적인 재난이었기에 국민 모두가 느끼는 고통이 지나가는 중이라 해결책이 나올 것이 없었다. 은행이자가 연 25%까지 치솟아 은행대출도 힘들었다. 모두가 힘들고 고통스런 때였다.

중도금 일자에 돈을 도저히 못 맞춘 나는 또 미리 3일 금식기도를 한 후 땅주인인 회장을 찾아갔다.

"회장님. 아시죠. 지금 IMF로 시중에 돈이 완전히 말랐습니다. 제가 중도금을 마련하려고 집도 내놓고 별 노력을 다했지만 결국 돈 마련을 못했습니다. 계약서대로 꼭 하셔야 한다면 계약금을 포기하는 수밖에 없습니다. 그러나 중도금 내는 기간을 좀 유예해 주시면 반드시 만들어 오겠습니다."

"그럼 그 유예기간 만큼 중도금에 대한 이자를 내시렵니까?"

"물론 그렇게 하겠습니다."

허락을 받은 나는 당시 은행금리가 2.5부였는데 회장은 이 금리보다 낮은 2부로 오히려 더 싸게 해주기로 해 계약금을 날리는 위험한 고비는 넘길 수 있었다. 1달이 지나고 난 이자만 무려 500만원을 들고 다시 회장을 찾았다. 정말 절약해서 피같이 모으고 모은 돈이었다.

초췌한 모습으로 돈을 들고 온 나를 본 회장은 계약서와 관계없이 앞으로 돈이 마련 되는대로 땅값을 갚아도 된다는 특혜를 베풀어 주었다.

그러므로 나는 목회를 하면서 또 내 재산이 일부 정리대는 대로 돈을 갚아 나가기 시작했고 이 땅값을 모두 다 갚아 소유권 이전이 완전히 넘어왔을 때까지 무려 6년하고도 4개월이 걸렸다. 아마 땅 주인이 이런 특혜를 주지 않았다면 우리 교회는 이 땅을 포기했을지도 모른다.

하나님께서 종교는 다르지만 땅주인에게 역사하셔서 우리가 처한 여건에 맞게 땅을 매입할 수 있도록 특별한 은혜를 베풀어 주신 것이라 믿는다.

딸 아이의 믿음으로 얻은 건축부지 1233평이 드디어 완전히 교회 소유가 됐다. 감개가 무량했다. 이제는 기도하며 이 땅을 기본으로 교회건축문제를 본격적으로 기도해야 할 때가 되었다고 생각했다.

그 사이 이곳의 땅값은 제법 올라 있었다. 그래서 난 이곳의 땅 반 정도를 팔고 그 돈으로 교회를 지으면 어떨까도 생각하고 있었다. 난 예전부터 교회가 건축한다며 성도들에게 '건축헌금'으로 너무 부담을 주는 부분들을 좋지 않게 여겼다.

한국교회들이 형편에 맞게 교회건축을 해야 한다고 여겼다. 너무 무리하게 추진해 성도들이 마음의 부담을 크게 느끼게 된다면 이는 바람직하지 않다고 본 것이다.

그러나 교회건축에 대한 하나님의 계획은 다른 곳에 계셨다. 우리 인간이 아무리 머리를 짜고 계획을 세워도 그것은 하루아침에 물거품처럼 사라질 수 있다. 또 반면 앞이 아무 것도 보이지 않을 만큼 아득한 상황에서도 하나님이 길을 열어 주시고자 하면 그 길은 대로처럼 시원하게 열리게 된다.

내가 산 1233평이 이 지역에 대규모 아파트단지가 들어오게 되면서 이 땅을 한국토지주택공사가 수용한다는 연락이 온 것이다. 이곳에 대규모 아파트가 들어온다는 것은 지역이 개발되는 것이고 당연히 땅 값이 뛰는데 수용이 되면 시세가 아닌 고시가를 받아야 하는 단점이 있지만 대신 교회라 종교부지를 살 수 있는 우선권이 주어졌다.

사실 우리가 토지주택공사로부터 받은 평당 보상금은 220만원으로 내가 산 38만원의 6배에 가까운 금액이니 7년 여만에 돈이 되는대로 지급한 투자 치곤 놀라운 복이었다.

하나님은 딸의 입을 통해 믿음을 갖게 하시고 IMF라는 거센 파도가 있었지만 이를 오히려 반전의 기회로 이용해 땅값을 천천히 갚게 하셨으니 하나님의 섭리와 은혜가 놀라울 따름이다.

개발이 이뤄지는 강일동 아파트 신축부지는 총 3개 단지 수천 세대가 들어설 것으로 계획돼 있으며 종교부지는 200평씩 2곳이 배정돼 있었다. 아파트 단지와 인접한 허가된 종교부지는 모든 교회들이 탐내는 땅이 아닐 수 없다.

그 이유는 교회를 인근주민의 반발이나 방해 없이 마음껏 지을 수 있는 데다가 아파트에 입주하는 성도들이 주거지와 가까운 종교부지에 세워진 교회에 나올 터이니 어느 정도 성도확보가 된 상태에서 교회가 출발하는 장점이 있다.

이 두 곳의 종교부지는 우리 보라성교회와 기존 부지 근처에 있던 S교회가 신청을 해 분양을 받게 되었다. 그런데 문제는 200평 평수가 같은 종교부지 두 곳이 도면상으로 보면 한 곳 종교부지는 아파트 단지 중심에 위치하고 다른 한 곳 종교부지는 누가 보아도 이동인구가 작은 모서리쪽이었다.

당연히 두 교회 모두 위치가 좋은 종교부지를 원할 것이 분명했

다. 따라서 이것은 공평하게 추첨을 하거나 아니면 양보 받는 교회가
이에 따른 반대급부를 제공하든 원만한 합의가 필요한 상황이었다.

39

네가 우하면 나는 좌 하리라

새로 건설되는 아파트 단지 내 두 곳의 종교부지를 놓고 두 교회가 어느 곳을 정해야 하느냐 하는 문제가 코 앞으로 직면했다. 우리 교회 장로님과 중직자들은 보라성교회가 당연히 좋은 위치를 선점되도록 노력하며 또 기도하고 있었다. 두 교회가 타협이 안되면 결국 제비뽑기를 할 것이고 이 때 우리 교회가 좋은 위치를 가지길 기도했던 것이다.

누가 봐도 전철역과도 가깝고 아파트단지와도 인근한 종교부지를 분양 받아야 한다고 성도들은 목소리를 높였다. 이것은 교회위치에 따른 교회성장 부분이 걸린 아주 중요한 것이라 양보할 수도 없고 양보해서도 안 된다는 것이 모두의 생각이었다.

그러나 나는 이 부분에 대해 크게 욕심이 나지 않았다. 지금까지 좋은 방향으로 인도해 주신 하나님께서 우리에게 맞는 좋은 땅을 허락하실 것으로 믿었다.

서서히 부지를 결정해야 할 상황이 됐을 무렵 함께 종교부지를 신청한 인근 S교회 목사님이 우리 교회를 갑자기 방문하셨다. 나는 반갑게 안으로 모시고 차를 대접했는데 아니나 다를까 종교부지를 어디로 하느냐 하는 부분에 의논차 오신 것이었다.

"같은 지역에 있는 교회끼리 서로 의논해 좋은 방향으로 매듭짓는 게 좋지 않겠습니까."

S교회 목사님의 말에 나도 공감의 표시를 했다.

"그럼요. 저도 그렇게 생각합니다. 의견만 맞춰질 수 있으면 갈등 없이 부지를 서로 정하면 좋지요."

그런데 문제는 교회설립하기 좋은 땅과 다소 뒤처지는 땅이 있는데 누가 좋은 땅을 갖느냐는 것이었다. 그런데 상대 목사님은 너무나 자연스럽게 자신들이 좋은 위치를 가졌으면 좋겠다고 했다. 그리고 이를 선점해야 하는 이유를 들었는데 자신들의 기존 교회가 이번 아파트 개발단지와 가깝게 있었다는 점을 근거로 들었다.

사실 이 주장은 이유가 안되는 억지였다. 동일하게 동일 조건으로 종교부지를 받는 것이고 아파트 동수와 호수가 추첨으로 결정되 듯 우리도 추첨해 종교부지를 받으면 되는데 종교부지가 두 곳 뿐이니 자체 조율이 가능할 수 있다는 것 뿐이었다.

S교회 목사님의 말에 당장 함께 있던 우리교회 장로님이 발끈하시며 이의를 제기하시려는 것을 내가 조용히 제지했다. 경우가 아닌 말씀을 하셨지만 바로 이 때 하나님께서는 갑자기 내게 창세기 13장 7-12절 말씀을 기억나게 하셨다.

"아브람의 가축의 목자와 롯의 가축의 목자가 서로 다투고 또 가나안 사람과 브리스 사람도 그 땅에 거하였는지라 아브람이 롯에게 이르되 우리는 한 골육이라 나나 너나 내 목자나 네 목자나 서로 다투게 말자 네 앞에 온 땅이 있지 아니하냐 나를 떠나라 네가 좌하면 나는 우하고 네가 우하면 나는 좌하리라 이에 롯이 눈을 들어 요단들을 바라본즉 소알까지 온 땅에 물이 넉넉하니 여호와께서 소돔과 고모라를 멸하시기 전이었는 고로 여호와의 동산 같고 애굽 땅과 같았더라."

이 성경말씀을 이해하기 쉽게 풀어보면 아브라함과 롯이 함께 이곳 저곳을 다니다가 베델 부근에 이르러 진을 치고 살았다. 그러나 저들이 함께 거하기에는 터가 좁았고 하나님이 많은 복을 주셔서 양 떼나 소 떼가 너무 많아졌다.

그로 인해 그들의 수하에 있는 목자들 간에 갈등과 분쟁이 조금 오갔다. 이것은 안 아브라함은 "우리 서로 다투어서는 안 된다. 서로 한 형제가 아니냐? 땅은 얼마든지 눈앞에 보이니 네가 좌하면 내가 우하고 네가 우하면 내가 좌하리라"고 선택권을 조카 롯에게 먼저 준 것을 나타낸 내용이다.

아무리 같은 땅이라고 해도 비옥한 땅이 있고 그렇지 못한 곳이 있다. 하지만 아브라함은 깨끗이 접어두고 롯에게 선택권을 넘겨준다. 선택을 한다는 것도 쉬운 일이 아니겠지만 선택권을 넘겨주는 것은 더 어려운 일이었다. 이것은 자신의 계획과 생각을 갖고 있는 여러 가지 꿈을 내려 놓는 것이기 때문이다.

왜 하나님은 하필 이 때 이 구절을 기억나게 하셨을까. 그것은 내게 그대로 실행하라는 것으로 난 받아 들여야 했다. 하나님이 세우신 교회요 하나님이 기름부은 종들인데 땅 문제로 갈등을 일으키지 말고 좋게 해결할 것을 하나님께서 성경구절을 통해 내게 명령하시는 것으로 받았다.

"알겠습니다. 목사님. 목사님이 먼저 원하시는 부지를 택하시면 저희 교회가 나머지 부지를 갖겠습니다."

오히려 S교회 목사님이 내가 너무 순순하게 양보하는 모습에 당황하는 눈치였다. 그리고 목사님은 볼 것도 없이 좋은 부지를 선택한 뒤 고맙다며 아주 만족스러운 표정으로 돌아갔다. 그러자 우리교회 장로님이 화가 잔뜩 나셨다. 왜 동등한 권리를 양보해 우리 교회 위치가 안좋은 부지를 갖느냐는 것이 그 이유였다. 너무나 당연한 말씀이었다.

"장로님. 죄송합니다. 갑자기 하나님께서 창세기 13장에 나오는 롯과 아브라함의 땅 갈등을 기억나게 하셔서 선뜻 제가 양보한 것입니다. 하나님께서 이 말씀을 주신 것에는 분명히 뜻이 있을 터이니 장로님이 이해해 주시길 바랍니다."

아브라함은 관용을 베풀어 조카 롯에게 먼저 땅을 선택하라고 했다. 우리는 내가 좋은 것을 가져야 한다고 욕심이나 고집을 부릴 때, 그때는 자신이 힘이 없을 때가 아닌지 모른다. 그래서 나이가 들수록 노욕이 생기고 그로 인해 추해지는 모습도 보게 된다.

아브라함은 믿음의 사람이었다. 땅이 좋은지 기후가 좋은지 환경이 좋은지에 문제가 있는 것이 아니고 하나님이 함께 해 주시면 넉넉히 복을 받으리라는 확신이 있었기에 롯에게 기쁘게 양보한 것이다.

아브라함은 자신이 하나님의 인도하심을 받고 있다고 믿었다. 어떤 상황에 놓이더라도 자신이 있었던 것이고 나 역시 그 믿음을 닮아보겠다는 생각에 S교회 목사님에게 양보를 한 것이었다.

이 일로 성도들에게 자칫 오해도 받을 수 있었지만 하나님은 후일 멋진 역전극을 준비해 놓고 계셨다.

우리가 종교부지를 받은 땅이 처음 설계와 일부 달라지고 환경이 바뀌면서 우리 종교부지가 S교회 종교부지 보다 위치상으로 훨씬 더 좋은 곳으로 나중에 바뀌었기 때문이다.

성경말씀은 하나님의 말씀으로 된 성령의 기록이다. 아브라함 시대의 상황이 바로 지금 이 시대에도 전혀 어긋나지 않았다. 하나님은 보라성교회를 사랑하시고 결국 더 좋은 종교부지를 주신 것이다.

놀랍고 기적적인 반전, 우리 예수 믿는 사람들에겐 수시로 체험하게 되는 하나님의 보너스가 아닐 수 없다. 그러나 보라성교회의 반전은 여기서 끝이 아니었다. 하나님은 또 한번 멋진 역전 만루 홈런을 준비하고 계셨다.

40

성전건축에 임한 하나님의 은혜

종교부지 200평을 배정받고 서울 강동구청으로부터 건축허가까지 받은 상태에서 종교부지를 불하한 SH공사에 땅에 대한 잔금을 완납하고 교회건축 공사만 시작하면 되는 상황이 되었다.

그러나 하나님은 여기서 우리 보라성교회에 또 한번 더 복을 허락하셨다. 내가 성도들의 건축헌금으로 교회를 짓는 것을 원치 않았던 것을 아셨는지 우리 종교부지를 탐내는 기업에 우리가 이 땅을 양도하면 더 좋은 조건으로 인근에 땅을 사주고 공사비까지 후원해주기로 하는 놀라운 일이 일어난 것이다.

보라성교회는 원래 지상5층 지하2층, 연건평 800여평으로 설계를 마친 상태였다. 건축비를 40억여원 예상해 부족한 30억여원은 담보대출을 받아야 했다.

그런데 은행은 우리가 소유한 땅만으로 담보가 부족하며 일정한 소득이 있고 어느 정도 재산세를 내는 성도 20여명을 보증인으로 세워 줄 것을 요구했다. 그래야 30억원을 빌려줄 수 있다는 것이었다.

그러나 난 이렇게까지 하면서 성도들에게 부담을 주고 싶지 않았다. 그런데 마침 통신계열 회사 한곳이 우리 땅을 포함해 사옥을 짓는다며 자신들에게 땅을 팔면 대토를 주고 교회까지 지어준다는 좋은 조건을 제시해 불시에 교회장소가 달라진 것이다.

보라성교회 성전부지가 강동구 강일동 67-4번지에서 강동구 상일동 498번지로 바뀌며 더 좋은 조건을 얻어 교회건축을 쉽게 할 수 있게 된 것이다.

만약 이전에 우리가 종교부지 2곳 중 더 좋은 위치를 가지겠다고 경쟁해 그곳에 갔더라면 이런 일은 우리에게 일어날 수 없었다. 비우면 하나님이 더 채워주시는 것이 하늘나라 법칙이라는 사실을 다시 한번 깨달을 수 있었다.

성도들에게 부담을 주지 않으려다 보니 성전건축을 대지면적 666㎡(200평) 크기에 지하1층 지상4층으로 규모를 줄였다.

2012년 2월10일 기공예배를 드린 보라성교회는 공기를 최대한 당겨 교회건축을 시작한지 9개월 만인 11월 6일, 감격적인 헌당감사예배를 드릴 수 있었다. 다른 것에 신경쓰지 않고 오직 건축에만 집중해 공사기간을 당길 수 있었던 것도 은혜였다.

나는 이날 헌당예배를 임직예배와 함께 드리며 다음과 같이 인사말을 했다.

"할렐루야! 감사와 영광을 하나님께 올려 드립니다. 우리를 사랑하시는 하나님께서 이 시대의 사명을 감당하라고 보라성교회를 세우시고 지난 25년의 세월 동안 인도하시고, 동행하며 축복해 주셨습니다. 이런 놀라운 하나님께서 이번에는 저희들에게 눈물의 기도를 통해 새 성전을 건축, 완공케하시고 오늘 이렇게 봉헌 할 수 있도록 역사하심을 감사드립니다.

아무공로 없는 우리에게 모든 것을 준비해 주시고 작은 자들의 적은 물질로 오병이어의 기적을 놀랍게 베푸신 하나님의 은혜에 감사드리지 않을 수 없습니다.

다시오마 약속하신 그날의 소망을 기다리며, 다시 한번 오늘의 모든 영광을 하나님께 올려 드립니다. 더불어 이 자리에 함께 하셔서 자리를 더욱 빛내 주신 모든 목사님과 내빈 여러분께 진심으로 감사드립니다. 하나님이 인도하셨습니다. 하나님이 지으셨습니다. 하나님이 이끌어 가실 것입니다."

나도 모르게 감격의 눈물이 두 볼을 타고 흘러 내렸다.

이날 헌당예배와 임직식을 기록한 신문기사가 남아 있어 이것을 그대로 전제하고자 한다. 이날 순서를 맡은 분들과 설교자, 임직자를 이 책에 기록으로 의미있게 남기고 싶기 때문이다.

"서울 강동구 상일동 보라성교회 헌당감사예배 및 장로장립,권사,안수
집사 임직식이 2012년 11월26일 오전 11시에 열렸다.

보라성교회 당회장 송일현 목사의 사회로 열린 이날 예배는 박광진 장
로의 기도에 이어 임희대 남전도회 회장이 성경 마태복음 16: 13-18절을 봉
독했다.

이어 가브리엘성가대 찬양이 있은 후 한국기독교부흥협의회 증경회장
인 노태철 목사가 "반석위에 세운교회" 란 제목으로 설교를 했다. 노 목사는
"송일현 목사님의 눈물의 기도와 성도들의 헌신으로 이런 놀라운 성전이 빠
르게 건립된 것은 기적 중의 기적"이라며 "하나님의 은혜와 사랑, 역사가 넘
치는 보라성교회가 되어 지역복음화는 물론 민족복음화 세계복음화에 앞장
서는 교회가 돼 달라"고 당부했다.

이어 송지은 자매가 헌금송으로 특송을 했고, 헌금위원으로 서풍미, 나
명화, 양순남, 여집사가 봉사했다. 국회의원 신동우 의원과 세종텔레콤 김형
진 회장은 성전봉헌에 따른 축사를 하였으며, 북성교회 원로 구본홍 목사와
예장증경 총회장 김상봉 목사는 격려사를 했다.

건축위원장 문옥식 장로는 "은혜로운 하나님의 뜻을 받들어 성도들이
한마음 한 뜻되어 하나님의 성전 건축을 완료하여 하나님께 봉헌하오며 이
제는 하나님의 성전과 맡겨진 양무리를 관하실 하나님의 사자에게 이 열쇠를
드립니다."라고 헌건사를 했다.

이어 "내가 이 열쇠를 맡았으나 성전은 하나님의 임재 한 거룩한 하나님
의 전이 오니 오직 하나님의 기쁘신 뜻을 받들어 이전의 문을 열며 닫을 것입

니다. 그런즉 하나님의 성전의 문을 열대 영광을 받으시며, 우리에게 능력과 복을 주시며 성전의 문을 닫을 때 우리에게 능력과 복을 주시니, 그 이름이 영화로워 질 것입니다."라고 수건사를 했다.

이어 성도들은 모두 "볼찌어다. 하나님의 장막이 사람들과 함께 있으매 하나님이 저희와 함께 거하시리니, 저희는 하나님의 백성이 되고 하나님은 친히 저희와 함께 계셔서 저희의 하나님이 되시도다. 이 예배당은 하나님이 허락하여 지은 것이니, 지금부터 우리가 전능하신 하나님 성부와 성자와 성령께 경배하며 그 뜻을 이루는 일에 사용될 것을 엄숙히 서약합니다."고 한 목소리로 고백하며 의미있는 시간을 가졌다.

이어 헌건기도를 당회장 송일현 목사가 했으며, 김성해 피택 장로는 건축경과보고를 했다. 보라성교회는 교회공사에 공헌한 에스에이엠 대표 이선자 회장과 글로벌 성구 창작소 대표 김윤숙 권사에게 감사패를 증정하고, 수목건축사 한 철 사장과 이재욱 현장소장, L사운드음향 김선국 전도사에게도 공로패를 증정했다.

이어 부평순복음교회 담임인 장희열 목사의 축도로 예배를 마쳤으며, 이어 임직식을 거행했다.

당회장의 집례로 예식사가 있었고 임직자들은 서약을 했다. 장로안수기도를 하였으며, 가운착의와 악수례를 실시했다. 이어 명예안수집사, 권사, 취임 기도 후, 임직패 증정과 공포를 했다.

이어 가진 권면과 축하의 시간은 당회장 송일현 목사의 인도로 충성교회 담임 황복기 목사는 임직자에게, 성도에게는 룻 교회 담임 전용범 목사가 각각 권면하는 시간을 가졌다.

이어 성광교회 원로 이종만 목사와 뉴-라이프교회 강풍일 목사는 축사를 했으며, 송성현 목사는 축가를 불러 축하했다. 마지막 순서로 이만신 목사는 축도를 해주심으로 임직식을 마쳤다. 이어지는 오찬기도를 삼락교회 원로 김조 목사가 하여 모든 순서를 성료했다."

참으로 감격스러운 보라성교회 헌당예배였다. 돌이켜보면 한 권사님의 옥합을 깨뜨린 헌신이 씨앗이 되어 부지구입부터 많은 시간과 과정이 소요되었지만 순간 순간 하나님이 개입하지 않은 때가 없었다.

무에서 유를 창조케 하시는 하나님이셨다. 하나님은 이후에도 강원도에 수양관도 허락하시고 교회의 필요를 모두 채워주셨다. 난 이 간증을 어디를 가든 자신있게 나누며 하나님께 영광을 돌린다.

하나님의 오묘하신 섭리와 놀라운 기적은 바로 지금 이 시간에도 우리와 함께 성령으로 역사하고 계시다. 그 증거가 바로 보라성교회 땅매입과 건축, 헌당이다.

41

한국기독교부흥협의회

한국기독교부흥협의회(한기부)란 단체가 있다. 부흥회를 인도하는 부흥사들의 모임체로 1970년 2월15일 창립됐으니 2023년 올해로 55년이 된 역사적인 단체다. 지금은 사단법인으로 등록돼 있고 150여명이 회원으로 활동하고 있다.

난 이 한기부에 목회 초기 엉겁결에 회원으로 들어가 2023년 현재까지 오랜기간 몸담아 활동하고 있다. 나 역시 이 단체의 44대 대표회장을 지냈고 지금도 사단법인 이사장으로 관여하면서 남다른 애정과 관심을 쏟고 있다.

이 단체의 태동부터 그 역사를 설명하자면 특별한 이야기가 담겨져 있다. 이 내용은 한국교회 부흥사의 대부이신 고(故) 신현균 목사님이 직접 들려주신 부분과 또 그 분이 쓰신 회고록에서 알게 된 것이다.

　1960년대 말 한국은 오랜 가난을 조금씩 벗어나고 경제가 좀 숨통을 트면서 교회도 조금씩 부흥되기 시작했다. 이 때 교회마다 년 2회씩 부흥회를 열었는데 이 때 활동하던 부흥사 숫자는 전국적으로 30여명에 불과할 정도로 많지 않았다.

　1909년 9월의 어느날, 서울로 올라가는 새마을호 안에서 부흥회를 마치고 돌아오는 세 사람이 우연히 한 열차칸에서 만나게 되었다. 당시 모두 유명한 부흥사로 인정을 받고 있는 분들이었다.

　그 세분은 신현균 목사님, 조용기 목사님, 김동일 목사님이셨다. 당시 30대 중반에서 후반이었던 세 분들은 예전엔 가끔씩 만나기도 했는데 서로 바빠 못만난 것을 아쉬워 하며 부흥사 친목모임을 하나 만들 것을 제안하게 되고 모두 의견일치를 보게 된다.

　이 때 회장은 부흥사로 활동하던 분 중에 가장 나이가 있으신 박용묵 목사님을 회장으로 추대하고 신현균 목사님이 총무를 맡아 1970년 2월 15일, 신현균 목사님이 시무하던 서울 염천교회에서 한국기독교부흥협의회(한기부) 창립총회를 열게 되었다.

　이 때만 해도 복음운동을 펼치는 단체가 아니라 친목 모임에서 출발했지만 점점 회원이 늘면서 하는 사업을 늘이기 시작했다. 2대 회장을 신현균 목사님이 맡으시면서 단체가 더욱 활발히 움직이기 시작했다.

　당시 일부 신학자들은 부흥사들의 사역을 부정적으로 평가했다.

그 이유가 부흥회가 성도들의 감정적 흥분을 자극해 광신적인 상태로 만드는 것이 비성서적이고 부흥사가 매우 능력이 있는 것으로 보이게 해 담임목사와 알력이 생기게 만든다는 것이었다.

그래서 신현균 목사님은 신학자와 부흥사 간의 만남을 주선해 대화의 시간을 만들고 부흥사들이 건전하게 말씀을 전할 수 있도록 이 한기부에서 지도했다. 또 기독교단체로서 당시 1971년 제작하는 신화폐에 불국사 불상이 들어간다는 것을 알고 "불교국가도 아닌데 왜 전 국민이 쓰는 화폐에 불상이 들어가느냐?"고 정부에 항의해 화폐도안을 바꾸는 일을 해내기도 했다.

이렇게 건전하게 잘 유지되며 발전해 오던 이 한기부가 1990년대 중반부터 조금씩 이상해지기 시작했다. 한기부가 영향력있는 부흥사단체가 되다 보니 부흥사들이 대표회장을 하려고 욕심을 내었고 그러다 보니 대표회장 선거가 과열이 되기 시작한 것이다.

예전에 돌아가며 또 서로 양보하며 회장을 하던 미덕은 서로 다 사라지고 대표회장을 해서 목에 힘을 주고 싶은 부흥사들이 자연스럽게 생겨난 것이다.

그러다 보니 부흥사로 이름은 걸었지만 부흥사사역을 활발히 하거나 능력이 미달인 목회자들이 로비를 하거나 금권선거를 통해 대표회장이 되는 경우가 생긴 것이다.

이 때의 선거제도는 한기부 회원들이 회장을 직선제로 뽑는 방식이었다. 그러다보니 회장이 되려는 목사가 주변의 목사들을 우후죽순으로 모아 자신이 년회비를 다 내어 회원으로 만든 후 자신에게 몰표를 찍도록 유도해 회장이 되곤했다.

그리고 1년 임기를 채우고 다음 회장선거에 또 회비목돈이 입금되면 여러 명목을 붙여 그 돈을 챙겨 나가는 식이었다. 한마디로 부흥사 단체라기 보다는 이름만 있고 선교사업은 거의 하지 않는, 유명무실한 단체로 전락해 버리고 말았다.

그리고 단체 주변에는 예전에 폭력배 출신이었다가 어디서 목사가 됐는지도 모르는 목사 명함을 갖고 용돈을 받아쓰는 이들이 여럿 있었다.

이들은 선거 때만 되면 우르르 몰려와 선거판에 영향력을 행사하며 문제를 일으키곤 했는데 투표날 술을 먹고 행패를 부리거나 회장이나 임원들을 협박해 돈을 뜯어가는 일도 다반사였다.

난 우연히 이 단체에 본의 아니게 가입했다가 이 광경을 보고 너무나 놀랐다. 정말 순수한 복음열정으로 모인 부흥사 친목단체이자 한국기독교 발전을 위해 헌신해 온 모임이 아닌가. 이 역사있는 단체가 이렇게 어이없이 허물어져 있는 것을 결코 가만히 두고만 볼 수 없다.

"하나님. 제가 이곳에 회원이 되도록 이끄신 것은 한기부 이 단체가 정상적으로 흘러가는데 미력하나마 나서라고 보내신 것인가요. 확신을 주시면 한기부가 예전의 전통을 이어가는 부흥사 단체가 되도록 부족하지만 최선을 다하겠습니다."

기도를 마치니 마음에 기쁨과 평안이 왔다. 주변 몇몇 목사님께 말씀을 드리니 누구나 이 한기부에 문제가 있는 것은 다 아는데 이제 어느때부터인가 단추가 잘못 끼워져 버렸고 전직 폭력배 목사들이 선거 때마다 진을 쳐 아무도 이를 고쳐 볼 엄두를 내지 못한다고 했다.

난 목사가 된 후 덕이 되지 않는 내 과거를 철저히 숨기며 목회를 했고 또 사람들과의 관계에서도 옛날 내 족보를 과시하거나 문제가 생기거나 다투더라도 결코 싸우는 일이 안 생기도록 최대한 노력해 왔다. 또 이것은 나름대로 계속 잘 지켜져 왔다.

그러나 이 한기부 단체 문제를 해결하려면 이 단체를 애워싼 문제 목사들과 부딪쳐야만 하는 상황이 되었다. 난 또 며칠 기도하고 금식을 한 뒤 이들을 만나 하나 둘 문제를 해결해 나갔다.

모든 싸움이나 대결은 상대 보다 기선을 먼저 제압하는 것에 있다. 상대가 강하게 나오면 더 강하게 나갈 때 상대는 수그러진다. 난 정말 내키진 않았지만 한기부에서 문제를 일으키는 목사들을 1:1로 만나 때론 타이르고, 때론 겁을 주고, 때론 멱살잡이까지 하면서 이들이 더 이상 이 단체에 얼씬하지 않도록 몇 년간에 걸쳐 정화작업에 힘썼다.

물론 나 역시 과거가 같은 출신이기에 정상적인 절차를 밟아 열심히 헌신하는 부흥사들이 보기엔 거기서 거기인 목사들끼리 싸우고 다

투는 것이라고 폄하해 버릴 수도 있었을 것이다. 쉬운 말로 '그놈이 그놈'이라고 볼 수도 있다는 것이다.

그러나 난 정말 이 한기부가 바르게 잘 서야 한다고 생각했고 내 사욕을 채우거나 부끄러울 행동을 하지 않으려 노력했다고 자부한다. 아마 나와 곁에서 함께 일한 목사님들은 이 사실을 잘 알아주실 것이라 믿는다.

이후 한기부는 문제가 되었던 선거제도도 고치고 부흥사도 아닌 회원들은 모두 제명 처리해 건전한 친목단체이자 한국교회 부흥과 세계복음화를 위해 헌신하는 단체로 어느 정도 다시 설 수 있었다.

난 한기부 회원부터 시작해 사업본부장과 총무 등 임원을 거쳐 2012년 44대 대표회장을 역임했고 이후도 여러모로 관계하며 한국교회에 이바지하는 한기부가 되도록 노력하며 계속 돕고 있다.

이런 점에서 내가 많이 부족하긴 했어도 천국에 가면 이미 가 계신 한기부 설립자 신현균 목사님께서 "송 목사! 잘했어"라고 칭찬해 주시지 않을까 기대해 본다.

42

필리핀 교도소선교와 교육선교

회장선거 과열과 부흥사도 아닌 이들의 회원가입 등으로 물의를 일으키고 제대로 된 선교활동도 하지 못했던 한국기독교부흥협의회(한기부)가 서서히 자리를 잡고 어느 정도 안정이 되었다.

2006년 정기총회에서 사업본부장이 된 나는 한기부의 지난 역사를 되짚어 보았다. 2006년 당시 34년의 역사를 가진 한기부인데 국내에서만 회원들이 친목위주로 모이고 미자립교회 부흥회 및 국내 전도대회 등만 치렀을 뿐 제대로 된 해외선교를 펼친 적이 없었다.

그래서 이 해 여름 주요 임원진을 중심으로 방문단을 구성해 필리핀 선교여행을 계획했다. 현지에 가서 선교도 하고 휴식도 취하면서 한기부 임원들끼리 우의를 다지자는 의도가 있었다.

내가 사업본부장으로 필리핀을 선교지로 택한 것은 이미 필리핀을 선교차 한번 다녀왔기 때문이다. 선배인 강풍일 목사님과 침으로 의료선교하는 양선한 목사님 나 이렇게 셋이서 필리핀 교도소 사역을 하는 이재명 선교사를 만나 의료선교도 펼치면서 필리핀 교도소 현장을 둘러 보았던 것이다.

우리는 그 때 재소자들을 진료하고 의약품과 생필품을 전달했다. 또 재소자들을 대상으로 매일 성경 강좌와 부흥회를 열어 필리핀 교정기관 선교에 새로운 계기를 마련하고 돌아왔다.

미국 시민권자인 이재명 선교사는 필리핀 현지에서 국립교도소사역을 헌신적으로 펼치고 있는데 현지 시설이 너무 열악해 복음을 전하는 것에 큰 어려움을 느끼고 있었다.

1차로 먼저 갔을 때 우리 일행은 4곳의 마닐라 국립교도소를 둘러 보았다. 형기를 5년 주기로 5년 미만이 사는 교도소, 5년 이상 10년까지 형기를 받은 재소자들이 사는 교도소, 10년에서 20년까지 받은 이들이 사는 교도소, 형기 20년 이상이 사는 교도소 4곳이었다.

언제가 해외소식에도 필리핀 교도소의 실태가 뉴스로 소개된 적이 있을 정도로 필리핀 교도소 안의 모습은 놀라웠다. 여기에 비하면 한국의 교도소는 고급 호텔이었다.

교도소는 좁은데 범죄가 많은 필리핀의 많은 죄수들을 몰아 넣으니 제대로 누워 잠잘 수 있는 공간도 확보되지 않았고 위생과 식사도 엉망이었다. 죄수복도 지급되지 못해 사복을 입거나 날씨가 더우니 거의 벗고 지내다시피했다.

이런 상황에서 정기적으로 죄수들을 찾아 먹을 것을 사다 주며 복음을 전하는 이재명 선교사를 죄수들은 아주 반기고 좋아했다.

난 이 선교사에게 지금 교도소 선교하는데 무엇이 가장 필요한지 묻자 재소자들이 모여 예배드릴 교회 건축이 가장 필요하다고 했다. 그런데 필리핀은 냉난방 시설이 안 들어 가고 건축하는 노동력도 죄수들이 제공하면 되니 생각보다 작은 예산으로 멋진 교회를 지을 수 있는 상황이었다.

이런 1차 방문 후 한기부 임원들을 모시고 현장에 갔을 때 모두들 선교비를 내어 교회를 짓자는데 동의를 해 주었고 우리가 교회를 지어 줄 수 있음을 시사하자 마닐라 국립교도소측은 교회 지을 부지 200평을 주겠다고 했다.

이렇게 해 우리는 현장을 방문해 필리핀 재소자와 교도소 직원, 가족들을 위한 재소자교회 기공예배를 드렸다. 이날 기공식에는 한기부 증경회장 강풍일 목사와 당시 대표회장 장대영 목사를 비롯 심원보 전용범 양선한 목사 등이 나와 함께 참석했다.

교도소 소장과 직원, 재소자, 현지 선교사 등 300여명이 참석한 가운데 진행된 기공예배는 장대영 목사님이 말씀을 전했다.

장 목사님은 "어느 곳에든지 하나님의 성전이 있어야 한다"며 "사회에서 소외되고 열악한 환경 가운데 놓인 이들이 교회를 통해 삶의 소망을 갖고 재기의 의욕을 다지길 바라며 이곳이 영혼을 살리는 구원의 방주가 될 것" 이라고 전했다.

필리핀 마닐라국립교도소 레아판도 소장도 인사말을 통해 "올해 들어 3차례나 교도소를 방문해 의료 선교와 성경 교육, 부흥회를 인도해준 한국 목회자들에게 깊이 감사한다"며 "이 곳에 세워지는 교회가 재소자들에게 꿈과 소망을 줄 것으로 기대하며 건축을 위한 지원을 아끼지 않겠다"고 이야기 했다. 지금 생각해도 감동적인 기공식이 되었던 기억이 새롭다.

드디어 2006년 11월, 200여명을 수용하는 교회를 건축, 감격스러운 헌당식을 가졌다.

이날 이재명 선교사는 "그동안 예배 처소가 없어 선교에 큰 어려움을 겪었는데 한기부가 지속적으로 관심을 갖고 기도해주며 교회를 지어 재소자들에게 큰 감동을 주었고 그리스도를 영접하는 재소자들이 많아지고 있습니다"라며 감격스러워 했다.

한기부는 이렇게 필리핀 마닐라 국립교도소 직원·가족을 위한 교회를 봉헌한 데 이어 필리핀 케손시티 파야타스란 빈민지역에 실로암기독학교 건축을 돕기 시작했다. 이 역시 교육지원을 통해 선교 영역을 넓혀갈 필요성이 대두됐기 때문이다.

이 실로암기독학교는 침례교에서 파송된 남순우 선교사가 12년 전 하루 종일 놀기만 하는 지역 아이들을 위해 설립한 사립학교였다. 15명으로 처음 시작했으나 2007년 당시 교직원 20여명이 유치원에서부터 고등학교까지 360여명을 돌보고 있었다. 그동안 교실이 부족해 애를 태웠으나 한기부에서 1억여원의 예산을 지원, 지상 4층에 연건평

400여평 규모의 새 건물을 지어 준 것이다.

이 때 이곳을 주도적으로 나서 도운 분이 다음 한기부 대표회장이었던 심원보 목사님이셨다. 심 목사님은 사재를 털어 많은 기금을 헌금해 주셨고 헌당예배를 드리며 이렇게 설교하셨다.

"기독교 신앙으로 잘 양육하는 것 자체가 선교라는 판단에 따라 한기부가 이 필리핀 교도소를 사역하는 이재명 선교사님과 협력 선교를 펼치기로 한 것입니다. 한국이 초기 선교사들이 병원과 미션스쿨을 세워 오늘의 놀라운 기독교 국가가 된 것을 기억하면서 우리도 필리핀을 적극 도우려는 것입니다."

남순우 선교사는 "필리핀은 모든 것이 낙후돼 있어 의료 및 교육선교의 효과가 크다"며 감사함을 표시했고 준공식에는 기독교텔레비전(CTS)의 '내 영혼의 찬양'팀이 동행해 개교 축하 공개방송을 갖기도 했다.

당시 기독교계 언론들은 이런 한기부의 해외 선교 사역을 높이 평가하며 크게 보도했다. 국내에서 해외로 사역 영역을 확대했을 뿐 아니라 대표회장 선거 과열 등 과거 부정적 이미지 개선에도 큰 몫을 했다는 시각이었다.

한기부의 필리핀 선교지원은 이후에도 실로암체육관을 지어주는 등 꾸준히 지속돼 현지선교가 크게 활성화 될 수 있었다. 나 역시 44

대 한기부 대표회장을 맡으며 이 필리핀 선교 사역을 계속 이어나갔고 우리 보라성 교회도 적지 않은 헌금을 통해 선교에 동참했다.

이렇게 한기부가 참으로 보람되고 의미있는 사역으로 한기부 임원들은 물론 증경회장단과 선배님들도 이 일에 여간 기뻐해 주시지 않았다.

한국부흥운동의 맥을 이어온 한국기독교부흥협의회의 이같은 해외선교는 그간 국내 중심의 선교에서 해외로 선교영역을 확대했다는 점에서 그 의미가 나름대로 큰 것이었다.

43

대장암선고, 다시 사선(死線)을 넘다

오랜 기간 교도소생활을 하면서 나를 괴롭힌 지병은 위장병이었다. 그 이유는 교도소에 가기 전 술을 많이 마셨던 이유도 되지만 불규칙적인 식사로 인해 위가 많이 망가졌던 것이다.

요즘은 몸에 좋은 다양한 안주가 많이 나와 술을 천천히 즐기는 분위기지만 예전엔 깡소주를 마시고 새우깡이나 소금으로 안주를 대신했던 경우도 많았다.

그래도 교도소에 있으면서 규칙적인 식사와 운동으로 위장병 증세가 어느 정도 완화가 되었는데 1975년 교도소 출소 후 서울로 올라와 조직의 아이들과 어울리면서 다시 폭음을 하게 되었다. 결국 위가 견디질 못하고 어느날 밤, 병원 응급실에 실려가고 말았다.

이로 인해 1978년 나는 종합병원에 입원해 대수술을 받았다. 위의

3분의 1을 절단하고 십이지장도 6cm나 잘라냈다. 이후 나도 나름대로 식사에 조심하고 관리를 한 탓에 건강에 이상을 보이지 않아 잘 지낼 수 있었다.

그런데 이렇게 수술을 한지 30년이 훌쩍 지난 2007년 나이도 있고 해서 집 근처 병원을 찾아 종합검진을 받았다. 그런데 검진 후 의사가 위쪽만 정밀검사를 해 보아야 한다며 조직을 떼내 검사를 다시 했다.

웬지 기분이 이상했고 느낌이 좋지 않았다. 그런데 그 결과를 보러 오는데 나는 오지 말고 아내만 오라는 것이 아닌가. 보통 상태가 중할 때 환자에게 충격이 가니 가족에만 알리는 것은 누구나 아는 일이 아닌가.

난 말리는 아내와 함께 진료실로 들어가 당황해 하는 의사에게 이렇게 말했다.

"박사님. 저는 목사입니다. 다른 환자들과 달리 제게 어떤 이야기를 하시더라도 충분히 이해하고 상황을 극복할 수 있습니다. 걱정하지 마시고 조직검사결과와 정확한 병명을 알려주시길 바랍니다."

"암으로 거의 의심됩니다. 단지 빨리 퍼지는 악성인지 아닌지 조사를 해야 하니 입원해 검진하면 좋겠습니다."

아내는 계속 울고 나 역시 충격을 받았지만 이상하게 마음이 담담했다. 하나님께 내가 무엇이 잘못됐는지 아니면 죄를 지은 것이 있는지 곰곰이 생각해 보았다. 그랬더니 하나 둘 문제가 될 수 있는 것이 제법 많이 기억났다. 아직도 주님께 맡기고 의지하지 않고 내 뜻 내 생각대로 처리하고 마치 하나님의 뜻인양 합리화 시킨 일들이 생각났다.

그것은 당시 기독교계의 부조리와 잘못된 모습을 목격하며 기도하는 가운데 성경에 등장하는 내용처럼 '한국교회의 안타까운 현실을 보며 베옷을 입고 울라'는 기도응답을 두 번이나 받았는데 내가 이를 실행하지 않았던 것이다.

잘못된 현장에 가서 베옷을 입고 울면 사람들이 나를 어떻게 생각할까 여기니 너무나 창피해 이를 응답이 잘못된 것으로 나를 합리화시키며 이를 무시한 것이다.

이처럼 아직도 하나님의 명령과 뜻을 내 마음대로 둔갑시켜 하나님의 일을 한다고 자랑스러워 하는 내 부족한 모습을 발견하게 되었다. 그러나 이제 후회해도 소용이 없었다.

의사의 말대로 병원에 입원한 나는 각 종 검사를 받다가 수요일 오후엔 양복으로 갈아입고 교회로 와서 설교를 한 뒤 다시 병실로 돌아갔다. 다음날인 목요일 오전에 입원실로 나를 찾아온 주치의는 충격적인 말을 했다.

"예상대로 악성 대장암입니다. 진행속도가 워낙 빨라서 빨리 수술을 하는 것이 최선입니다. 저희 병원은 시설이 큰 종합병원 같지 않으니 다른 곳에 가서 진찰을 다시 한번 받아 보시고 그곳에서 수술을 하셔도 됩니다."

난 수술 성공률과 이후 생존율 등 몇 가지를 물었으나 의사는 시원하게 대답해 주지 않았다. 그 무엇도 정확한 것은 없었다. 분명한 것은 내가 목숨이 위태로울 정도의 악성 대장암에 걸렸고 빨리 그 암덩어리를 떼어 내야 하는 사실이었다. 또 이 암세포가 언제 다른 장기로 퍼져나가고 재발되어 목숨을 잃게 할지는 누구도 알지 못한다는 사실이었다.

나는 조용히 눈을 감았다.

"하나님. 제가 잘못한 것이 있지만 제게 너무나 험란한 고통의 시간을 또 주시네요. 제 목숨은 주님의 손에 달려 있음을 믿습니다. 제가 하나님의 일에 도움이 된다면 살려주시고 그렇지 않으면 데려가 주세요."

그러나 인간인지라 하나님이 한편으론 화가 나고 서운했다. 어떻게 주님의 일을 하는 목사로 세우시고 성도들에게 말하기도 창피한 중병을 들게 하시는지 이유를 알 수 없었고 또 나 스스로 비탄스러웠다.

그러나 하나님이 이제 나를 여기까지 오게 하셨는데 제대로 사역을 시작하지도 않은 상황인데 여기서 내 사명이 끝이라고 여겨지지 않았다. 나는 다시 기도에 매달려야 했다.

지금 돌이키면 하나님은 내게 아직 남아 있는 마지막 세상의 힘까지 다 빼길 원하셨던 것이 아닌가 싶다.

그런데 기도를 하면 할수록 하나님의 택한 사명자는 죽지 않는다는 생각이 솟구치며 이번에도 치료해 주신다는 확신이 생기기 시작했다.

그래도 의사의 말대로 현대아산병원에 가서 다시 한번 진찰을 받아 보기도 했다. 마침 큰 조카가 그곳에 근무해 진찰예약을 전화로 부탁했는데 내 목소리를 들은 조카가 "왜 목소리에 힘이 없으시냐. 무슨 일이 있으시냐"고 물었다.

이 말에 난 내가 지금 주님을 의지한다고 하면서도 너무나 심신이 나약해져 있다는 것을 깨닫고 바로 교회로 올라가 다시 기도의 단을 쌓기 시작했다. 이날 주님은 눈물뿌려 기도하는 내게 응답을 주셨다.

"아들아. 난 네가 이번 일로 더 가까이 내게 오길 원한다. 의사의 손길도 내가 쓰질 않느냐. 내가 그의 손을 붙들 것이니 넌 진료받은 의사에게 가서 수술을 받아라."

난 최첨단 의료시설과 의료진이 있다는 현대아산병원 대신 나를 처음 진료하고 대장암선고를 내린 동네 병원에 가서 수술 날자를 잡았다. 이곳도 수술 일정이 워낙 빡빡해 도저히 수술일자를 잡을 수 없는데 마침 한 예약 수술환자가 취소를 하는 바람에 내가 그 시간을 받아낼 수 있었다.

수술 당일 날, 난 아내에게 아아들이나 성도 그 누구에게도 수술한다는 것을 알리지 말 것을 신신당부했다. 따라서 보호자는 아내 뿐이었다. 울고 있는 아내를 오히려 내가 위로하며 담담하게 수술실로 들어갔다.

난 주님께 응답을 받았으므로 내가 수술로 낫는다는 믿음이 있었지만 한편으론 두려움도 컸다. 수술대 위로 몸을 누이며 이렇게 기도했다.

"하나님. 제게 신유은사를 주셔서 그동안 많은 교회에서 전도집회를 갖고 노방전도를 다니며 환자들을 주님의 이름으로 고치고 하나님께 영광돌렸던 것들을 기억하시죠. 이제는 하나님이 저를 치료해 주셔야 합니다. 그래야 남은 사명을 잘 감당할 수 있습니다. 주님 치료의 광선을 발해 주시고 수술하는 의사에게 능력을 주세요."

의사는 내게 마취 전 "염려 되십니까?"라고 물었다. 난 "염려 안됩니다. 염려되고 수술을 믿지 못하면 제가 수술을 애초에 하지 않았을 것입니다."라고 대답했다. 그러자 의사에게서 예상치 못한 답변이 돌아왔다.

"송일현 환자님. 제가 수술 전에 기도 한번 해도 될까요. 기도하고 수술을 하고 싶은 감동이 지금 막 제게 왔습니다."

난 오히려 감사하다며 기도를 해달라고 부탁했고 그 의사는 내 손을 가볍게 잡더니 "하나님이 내 손을 쓰셔서 수술이 잘되게 해 달라"는 기도를 했다.

나는 깜짝 놀랐다. 이 기도는 내가 교회에서 기도했을 때 주님이 '의사의 손길을 써서 너를 고친다'는 응답을 주신 것과 일치되는 것이었기 때문이다. 나중에 알았지만 의사는 가톨릭 신자였다.

마취가 시작되고 오랜 수술이 이어졌다. 눈을 뜨니 아내가 밝은 표정으로 나를 쳐다 보고 있었다.

아내는 "의사가 수술이 아주 잘 됐다"고 말한 것을 전해 주었다. 대장암이 퍼진 부위 28cm를 잘랐다고 했다.

수술이 잘됐다는 말은 정말이었다. 수술 2일 후 가스가 나오고 몸이 빠르게 회복되는 것을 내가 느낄 수 있었다. 의사도 급속히 좋아지고 있다며 놀라워 했다.

수술 며칠 후 성탄예배 전날이 되었다. 잠시 퇴원했다 교회에 가서 설교하고 병원으로 다시 돌아오면 어떻겠느냐고 했더니 간호사가 펄쩍 뛰었다. 링겔을 계속 맞고 있고 아직 수술부위가 아물지 않았는데 움직이면 큰 일 난다고 했다.

그러나 그 때까지 교회 중요설교를 빠뜨린 적이 없었던 나는 외출 중 이상이 생길 시에 병원이 책임을 지지 않는다는 각서를 쓴 뒤 교회로 향했다.

링겔과 소변주머니 등등 주렁 주렁 몇 개를 달고 강단에 올라 설교를 했지만 내 마음은 한없이 기뻤다. 이후 병원에 입원해 있으면서 주일예배, 송구영신예배까지 빠짐없이 외출을 해서 예배에 참석했다.

이렇게 수술 후 힘든 몸을 이끌고 교회에 가고 설교도 하는 가운데 하나님께서는 내게 사도 바울이 외친 사도행전 20장 24절 말씀을 다시 한번 기억나게 하셨다.

"내가 달려갈 길과 주 예수께 받은 사명 곧 하나님의 은혜의 복음을 증언하는 일을 마치려 함에는 나의 생명조차 조금도 귀한 것으로 여기지 아니하노라."

송구영신예배를 마치고 나니 새벽이라 병원으로 가지 않고 집으로 가서 조금 쉬었다가 1월1일 신년예배를 드리고 오후에 병원에 갔다.

간호사들이 난리를 칠 줄 알았는데 놀라운 말을 했다.

"송일현 환자님. 의사선생님께서 이제 퇴원하셔도 된답니다. 몸 관리 잘하시고 그동안 수고 하셨습니다."

난 또 한번 죽음의 언덕을 하나님의 은혜로 넘었다. 이후 17년이 지난 지금까지 건강하게 사역하며 잘 지내고 있으니 하나님이 의사의 손길을 사용한 것이 분명했던 것을 간증하지 않을 수 없다. 할렐루야!

44

아르헨티나 아마존 선교에 동참하다

2000년 경이었다. 미국에 부흥회를 갔다가 미국 메릴랜드 주 안디옥 교회 담임이신 현종각 목사님으로 부터 큰무리교회 나광삼 목사님을 소개 받았다.

그런데 나 목사님과 대화 중에 아르헨티나 아마존 밀림지역에서 목숨을 내놓고 헌신적으로 원주민을 전도하는 선교사를 만나고 왔다는 이야기를 들었다.

그런데 나 목사님의 아마존지역 선교사역 설명이 내 마음에 너무나 감동으로 다가왔다. 요즘도 이렇게 자신의 모든 것을 내 놓고 삶 전체를 드리는 선교사가 있다는 것이 내 마음을 뜨겁게 했다.

그 주인공인 이광보 선교사는 아마존 밀림에 자신의 무덤을 파놓고 복음을 전하고 있다고 했다. "죽으면 죽으리라"고 고백했던 에스

더처럼 아르헨티나 밀림 과라니 부족을 위해 "복음을 전하다가 그곳에서 묻히겠다"고 선언했다는 것이다.

이 선교사는 아르헨티나–파라과이–브라질 국경이 만나는 밀림지대인 미쇼네스주 과라니 부족을 상대로 사역하고 있었다. 이곳은 이과수폭포를 배경으로 한 영화 '미션'의 주무대로 더 알려진 곳이다. 그런데 현재는 이곳 주민들이 복음을 잃어버린 미전도종족으로 남아있을 뿐이었다. 그런데 이 선교사는 아내 계연순 선교사와 지난 2000년부터 아무도 들어오지 않는 이곳에 들어와 힘든 사역을 하고 있다는 것이었다.

난 언제 이곳 선교현장에 한 번 가보면 좋겠다는 이야기를 했는데 그것이 그대로 실천으로 옮겨져 선교지를 탐방하러 가게 되었다. 미국에서는 현종국 나광삼 목사가 한국에서는 나와 당시 한기부 대표회장이던 전용범 목사가 동행했다.

한국에서 미국 아틀란타를 거쳐 한국의 정 반대편인 브라질 부에노스아이레스까지는 멀고도 멀었다. 여기서 다시 비행기를 3시간 타고 이과수공항까지 갔고 공항에 도착해 다시 차로 2시간 반을 달려 이 선교사가 사역하는 과라니 부족마을에 들어갈 수 있었다. 완전히 밀림 속이었다.

정말 신부가 복음을 전하다 순교한 영화 '미션'의 주무대답게 경치는 환상적으로 멋있었다. 나는 이 선교사와 만나 이곳의 선교 이야기를 좀 더 자세히 들을 수 있었다.

"1750년 이 이과수폭포 지역에 복음이 전해졌습니다. 영화 '미션'은 당시의 상황을 영화화한 것입니다. 그러나 270년이 지난 오늘날에는 불모지로 변해버렸습니다. 믿음의 대가 끊긴 겁니다.

이곳의 선교사는 저희 부부가 유일합니다. 17세기 서구 열강들의 침략과 학살 등의 영향으로 원주민들은 푸른 눈의 서양인에 대한 반감이 아주 강합니다. 그러니 아무도 원주민에 접근을 못하는 것입니다. 한국 선교사들의 경우도 지구 정반대 지역이고 너무나 위험해 선뜻 나서는 이가 그동안 없었던 것입니다. 밀림이라는 위험과 각종 풍토병의 우려로 이곳은 아르헨티나 도시민들도 꺼려하는 지역이기도 합니다."

이 선교사도 이 지역에 대한 선교에 앞서 우려가 많았다고 한다. 사실 하나님의 부르심이 있었을 때 요나처럼 가지 않겠다고 했으나 사역지를 놓고 기도할 때마다 하나님은 과라니 부족에 대한 감동과 소명을 주셨기에 결국 이곳으로 아내와 함께 오게 됐다고 간증했다.

"저는 원래 1985년에 사업을 위해 이곳 아르헨티나로 이민을 왔습니다. 잘 먹고 잘 사는 것이 꿈이었습니다. 그 꿈을 이루는 듯 했지만, 하나님의 계획은 다른 곳에 있었습니다. 60세라는 적지 않은 나이에 부르심을 받은 거죠. 그것도 밀림의 인디오 부족을 섬기라는 사명이었습니다.

제 조모는 경상도 상주에서 당시 외국인 선교사에게 복음을 접했습니다. 그리고 나서 12명의 손주들을 모두 하나님의 종이 되길 기도하셨고 그대로 이뤄졌습니다. 그래서 누구는 목회자로, 누구는 선교사로, 누구는 평신도 사역자로, 12명 모두 믿음의 길을 가고 있습니다. 저 또한 우리 집안에 복음의 씨앗을 줬던 외국인 선교사의 헌신을 본받아 과라니 부족에게 빚을 갚는 중입니다."

이 선교사는 과라니 원주민 선교를 위해 이 밀림 한가운데로 들어와 복음의 씨앗을 뿌리기 시작했다. 그런데 처음엔 마을 부족들이 이 선교사가 방문하는 것을 반가워 하지 않고 배타적이었다고 한다. 원주민들은 자신들의 조상이 외부인들에 대해 몰살당한 것을 기억하고 있어 '외부인을 믿지 말라'는 것이 부족민들에게 가훈처럼 이어져 오고 있었다.

그런데 마침 추장이 질병에 걸린 것을 이 선교사가 계속 찾아가 약을 주며 치료를 시작했고 100일만에 완치가 되자 부족들을 만나는 것을 허락했다고 한다. 하나님의 은혜였다.

"하나님께서는 이곳 1만명의 과라니 부족을 저희 부부에게 맡기셨습니다. 지난 16년 동안 교회 27곳을 차례로 세웠습니다. 지금은 1800명의 과라니 영혼들이 하나님을 찬양하고 있습니다. 지금 이곳 선교지에 지주가 2만7000평의 땅을 팔겠다고 내 놓았는데 돈이 없어

사지 못하는 것이 안타깝습니다. 이 땅에 사택도 짓고 농사를 지으면 선교사역이 훨씬 힘을 받을 것인데 말입니다."

땅값은 3000만원 정도로 비싸지 않았다. 나와 전용범 목사는 교회에서 각자 기도를 한 뒤 나무 그늘가에 와서 앉게 되었다. 우리는 머나 먼 이곳에 와서 이 선교사에게 감동 받은 것을 서로 나누며 이 땅을 서로 돈을 모아 사주자는데 의견을 일치시켰다.

우리는 바로 계약서를 쓰게 하고 현지서 원주민 부흥회까지 했다. 이 선교사가 지원에 큰 힘과 용기를 얻었다며 감사를 표시했는데 도움을 줄 수 있는 우리의 마음이 더 기뻤다.

"저는 밀림 한 가운데에서 과라니 부족을 향한 하나님의 눈물을 보았습니다. 그들을 향한 하나님의 사랑과 열정, 소망을 보았는데 제가 어딜 가겠습니까? 저는 과라니 부족들과 함께 하나님을 예배하다가 눈을 감을 것입니다."

이 선교사는 자신은 늦은 나이에 헌신했기에 시간이 더 아까워 누구보다 더 최선을 다해 사역하고 있다고 했다. 우리는 계속 이 선교사를 위해 기도하고 도움을 줄 것을 약속한 뒤 발길을 돌려야 했다.

브라질 선교현장을 가는 길도 힘들었지만 오는 길도 여전이 힘들었다. 다시 역순으로 자동차로 이과수 공항을 거쳐 부에노스아이레스

공항에 도착해 미국 아틀란타 공항까지 왔지만 아직 한국 인천공항까지 가려면 14시간 비행기를 더 타야 했다.

아틀란타에서 이미 기진맥진해진 전 목사와 나는 공항대기실에서 이런 대화를 나누었다.

"전 목사님. 정말 힘들지요."

"그러네요. 비행기 타는 것도 질렸고 이렇게 거의 2일을 걸려 한국을 가는 셈입니다."

"그래서 너무 힘들면 비행기 비즈니스 클라스를 타는 것이 필요한 것 같습니다. 좌석이 넓으니 편히 누워서 가면 아무래도 피곤이 좀 덜하겠지요."

나 역시 강행군 일정에 너무 피곤해 돈이 있으면 좌석을 승급시키고픈 마음이었다.

그런데 바로 이 때였다. 안내방송이 나오면서 나와 전용범 목사두 사람 이름을 부르는 것이었다. 데스크로 가니 좌석표를 바꿔주는데 비즈니스석으로 업그레이드 됐다는 것이었다. 할렐루야! 하나님께서 선교하고 돌아가는 우리의 마음과 형편을 아시고 곧바로 특별 보너스를 허락하신 것이었다.

나와 전 목사는 좋으신 하나님을 찬양하며 편하게 한국까지 돌아올 수 있었다. 선교를 열심히 잘했다는 하나님의 상이라 여기니 더욱 더 흐뭇했다.

과라니 부족마을에 땅을 사준 뒤 얼마 후 한국에 선교보고 차 나온 이광보 선교사를 다시 만났다.

이번에는 현지에 지금 교회를 짓고 있고 여기에 이왕이면 신학교도 지었으면 좋겠는데 건축비를 기도중이라는 이야기를 들었다.

그런데 며칠 후 인근에서 형님처럼 여기며 교제하는 대한교회 김상봉 목사님이 식사를 하자며 부르셨다. 점심을 잘 나누었는데 갑자기 봉투 하나를 내미셨다. 그 안에는 2500만원이 들어 있었다.

"송일현 목사. 성도 한 사람이 교회 짓는데 써 달라고 내게 2500만원을 헌금으로 가져왔는데 마땅히 보낼 곳이 없는거야. 그래서 2달간 갖고 있었는데 이젠 빨리 써야할 것 같아. 고심하다 송목사에게 주면 교회 짓는데 잘 쓸 것 같아 불렀어."

난 바로 며칠 전 나를 만난 브라질 이광보 선교사님이 떠올랐고 이 돈은 선교사님 신학교 짓는데 보내야 한다는 감동이 왔다. 연락을 했더니 필요한 건축비는 4000만원이었다.

여기에 우리 보라성교회가 1500만원을 보탰다. 그리고 4000만원으로 현지에 신학교가 잘 들어설 수 있었다. 그리고 신학교 이름을 김상봉 목사님이 담임하는 대한교회의 이름을 빌려 과라니대한신학교라 붙였다.

하나님의 선교방법은 참으로 놀랍고 세밀하게 역사하사는 것을 현장에서 느끼고 보게 된다.

난 언제나 선교사역에 있어서 하나님의 음성을 듣고, 하나님의 뜻을 알고, 하나님의 방법대로 선교를 아름답게 펼칠 수 있길 늘 소망하며 기도하고 있다. 그리고 더 많은 곳에 나와 보라성 교회가 선교에 동참할 수 있고 쓰임받을 수 있길 기도하고 있다.

전도와 선교는 우리 크리스천에겐 호흡과도 같다. 숨쉬지 않으면 죽는 것처럼 선교는 계속 끊임없이 진행돼야 한다고 믿는다.

45

한국교회를 위해 울라

하나님의 부르심을 받고 신학교를 거쳐 목사가 됐을 때였다. 목사가 된지 2달 후에 내가 담임하는 교회를 가입시킨 장로교단의 정기노회가 열리니 노회원 자격으로 참석하라는 연락을 받았다. 전도사 때는 노회원이 될 수 없었는데 목사가 되니 교회를 담임하고 있는 터라 자격을 준 것 같았다.

그런데 당시 나는 목사님들만 모이는 이런 노회 행사는 처음 가보는 터라 기대도 되고 또 선배 목사님들에게 여러 가지 정보도 얻고 목회를 배울 수 있을 것이라는 생각을 가졌다.

그런데 이날 나는 너무나 큰 충격을 받았다. 노회의 정책과 방향에 대해 목사님들이 이견이 생겨 서로 논쟁을 하면서 싸우는데 그 모습이 나를 놀라게 한 것이다.

목사님들이 논쟁을 하시는데 단순히 말만 강하게 하는 것이 아니라 입에서 욕도 나오고 상대를 향해 삿대질은 기본이요 성경책과 가방까지 집어 던지는 등 목사라면 도저히 할 수 없는 행동들을 보인 것이다. 난 놀라기도 했지만 너무나 화가 나서 몸이 부들부들 떨릴 지경이었다.

이렇게 싸우는 분들이 얼마 전 나의 목사 안수식에 와서 내게 정성껏 안수를 해준 분들이라는 사실에 또 한번 놀랐다.

어떻게 목사라는 분들이 이런 추태를 보일 수 있을까. 이날 노회에 봉사하러 온 여성도들도 이런 목사들의 추한 모습을 보고 너무 실망해 그냥 가버렸을 정도였다. 일부 여성도는 울먹이기조차 했다.

난 이제 갓 목사가 되었고 처음 참석한 터에 가만히 앉아 보기만 했는데 도저히 그냥 넘길 수 없었다. 난 이것이 아니다 싶으면 그냥 넘어가지 못하는 성격이었다.

난 이 아수라장 같은 상황에서 발언권을 달라고 손을 높이 들었지만 발언권을 주지 않았다. 계속 '의장! 의장!'이라고 외치며 손을 들자 날 아는지 모르는지 할 수 없이 노회장이 내게 발언권을 주었다.

마이크를 잡은 나는 이렇게 말했다.

"전 오늘 목사가 된 후 처음 노회에 참석한 송일현 목사입니다. 아무리 목사님들 화가 나서도 이것은 아니라고 생각합니다. 이렇게 싸우시면 정말 안되시죠. 전 시장에서 오래 장사를 해 보았는데 무식

한 장사꾼도 이 정도까진 안 싸웁니다. 저 같은 후배들이 본받지 않도록 제발 고정해 주셔서 회의가 잘 진행되도록 협조해 주시길 부탁드립니다."

그러나 내 말은 논쟁하고 싸우는 분위기에 전혀 영향을 주지 못했다. 웬 처음 보는 햇병아리 목사가 건방진 말을 하느냐는 표정들이었다.

회의를 진행하는 의장인 노회장 조차 내게 "네. 알겠습니다. 저리 가서 그냥 앉아 계세요"라고 내 말을 전혀 귀담아 듣지 않았다. 그런데 그렇게 싸우던 목사들이 6시가 되니 바로 정회를 하고 모두 식사를 하러 간다고 했다. 그런데 식사를 하러 가는 모습은 조금 전 싸우던 모습과 전혀 딴 판이었다.

그리고 식사 후 다시 모여 너무나 자연스럽게 예배를 드리는데 난 이런 모습이 더 이상하고 받아들이기 힘들었다. 성전에서 조금 전까지 거칠게 싸우고 마치 아무일 없었다는 듯이 찬양하고 말씀을 읽는 모습에 다시 한 번 놀란 것이다.

자신들의 싸움에 성도들이 울면서 돌아가게 만들었음에도 반성하기는 커녕 최고로 경건한 양 성경봉독과 찬양, 기도, 설교를 하는 모습이 내겐 너무나 가식적이고 이상하게 보였던 것이다.

이후 나는 앞에서도 밝혔지만 부흥사단체에 회원으로 가입하고 목사님들의 모임 등에 참석하면서 목사님들에 대한 이런 실망은 점점 더 커져갔다.

물론 존경스럽게 목회를 잘하시고 모범을 삼고 싶은 귀한 목사님들이 더 많다고 믿는다.

그런데 이에 반해 또 상당수의 목사님은 세상의 빛과 소금이 되지 못하고 여전히 세상적 사고에 물들어 계셨다. 주의 종으로 주님을 믿는다고 하면서 정말 믿는 모습이 아닌 목사님들이 정말 부끄럽도록 많았다. 물질주의에 기반을 두고 영혼구원 보다 교인 수 늘이기에 급급해 하는 모습들을 보며 나는 너무나 마음이 아팠다.

난 하나님께 기도로 매달렸다. 나 역시 너무나 부족한 종이요, 목회자일 뿐인데 한국교회 목회자들이 바로 서서 주님의 말씀대로 살아가는 목회자가 되어야 하고 이를 성도들이 따라와야 하는 것이 아니냐고 계속 기도했다. 그리고 최소한 나는 이런 전철을 밟지 않게 해달라고 간구했다.

한국교회의 잘못된 자화상을 가슴 아파하며 기도하는 내게 하나님은 시편말씀을 주셨다.

"여호와 하나님은 해와 방패시라 여호와께서 은혜와 영화를 주시며 정직히 행하는 자에게 좋은 것을 아끼지 아니하실 것임이니이다."(시 84:11)

하나님을 믿으면 하나님께서 항상 좋은 것으로 채워주시고 설사 부족하더라도 종국에 더 좋은 것으로 변화된다는 믿음이 있으면 어떤 상황도 감사하게 된다.

이 성경구절은 하나님이 우리의 해와 방패시기에 언제나 좋은 것으로 은혜 주신다는 내용이다.

그런데 이 말씀을 우리가 외치면서도 결국 이 말씀을 목사들조차 믿지 못하고 있다는 결론이었다.

나는 이를 계기로 부족하지만 내 교회 내 성도만을 위해 기도하고 목회했던 차원에서 한국교회와 목회자들을 위해 안타까운 마음을 갖고 더욱 기도하게 되었다.

나는 뒤늦게 목사가 되었고 누구에게도 밝히기 부끄러운 과거를 가졌지만 하나님 앞에서 최소한 부끄러운 목사는 되지 말아야 한다는 생각을 늘 갖고 목회했다.

그리고 이런 한국교회의 부끄러운 부분을 목도하면서 왜 이런 결과가 온 것인지 기도하고 깊이 묵상하게 되었다. 그 결과 성령께서 내게 깨닫게 해주신 결론은 목사님들이 말씀 속에 깊이 거하지 못하고 성령의 인도를 받아 목회를 하는 것이 아니라 인간적인 판단과 기준으로 목회를 해 그렇다는 것을 알게 되었다.

나는 이것을 계기로 나 스스로 말씀공부에 깊이 몰입했다. 하나님은 말씀을 말씀으로 해석하고 이해하도록 은혜를 주셨고 나는 뒤늦게 히브리어 원어까지 배우며 말씀의 깊이에 빠져들 수 있었다.

지금 생각하면 이것은 나를 향하신 하나님의 또 다른 은혜였다.

우리는 지금 말씀의 홍수시대에 살고 있지만 우리에게 진정 필요한 것은 생수이지 다른 것이 아니다. 아무리 물이 많아도 우리에게 필요한 것은 생수지 장마로 내려온 물이나 바닷물이 아니라는 설명이다.

우리는 지금 하나님을 믿고 의지한다고 하면서도 정작 문제가 생기면 세상법에 고소하고, 기도로 해결하려고 하기 보다는 세상지혜를 더 구하곤 한다.

하나님께서는 한국교회 강대상에서 말씀의 생수가 넘치는 것이 아니라 세상이 주는 그럴듯한 문학적 서술과 재미있는 예화로 짜맞춘 성경, 성공지향적이고 교회성장에만 치중하는 메시지에 슬퍼하고 계심을 기도를 통해 깨닫게 되었다.

하나님께서는 이런 한국교회를 보며 울라고 하셨다. 난 정말 하나님의 안타까운 마음이 가슴으로 깊이 느껴져 기도하며 울고 또 울었다. 하염없이 눈물이 흘렀다.

이 가운데 난 말씀 공부에 더 집중했고 하나님은 말씀을 풀고 깨닫는 은혜를 허락하셨다. 그리고 이 깨달은 은혜의 말씀을 목사님들과 나누라고 하셨다. 그런데 난 이런 하나님의 명령을 차일피일 미루다 결국 하나님께 호되게 매를 맞고 나서야 순종을 하게 된다.

46

로고스말씀사역연구원

하나님께서 내게 부어주신 말씀의 은혜는 나의 설교방식도 바꾸게 했다. 그동안 문자적으로만 해석하던 성경의 내용을 성령께서는 깊은 의미를 깨닫게 해 주어 말씀이 주는 역동성을 설교도 더 자세히 풀어낼 수 있었다.

나는 그 말씀 안에서 내가 먼저 큰 은혜를 체험했고 성도들로부터도 목사님 설교가 많이 달라졌다는 이야기를 들었다. 하나님께서는 나의 이 영적 깨달음을 한국교회와 나누라고 하셨다.

하나님의 명령은 내가 하기 싫어도 해야 하는 부분이다. 그동안 미루고 미루다 결국 얻어맞고 하는 경우가 많은데 나 역시도 여기에 해당되곤 했다.

2005년 교회가 고덕동에 있을 때 보라성교회 안에 로고스말씀사역연구원을 설립했다. 내가 원장을 맡아 말씀세미나를 열었다. 식사도 강의도 무료로 하고 홍보도 여러 언론매체에 해서인지 첫 모임에 80여명의 교역자들이 모였다.

난 내가 깨달음을 얻은대로 '성경 본문을 통해 성경을 해석'하는 독특한 방법으로 세미나를 진행했다. 이 세미나는 성경 본문을 가감없이 받아들여 삶에 적용하는 프로그램이었다.

첫 집회에 참석한 교역자들은 성경을 낭독하고 묵상하면서 스스로 은혜를 체험하는 기회를 가졌다. 예를 들면 시편 84편 11절 '여호와 하나님은 해요 방패시라'를 낭독한 후 '해'와 '어둠'의 속성에 대해 집중 논의한 다음 깊은 명상과 기도를 통해 말씀의 진정한 의미를 깨닫는 방식으로 진행해 나갔다.

나는 참석한 교역자들에게 "설교를 하면서 성경을 원문대로 믿은 다음 그것을 교인들에게 그대로 가르쳐야 한다"고 강조했다. 성경을 자의적으로 해석하는 것은 말씀의 권위를 약화시키는 결과를 낳는다고 말하며 내가 깨닫고 얻게된 말씀연구의 핵심들을 나누었다. 참석자들이 너무나 좋아하며 많은 부분을 깨달았다고 해 보람이 있었다.

그래서 매달 세미나를 열기로 했는데 하다보니 세미나는 좋은데 여러운 문제점들이 생겨났다.

평일에 목사님들이 가져온 차들을 교회 주변에 주차하다 보니 항의민원이 들어오고 때론 차를 주차위반으로 실어가 버려 목사님들에게 여간 미안하지 않았다. 여기에 세미나 올 때 마다 식사를 접대하며 섬기는 일도 예산과 많은 정성을 많이 필요로 했다. 그러다 보니 하나님께 이렇게 기도했다.

"하나님. 이곳은 교회가 좁고 작아 말씀을 나누는 사역은 나중에 교회를 건축하고 나중에 하겠습니다. 그 때 좋은 장소에서 주차도 편하게 하며 목사님들을 잘 섬기겠습니다. 말씀세미나도 준비를 잘 하겠습니다."

이렇게 서원을 했음에도 난 교회를 잘 건축하고 교회가 잘 운영되고 있을 때 이를 까마득하게 잊어 버리고 바쁘게 지냈다.

그런데 2015년 가을에 기도 중 갑자기 내가 하나님 앞에 서원한 것을 지키지 않고 있음을 발견했다. 순간 가슴이 덜컥했다. 2012년 가을에 교회를 준공했으니 3년이 훌쩍 지나버린 것이다.

11월에 다음해 2016년 예산을 세우는데 여기에 로고스말씀사역연구원 예산을 편성하고 이를 당회에서 통과시켰다. 내년부터 늦었지만 말씀세미나를 다시 열기로 마음을 먹은 것이다.

2016년 새해에 나를 아버지처럼 따르는 C목사가 세배를 하러 오면서 대학병원의 건강검진권을 끊어가지고 왔다. 나도 나이가 70세가 다 되었으니 건강을 잘 관리해 하나님일을 더 많이 하셔야 한다며 가져온 선물이었다.

난 이것을 차일피일 미루고 검진을 받지 않다가 5월이 되어서야 병원을 찾았다. 그 사이 3월부터 로고스말씀사역연구원 세미나는 이미 시작해 매달 열리고 있었다.

그런데 진료하는 의사의 표정들이 심상치 않았고 비뇨기과에 가서 정밀진단을 다시 받아야 한다고 했다. 그리고 그 진단결과가 나를 다시 한번 놀라게 했다.

전립선 암이었다. 그것도 상당히 진행되었다고 하면서 어떻게 이 상태가 되도록 병원에 오지 않았느냐고 의사는 나를 나무랐다.

나는 그동안 삶과 죽음의 위험한 순간들을 맞았던 경험도 있고 이제 주님 안에서 새 삶을 살고 있다고 믿기에 내가 느끼는 충격의 감도는 놀라긴 해도 예전과는 달랐다.

"하나님 또 한번 제게 연단을 주시네요. 제가 넘어야 할 산이라면 넘고 어떤 상황이 오더라도 감사함으로 받아들일 수 있는 믿음을 주세요."

난 늦긴 했어도 목사님들을 대상으로 말씀을 가르치며 영적으로 깨우는 일을 시작하자 마귀가 영적으로 나를 공격한 것일 수 있다고 판단하고 마음을 단단히 먹었다. 그리고 아무리 내가 강단에서 암 때문에 쓰러지더라고 이 말씀사역만을 계속 진행할 것을 다짐했다.

암치료를 위해 수술 대신 방사선을 택해 치료를 시작했다. 엄청난 육체적 고통이 따라왔다. 방사선 치료는 한번에 30분씩 무려 40회를 해야 한다고 했다.

난 기도하면서 이런 질문을 하나님께 드리지 않을 수 없었다. 나의 무엇이 부족해 또 이런 시련을 겪도록 하시는지가 궁금했다. 치료를 받는 고통이 심하다 보니 더 그런 생각이 든 것이기도 했다.

그런데 감동으로 받은 답은 "네가 아무리 고통받는데 해도 성경의 바울보다 더 고난을 받는다고 생각하느냐"였다. 그것은 아니었다. 아니 바울에 비하면 내가 지금까지 겪은 어려움은 어려움도 아니었다.

나는 눈물을 흘리며 이 상황을 잠기 원망한 것에 대한 회개기도를 드렸고 하나님께서 이번 연단도 승리하게 해 주실 것이라는 확신을 가질 수 있었다.

당초 40회 하려던 방사선 치료는 갑자기 30회로 줄었고 치료 중 보통 4-6회는 부작용(풍선터짐)이 생기는데 나는 30회가 진행되는 동안 단 한 차례도 부작용이 없었다. 간호사들이 치료도중 부작용이 안 생긴 신기록을 세운 경우라고 놀라워 했다. 나는 그들에게 "하나님이 지켜주셔서 그렇다"고 간증했다.

마지막 치료를 마치고 나자 의사는 내게 축하인사를 건넸다. 전립선 암이 치료된 것은 물론이고 내게 있던 당뇨병의 수치도 내려가고 황달증세도 사라졌다는 것이다.

난 이 치료기간 중에 의사의 만류를 무시하고 일본까지 가서 말씀을 전하고 돌아왔고 마치 정상인처럼 목회활동을 했다. 무모할 정도로 나를 바쁘게 혹사시키며 목회를 해왔는데 치료를 진행하면서 하나님께서 과연 내가 이렇게 바쁘게 일하는 것을 좋아하시지 않을 수 있다는 생각을 문득 하게 되었다.

내가 영적으로 안정되고 편하고 은혜가 넘쳐야 내 속의 은혜를 성도와 주변 목사님들께 나눠줄 수 있는 것이라 여겨졌다. 그러기 위해서는 목회 역시 그 템포를 줄여 나가기로 했다. 조급해 하지 않고 쉬는 시간도 많이 가지려고 노력했다.

바쁘면 바쁠수록 그 속에 나의 의와 생각이 더 많이 들어가고 하나님의 뜻과 의지가 차지할 공간이 줄어들게 된다.

난 평범하게 예수를 믿고 소명을 받아 목회자가 된 경우가 아니었다. 많은 시련과 연단을 거쳐 하나님의 부름을 받았고 다양한 목회의 체험과 영적변화를 거쳐 오늘에 이르렀다. 그래서 남들보다 늦은 만큼 더 열심히 일하려고 했던 것인데 이 역시 내 욕심이요 내 교만일 수 있다는 생각이 들었다.

이제 나는 나를 만나 주시고 체험캐 하시고 놀라운 말씀 깨달음의 은혜를 주신 하나님을 동료 목회자들에게 전하고 나누는 말씀 세미나 사역이 내게 주신 특별한 사명임을 깨달았다. 이 사역이 내게 하나님이 마지막으로 허락하신 귀한 사명이라는 생각이 들었다.

한국교회는 지금 세상의 비난을 받고 있으며 무척이나 혼탁해져 있다. 이런 한국교회를 깨우는데 부족한 내가 이 말씀세미나로 조금이나마 변화를 일으키는데 일조할 수 있다면 이 역시 하나님께 감사하고 최선을 다해 일해야 할 이유가 된다.

하나님은 또 어떤 사명을 내게 더 주실지 모른다. 그러나 하루하루가 내겐 여전히 새롭고 기쁘며 감사하다. 그래서 말씀연구와 기도에 더 집중하고 그 깨달음을 로고스말씀사역연구원을 통해 목회자들과 기쁘게 나누려고 한다. 이 사역에 하나님께서 힘주시고 능력을 주시리라 믿는다.

에필로그

모든 것이 하나님의 은혜요
감사이며 축복입니다

책을 마무리 하느라 정리한 글을 몇 번이나 되읽어 보았다. 간증집으로 정리되었다지만 다시 읽어도 여전히 부끄러운 생각이 든다. 그렇지만 하나님께서는 이런 나의 못나고 부족한 모습을 들어 쓰셨다는 사실에 감사하고 감격하며 다시 한번 내게 주어진 사명을 되새기게 된다.

전혀 목회자가 되리라 생각지 못했던 나를 절체절명의 순간에 불러 세우신 하나님은 목회자의 길을 걷게 인도하며 한국교회 부흥운동의 작은 불쏘시게로, 또 지금은 목회자들과 말씀을 함께 연구하며 나누는 자로 쓰게 하시니 그저 감사할 뿐이다.

오늘까지 77년간의 삶을 돌이키니 내게 힘과 의지가 되어주고 도움을 준 분이 참으로 많았음을 깨닫게 되었다. 이 세상은 결코 혼자 살 수 없듯 하나님의 일도 반드시 도움과 기도가 필요한데 이런 점에서 나도 많은 분들에게 '영적으로 빚진 자'였다.

이미 하늘나라에 가 계시지만 한국 부흥사계의 대부(代父)로 불리는 신현균 목사님은 이 책 내용에도 소개 되었지만 내가 목회자로 또 부흥사로 자리매김 할 수 있도록 용기를 주셨고 목회자로 부흥사로 어떤 마음자세가 되어야 할 지를 알려주셨다.

이외에도 많은 부흥사와 목회자 선배님들이 나와 보라성교회를 위해 기도해 주시고 힘을 북돋아 주셨다. 많은 후배들도 나를 따라 내가 하고자 하는 사역과 한국교회를 위한 일들에 쾌히 힘을 보태주곤 했다. 이 모든 분들이 있었기에 나의 사역이 가능했고 부족해도 열매를 맺을 수 있었다.

특히 우리나라에서 가장 오랜 역사를 가진 한국기독교부흥협의회가 정체성을 잃고 일부 목사들에 의해 좌지우지되고 잘못 흘러가고 있음에 이를 바로잡기 위한 노력을 한 것은 부족하지만 큰 보람으로 기억에 남는다.

지금은 부흥사들이 교회에서 활발하게 초청받는 시대가 아니지만 이 한국기독교부흥협의회가 더 활발한 사역으로 한국교회 발전과 성장에 크게 기여할 수 있길 기도하고 있다. 그리고 이 단체를 구심점으로 필리핀과 해외 곳곳에 교회를 세우고 선교할 수 있었음도 감사한 부분이다.

보라성교회 성도들도 내가 늘 밖에 일로 바쁘게 다니고 교회 사역을 잘 챙기지 못함에도 이를 이해하고 목사의 목회를 늘 응원하고 지원하며 기도해 주고 있어 감사하다.

많은 성도님들이 있지만 특히 전영도, 박성자, 고성하, 백미현 네 분 권사님의 기도와 헌신적인 사랑을 기억하면 언제나 감사하며 힘을 얻곤 한다.

또 23년의 오랜기간 동안 교회에서 동역하며 행정과 실무로 헌신 봉사하는 심경자 목사님께 감사하다. 그리고 2018년 11월 보내주셔서 수족이 되어 순종하며 지금까지 나의 목회를 도와준 최정우 부목사에게도 감사하다.

또 내 곁에서 목회를 도와 묵묵히 내조하며 도운 사모(김옥재)에게 고마움을 꼭 전해야 할 것 같다. 신학생 시절, 아무 것도 먹을 것이 없어 굶기도 하고 목회로 인해 숱한 고난의 소용돌이를 만났지만 이 가운데서도 언제나 나를 위해 기도하며 응원군이 되어준 사모에게 감사하다는 말로는 부족할 것 같다. 이와 함께 나의 사랑스런 두 딸도 언제나 아버지를 믿고 교회에 잘 출석하며 신앙인으로 사회인으로 잘 자라 준 것에 고마운 마음이 가득하다.

하나님이 주신 두 딸 모두 교회봉사에 열심이고 또 열심히 신앙생활을 하고 있다. 첫째와 둘째가 장미를 위주로 한 모종회사(아베크팜)를 지난해 양평에 설립했다. 그런데 1년 만에 전국에 10여개의 지점을 두고 네덜란드와 일본 모종회사의 독점권도 받으면서 빠르게 자리잡아 얼마나 감사한지 모른다. 회사가 더욱 커져 하나님 일을 더 많이 하겠다는 포부를 밝히고 있다.

또 큰 딸이 낳은 올해 14세인 손녀(오혜슬)를 생각하면 혼자 슬며시 웃음 지어진다. 혜슬이를 하나님께서 주신 선물이라고 여기는 것은 성경 창세기와 곳곳에 말씀에 순종하고 뜻을 따르는 자손에게 복을 주신다고 하셨기 때문이다.

어려서부터 유달리 총명했던 손녀 혜슬이는 어린 나이에 독학으로 6개 국어를 하고 있다. 영어와 일본어, 중국어는 원어민 수준인데 매일 성경을 20장씩 꼭 읽고 기도하곤 한다.

틈틈이 모은 용돈과 컴퓨터를 사려고 모았던 돈도 어려운 목회자 돕기에 선뜻 내놓는가 하면 늘 말씀을 통해 하나님 앞에 바로 서려는 모습이 내 손녀지만 너무나 예쁘다. 이렇게 신앙생활도 열심히 하는 혜슬이는 앞으로 검정고시를 거쳐 최연소 서울대학교에 입학을 한 뒤 하나님의 영광을 드러내는 하나님의 딸이 되겠다고 한다. 얼마 전에는 사업차 네덜란드에 간 엄마를 도와 모든 통역을 다 맡아주어 계약이 수월했다고 한다.

이렇게 내 주위를 돌아보면 온통 모든 것이 감사요 은혜이며 축복임을 간증하지 않을 수 없다. 같은 어려움이 닥쳐도 그것을 받아들이는 자세에 따라 은혜가 되고 고난이 될 수 있는데 이런 점에서 내겐 어려움이 오히려 감사의 전주곡이란 생각이다.

이제 목회를 서서히 마무리해야 하는 나이지만 하나님의 사역에는 정년이 있을 수 없다고 본다. 지금까지 살아온 것처럼 내게 주어진 모든 사역들을 사명으로 여기고 최선을 다해 일함으로 하나님을 기쁘시게 해 드리길 소원한다.

적지 않은, 긴 내용의 간증집을 읽어주신 독자 여러분께도 감사드리며 모든 영광을 오직 주님 한 분께 올려 드린다. 아멘.

2023년 1월 초 보라성교회 목양실에서

송일현 목사

송일현 목사
사역 화보

▲
송일현 목사가 주일학교를 다니던 전남 보성교회의 1957년 여름 성경학교 단체사진. 당시 중학교 1학년이었다.

▶
당시 뉴스에 보도된 1976년 신민당사 각목사건 사진. 광주서 조직원들을 데리고 올라와 합숙시키며 이날 사건을 준비했다.

▲
1989년 교회창립 1주년을 맞아 이전예배에서 설교하는 송일현 목사.

몇번이나 목회의 길을 안
가려 했지만 강권적인 인도
로 신학교에 입학, 1990년
2월에 졸업한 송일현 목사.

전도사 시절 교회를 개척했
고 1991년, 목사안수를 받은
뒤 사역에 더 열심을 내게 된
다.

목사안수를 받은 해인 1991
년8월, 담임하던 보라성교회
성도들과 전도겸 여름수련회
를 떠났다. 오른쪽에서 4번
째가 송 목사.

1993년 전남 고흥 봉래면에 있는 봉래교회를 찾아 농촌선교봉사 및 부흥회를 인도한 뒤 담임목회자와 함께했다. 앞줄 중앙이 송일현 목사.

1993년 아직 개척교회에 불과한 보라성교회였지만 해외로 눈을 돌려 중국선교를 시작했다. 현지 중국성도들과 교회를 세울 장소를 찾아 함께 무릎꿇은 채 기도해주는 송일현 목사.

1995년 미개발지역인 서울 강동구 보라성교회가 이미 개발된 강남구 대치동의 교회를 찾아가 한방 무료진료를 해주며 전도집회도 인도했다.

자신이 경험한 수감생활을 늘 기억하며 수시로 재소자들을 찾아가 격려하고 전도하면서 생일파티를 열어 준 송일현 목사.

중국 Y시에 지어지고 있는 교회를 후원해온 송일현 목사가 1996년 현지를 방문, 건축상황을 둘러보고 현지 사역자들과 함께 했다.

1998년 8월, 작은 교회의 요청을 받고 부흥회를 인도하는 송일현 목사. 말씀이 필요한 곳이면 어디든 발벗고 나섰다.

보라성교회가 아직 작은 교회임에도 매년 여름이면 성도들과 소외되고 어려운 농촌교회나 해외오지를 찾아 전도와 함께 부흥회를 인도하는 지원을 아끼지 않았다. 1998년 중국선교사진.

1990년대 후반, 보라성교회 중고등부를 이끌고 중국 비전트립, 단기선교에 나선 송일현 목사(오른쪽).

2000년대 초반, 하나님의 부르심에 감격하여 중국선교에 열심을 내고 방방곡곡을 돌아 다녔다. 현지 역전에서 현지 사역자의 배웅을 받고 있는 송일현 목사.

지하1층 지상5층으로 지어진 보라성교회 기공예배에서 감격적인 첫 삽을 뜨고 있는 송일현 목사.

한국기독교부흥협의회 행사에 참석한 송일현 목사(오른쪽 두 번째). 오랜 역사의 전통 부흥사단 체임에도 많은 문제점이 드러난 상황을 해결하는데 오랜기간 전심을 다했다.

필리핀 교도소 및 학원 선교에 주력해 온 한기부가 필리핀에서 개최한 필리핀국립교도소 복음화대성회에서 설교하는 송일현 목사.

▶ 한국기독교부흥협의회 임원들과 필리핀 수해지역을 방문해 지원한 뒤 기념사진을 찍었다.(오른쪽 세 번째가 송 목사)

◀ 지역민들과 호흡을 같이하며 다양한 봉사와 구제에 앞장서온 보라성교회 성도들이 지역민 전도에 나서고 있다.

▶ 한기부가 최근 협력 단체로 기독교여성부흥협의회를 설립, 여성 부흥사들의 활동을 독려해 주고 있다. 2021년 4차 정기총회 광경.

해외선교의 지경을 넓혀 보라성
교회는 한기부와 함께 아르헨티
나 이광보 선교사를 지원해 협력
사역도 펼친다. 사진은 이광보 선
교사의 현지인 세례식 모습.

목회사역에 기쁨을 주는 손녀
오혜슬과 함께한 송일현 목사
부부. 손녀에게 지혜의 은사
를 주셔서 6개 국어를 구사
한다.

큰딸(오른쪽)과 작은딸(왼쪽
두번째)이 운영하는 화원에서
함께한 송일현 목사 부부. 두
딸이 오랜 기간 송 목사의 사
역을 돕고 도움을 준 것에 늘
고마움을 갖는다.